[高等院校会计学专业精品系列教材]

[第四版]

初级会计学

CHUJI KUAIJIXUE

胡著伟 安庆钊 主编

首都经济贸易大学出版社
Capital University of Economics and Business Press
·北 京·

图书在版编目(CIP)数据

初级会计学/胡著伟,安庆钊主编. --4版. --北京:首都经济贸易大学出版社,2018.9

(高等院校会计学专业精品系列教材)

ISBN 978-7-5638-2816-6

Ⅰ.①初… Ⅱ.①胡… ②安… Ⅲ.①会计学—教材 Ⅳ.①F230

中国版本图书馆CIP数据核字(2018)第148378号

初级会计学(第四版)
胡著伟　安庆钊　主编

责任编辑	薛晓红
封面设计	风得信·阿东 FondesyDesign
出版发行	首都经济贸易大学出版社
地　　址	北京市朝阳区红庙(邮编100026)
电　　话	(010)65976483　65065761　65071505(传真)
网　　址	http://www.sjmcb.com
E-mail	publish@cueb.edu.cn
经　　销	全国新华书店
照　　排	北京砚祥志远激光照排技术有限公司
印　　刷	北京九州迅驰传媒文化有限公司
开　　本	787毫米×1092毫米　1/16
字　　数	512千字
印　　张	20
版　　次	2004年9月第1版　2007年9月第2版 2013年8月第3版　**2018年9月第4版** 2021年1月总第14次印刷
书　　号	ISBN 978-7-5638-2816-6/F·1557
定　　价	39.00元

第四版前言

本书是高等院校会计学专业精品系列教材之一。作为会计学专业的入门课程，《初级会计学》具有“奠基”的作用，其作用和重要程度是显而易见且毋庸置疑的。同时因其“重要”，编写的要求就比较高，要真正编写一本准确、实用、有个性、有新意的《初级会计学》教材并非一件易事。本书力求做到：

第一，内容科学。本书体现会计法规、条例和会计准则的最新要求，以会计学界和实务界的共识度和现实需求度为内容取舍标准，纳百家善言而非刻意扬一家之见，并在准确表述上下功夫，以免以讹化讹。

第二，体系合理。本书以便于“教”和“学”为根本标准，以经过实践检验的体系框架和来自一线教师的体会为主要参考，以已有的同类优秀教材的体系结构为重要借鉴，形成较为合理的体系。

第三，体例实用。本书每章章首有要点，章末有思考题和练习题，层次明晰，文字通俗，由浅入深，渐次展开，注重举例，图文并重，易于为初学者接受。

本书第一、第二版、第三版出版后，获得了有关专家及教育工作者的好评，尤其得到了社会各界读者的普遍认可。但是由于会计准则和相关法规措施不断修订和出台，许多内容需要补充。为此，我们组织有关专家和学者对本书进行了修订。与前三版相比，新版内容更加新颖、规范。

限于作者的学术水平和文字功力，上述主观目标能否实现也未可知，书中缺点、错误可能在所难免，恳请会计界同仁和广大读者批评指正。

本书由河南财经政法大学胡著伟、安庆钊任主编并负责总纂。吴文俊、郭苗红任副主编。各章编写分工如下：胡著伟编写第一、九、十章；张军华编写第二章；柴玉珂编写第三章；吴文俊编写第四章；安庆钊编写第五、十一章；申玲编写第六章；郭苗红编写第七、八章；董红星编写第十二章。

编　者

2018 年 5 月于郑州

目　录

目　录

目　　录

目　　录

第一章

总 论

本章要点

本章主要阐述会计的产生与发展、会计的含义与职能、会计目标、会计对象、会计假设与会计基础、会计信息质量要求、会计计量属性、会计核算方法等内容。

第一节 会计的含义与职能

一、会计的产生与发展

在人类社会中，生产是最基本的实践活动。它是人类社会存在和发展的基础。人类的生存，离不开衣、食、住、行，要消费一定的生活资料，而生活资料的生产又离不开生产资料的生产。生产活动一方面要创造物质财富，另一方面又要发生劳动耗费。在任何社会形态下，人们进行生产活动时，总是力求以尽可能少的劳动耗费，取得尽可能多的劳动成果。为此，就必须对生产活动进行管理。而要对生产活动进行管理，就需要有经济信息。最初，人们是靠头脑来接收和存储信息，后来，随着社会再生产活动日益复杂。人们凭头脑记忆来管理生产活动已不能适应客观需要，于是专门进行经济信息加工和处理的会计也就应运而生了。

（一）古代会计阶段

古代会计，从时间上说，就是从旧石器时代的中、晚期至封建社会末期的这段漫长的时期。从会计所运用的主要技术方法方面看，主要涉及原始计量记录法、单式簿记法和初创时期的复式记账法等。此期间的会计所进行的计量、记录、分析等工作一开始是同其他计算工作混合在一起，经过漫长的发展过程后，才逐步形成一套具有自己特征的方法体系，成为一种独立的管理工作。

在西方，大约4000年以前，古巴比伦人就开始在金属或瓦片上记录商业交易；公元前200年，在古罗马的国家档案中已经有将政府收入、支出分设项目的记载，并在政府中设有会计官员；13世纪以后，随着商业发展，意大利的一些城市空前繁荣，会计也随之迅速发展，在佛罗伦萨的银行账簿中，首先分别以“借主”“贷主”登记其债权债务项目，这便是日后“借贷记账法”中的记账符号的基础。会计学界有人把佛罗伦萨当时采用的记账方法称之为复式记账的萌芽阶段。其后的14世纪初，热那亚应用的账簿又有所扩展，除债权、债务记录外，还包括了商品、现金等项目并采用了左右对照记录的形式。15世纪初的威尼斯商人又将其簿记的记账内容进一步扩展到损益与资本，进一步奠定了借贷记账法的基础。

在我国，早在奴隶社会的西周就设有管理全国钱粮的专职会计官员进行“月计岁会”；到了封建社会的宋朝初期，就出现了“四柱清册”，使会计技术达到了新的水平。所谓“四柱”，即“旧管”（上期结存）、“新收”（本期收入或增加）、“开除”（本期支出或减少）、“实在”（本期结存），其相互关系是：旧管＋新收＝开除＋实在。“四柱”彼此制约，有机统一，科学地体现了经济活动的内在联系。封建社会后期，商品生产得以进一步发展，到明朝时，我国会计已开始以货币作为统一的计量单位。清朝时，一些民间商业组织还使用过一种较严密也较复杂的“龙门账”。使用该种方法时，把全部账目划分为“进”“缴”“存”“该”四大类，设“总清账”分类进行记录。所谓“进”指全部收入；

“缴”指全部支出;“存”指全部资产;“该”指全部负债(包括业主投资)。这四项之间的关系可用“进－缴＝存－该”表示。每年年终结账时,一方面可根据“进”与“缴”两类账目的记录编制“进缴表”,并计算两者差额,确定盈亏。另一方面也可根据有关“存”与“该”两类账目的记录,编制“存该表”,并求出两者的差额。最后,“进”与“缴”之差和“存”与“该”之差如果相等,表明账目登记正确。“龙门账”标志着我国会计由单式记账向复式记账的迈进,遗憾的是“龙门账”以后并未得到进一步发展。

(二)近代会计阶段

近代会计的时间跨度标志一般认为应从 1494 年意大利数学家、会计学家卢卡·帕乔利(Luca·Pacioli)所著《算术、几何、比及比例概要》一书公开出版开始,直至 20 世纪 40 年代末。此间在会计的方法技术与内容上有两点重大发展:其一是复式记账方法的不断完善和推广;其二是成本会计的产生和迅速发展,继而成为会计学中管理会计分支的重要基础。

如前所述,早在 1494 年以前,意大利的复式簿记已经比较成熟,出现了所谓的“威尼斯簿记”,然而并未从理论高度加以总结和推广,因此影响了它的进一步完善,也限制了它的使用范围。卢卡·帕乔利在其《算术、几何、比及比例概要》中较为详尽地论述了当时流行于意大利的威尼斯簿记法,以此确立了复式记账法的地位并使其得以在欧洲的其他国家(如英、法、德、荷兰等)传播并提高。因此,该书的出版堪称近代会计发展史上的一个里程碑。

我国使用复式记账法,是从 1905 年开始的。当时,中国第一个注册会计师谢霖从日本引进并运用复式记账原理设计了大清银行的一整套会计制度。伴随着工业革命的胜利,家庭手工业被工厂制度所取代。企业主基于对利润的关心,对生产过程中费用支出和成本倍加重视,这是成本会计产生和发展的重要条件。1911 年,被尊为“科学管理之父”的泰勒发表了著名的《科学管理原理》专著,并在企业推行泰勒制管理。随之,与其相联系的一系列管理方法、技术被引入会计领域,标准成本和预算控制等方法也在此间产生,由此构成了成本会计的主要内容。

(三)现代会计阶段

现代会计的时间跨度是自 20 世纪 50 年代始到目前。此间会计方法技术和内容的发展有两个重要标志:一是会计核算手段方面质的飞跃,即现代电子技术与会计融合导致的“会计电算化”;二是会计伴随着生产和管理科学的发展而分化为财务会计和管理会计两个分支。1946 年在美国诞生了第一台电子计算机,1953 年便在会计中得到初步应用,其后迅速发展,至 20 世纪 70 年代,发达国家就已经出现了电子计算机软件方面数据库的应用,并建立了电子计算机的全面管理系统。从系统的财务会计中分离出来的“管理会计”这一术语在 1952 年的世界会计学会上获得正式通过。

我国会计虽然有着悠久的历史,但由于诸多原因发展较为缓慢。管理会计的大面积推广始于 20 世纪 70 年代末,会计电算化则起步更晚一些。尽管如此,取得的成绩是十分显著的。1992 年以来特别是近几年的会计改革,在与国际会计接轨方面迈出较大的步伐,也大大缩小了与发达国家之间在会计方面的差距。随着改革开放的深入,我们完全有理由相信,中国会计的明天一定会更加辉煌。

二、会计的含义

会计的含义应该是对会计本质的揭示。由于会计含义的多重性,也由于人们认识会计本质的视角不同、思想方法不同和描述手段的差异,至今对会计的含义尚未取得完全一致的意见。这种现象在整个社会科学领域相当普遍,一定程度上讲,这也是应该、许可的。综观会计界对会计的定义,有代表性的观点主要是:

(一)管理工具论

会计是反映和监督生产过程的一种方法,是管理经济的一种工具。

(二)艺术论

会计是用货币形式,对具有或至少部分具有财务特征的交易事项予以记录、分类、汇总并解释由此产生的结果的一门艺术。

(三)信息系统论

会计是指为提高经济效益而建立的一个以提供财务信息为主的经济信息系统。

(四)管理活动论

会计是经济管理的重要组成部分,是对经济活动采用专门方法进行核算和监督的一种管理活动。

基于我们对会计含义的限定和对会计本质的认识,在博采众家之长的基础上,尝试对会计作如下定义:

会计是以货币为主要计量单位,采用一系列专门方法,对社会再生产过程进行全面、连续、系统地核算和监督,以提高经济效益为主要目的的一种经济管理活动以及相应的知识体系。

上述定义包含以下几个要点:

1. 会计的本质是符合限定条件的一种经济管理(会计实践)活动和相应的知识体系(会计理论)。

2. 会计作为一种经济管理活动,较之其他经济管理活动具有如下特点:以货币为主要计量单位;需借助一系列专门方法;并具有全面性、连续性和系统性。

3. 会计作为一种管理活动,其一般对象是能以货币计量的社会再生产过程,具有较强的概括性,不必局限于企业或事业单位。

4. 会计的主要目的在于提高经济效益。这一命题既符合会计发展规律,又具有明显的时代特征。

三、会计的职能

会计职能是指会计在管理经济活动中所具有的功能。会计职能具有客观性,是会计本身所固有而不是人们强加于它的。客观的会计职能也会随着会计的发展而发展。

尽管会计的职能是客观的,但由于人们主观认识上的差异,在理论界对会计职能一直存在许多不同的提法,从"一职能论"到"七职能论",观点纷呈,不胜枚举。其中两项最基本的职能,即会计核算和会计监督得到了较大程度的共识,并已经在《中华人民共和国会计法》中明确规定。

（一）会计的核算职能

会计的核算职能，也称会计反映职能，是指会计通过确认、计量、记录和报告从数量方面反映企事业单位已经发生或完成的各项经济活动，它是会计最基本的职能。记账、算账、报账则是会计执行核算职能的主要形式。会计核算职能具备以下特点：

1. 在计量单位方面，以货币为主，反映经济活动的价值方面，同时辅之以实物和劳动计量，反映经济活动的实物量和价值量，是对经济活动价值量的补充反映。

2. 具有一系列专门的方法，即会计核算方法，包括设置会计科目和账户；复式记账；填制和审核会计凭证；登记账簿；成本计算；财产清查；编制财务报表。

3. 会计核算具有全面性、连续性、系统性、综合性。全面性是指对经济活动进行完整、无遗漏的核算反映；连续性是指按照经济活动发生的时间先后顺序进行核算反映；系统性是指对经济活动进行相互联系的核算反映；综合性是指在以货币为主要计量单位的前提下，将不同经济活动的价值方面进行汇总、概括的核算反映。

作为核算或反映职能，在时间上除过去发生的经济活动外，还可包括对未来经济活动进行的事前反映和规划，正是在这个意义上，有人认为会计还具有预测职能，我们认为，会计的这种预见性、计划性可以融合在会计核算职能之中。

（二）会计的监督职能

会计的监督职能是指利用会计核算所提供的经济信息对企事业单位的经济活动进行的控制和指导。会计监督的核心在于通过干预经济活动，使之符合国家有关法律、法规和制度的规定，并对经济活动的合理性、有效性进行分析、检查和控制。会计监督职能具备以下特点：

1. 监督的依据或标准是国家有关的方针、政策、法令、制度、计划和财经纪律等。

2. 会计监督是对企事业单位经济活动的价值方面进行的合法、合理、有效性监督。

从时间上看，会计监督贯穿于经济活动的全过程，包括事前监督、事中监督和事后监督。其中，事前监督的主要表现为对计划和预算的审查；事中监督主要表现为日常经济活动的适时限制和调整；事后监督主要表现为对已完成经济活动的合理性、合法性和有效性进行的检查、分析、评价以及必要的纠正活动。

会计的核算职能与监督职能密切相关，二者统一于会计核算过程中。换言之，会计核算的过程也是实行会计监督的过程。会计核算是会计监督的前提条件，离开会计核算，会计监督就成为无源之水、无本之木。会计监督则是会计核算的质量保证。

第二节　会计对象

一、会计对象的含义

会计对象是指会计核算和监督的内容。对会计对象的这种一般含义的理解在会计理论界并无大的分歧，只是一个表述问题。马克思关于会计是对“过程的控制和观念的总结”的论述是对会计对象一般含义的高度概括。这里的“过程”，指的是社会再生产过程，由生产、分配、交换、消费四个环节构成，其中包含多种多样的经济活动。由于会计核算的特点之一是以货币为主要计量单位，所以，会计只能核算和监督社会再生产过程中能够用货币表现的各项经济活动而不是所有经济活动。在市场经济条件下，每一个企事业单位要进行生产经营或业务活动都必须首先取得一定的财产物资作为物质条件，而这些财产物资（包括货币本身）的货币表现在会计上被称之为资金，可见，企事业单位进行生产经营或业务活动是从取得并拥有一定数量的资金开始的。伴随着企事业单位生产经营的进行或业务活动的开展，所取得的资金必然不断地改变形态并发生数量上的变化，也体现着一定的经济关系，这个过程便是资金活动。由此可见，会计对象在市场经济条件下可以概括为“社会再生产过程中的资金运动”。

二、会计对象的具体表现

由于各种类型的企事业单位的经济活动内容不同，其资金运动形式也有差异。因此，会计对象具体到一个特定的单位也就各具特点。为此，还有必要考察各个单位的个别资金运动形式。例如，在企业单位，资金运动具体表现为经营资金运动，而在事业、行政单位，则具体表现为预算资金运动，前者较之后者相对运动的具体形式也不尽相同。现以工业企业为例，来说明其资金运动的具体形式。

工业企业的主要生产经营过程可分供应、生产和销售三个阶段。其中，供应过程是生产的准备过程，在此期间，为了保证生产的正常进行，企业要以货币资金购买并储备材料物资等劳动对象，随着采购活动的完成，资金就从货币形态转化为储备资金形态。生产过程既是产品的制造过程，也是各种财产物资的耗费过程。在此期间，劳动者运用劳动资料作用于劳动对象，生产出符合一定质量标准的工业产品。这个过程既转移了劳动资料、劳动对象的价值，又创造出了新的价值。从转移价值方面看，随着劳动对象的耗费，资金从储备资金形态转化为生产资金形态，与此同时，由于劳动资料的耗费，厂房、机器设备的价值也渐次逐步转化为生产资金的一部分，劳动者活劳动的耗费则使得部分货币资金转化为生产资金，在实际工作中表现为以货币支付工资的过程。当产品制成后，资金又从生产资金形态转化为成品资金形态。销售过程是产品价值的实现过程。在此期间，企业通过市场将产品销售出去取得销售收入，收回货款，成品资金便又转化为货币资金。

综上所述，工业企业在生产经营过程中，从货币资金形态出发，依次经过供应、生产和销售过程，分别表现为储备资金、生产资金、成品资金等不同形态，最后回到货币资金形态。这一资金的运动变化过程在形态上实现了循环，即从货币资金形态出发，又回到货币资金，其间当然伴随着数量的变化。资金循环不间断地进行也即周而复始地循环就称为资金周转。由此可见，工业企业的资金运动，从形态转化看，表现为资金的循环与周转过程；从价值量的变化上，则表现为资金的耗费与收回的过程。

完整地理解与把握工业企业的资金运动还必须注意两点:其一,工业企业在生产经营开始前,首先要从一定渠道和来源取得一定数量的资金(包括部分货币资金);其二,一个经营过程结束后,企业会有一部分资金由于某种原因而退出企业的经营过程,不再参加企业资金的周转,例如偿还贷款、上缴税金、向投资者分配利润等。

上述工业企业的经营资金运动过程如图 1-1 所示。

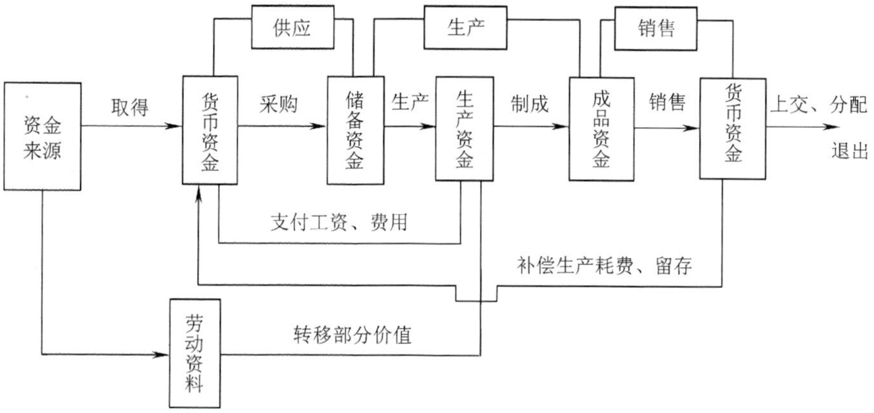

图 1-1 工业企业经营资金循环与周转

第三节 会计基本假设和会计基础

一、会计基本假设

会计基本假设是企业会计确认、计量和报告的前提,是对会计核算所处时间、空间环境等所做的合理设定。会计假设虽有人为"假定"的一面,但并不因此而影响其客观性。事实上,作为进行会计活动的必要前提条件,会计假设是会计人员在长期的会计实践中逐步认识、总结而形成的,绝不是毫无根据的猜想或简单武断的规定。离开了会计假设,会计活动就失去了确认、计量、记录、报告的基础,会计工作就会陷于混乱甚至难以进行。我国《企业会计准则》中规定了国内外已形成共识的四个基本会计假设,即会计主体、持续经营、会计分期、货币计量。

(一)会计主体

会计主体,是指企业会计确认、计量和报告的空间范围。为了向财务报告使用者反映企业财务状况、经营成果和现金流量,提供与其决策有用的信息,会计核算和财务报告的编制应当集中反映特定对象的活动,并将其与其他经济实体区别开来,才能实现财务报告的目标。

在会计主体假设下,企业应当对其本身发生的交易或者事项进行会计确认、计量和报告，反映企业本身所从事的各项生产经营活动。明确界定会计主体是开展会计确认、计量和报告工作的重要前提。

首先，明确会计主体，才能划定会计所要处理的各项交易或事项的范围。在会计工作中，只有那些影响企业本身经济利益的各项交易或事项才能加以确认、计量和报告，那些不影响企业本身经济利益的各项交易或事项则不能加以确认、计量和报告。会计工作中通常所讲的资产、负债的确认，收入的实现，费用的发生等，都是针对特定会计主体而言的。

其次，明确会计主体，才能将会计主体的交易或者事项与会计主体所有者的交易或者事项以及其他会计主体的交易或者事项区分开来。例如，企业所有者的经济交易或者事项是属于企业所有者主体所发生的，不应纳入企业会计核算的范围，但是企业所有者投入到企业的资本或者企业向所有者分配的利润，则属于企业主体所发生的交易或者事项，应当纳入企业会计核算的范围。

会计主体不同于法律主体。一般来说，法律主体必然是一个会计主体。例如，一个企业作为一个法律主体，应当建立财务会计系统，独立反映其财务状况、经营成果和现金流量。但是，会计主体不一定是法律主体。例如，就企业集团而言，母公司拥有若干子公司，母、子公司虽然是不同的法律主体，但是母公司对子公司拥有控制权，为了全面反映企业集团的财务状况、经营成果和现金流量，有必要将企业集团作为一个会计主体，编制合并财务报表，在这种情况下，尽管企业集团不属于法律主体，但它却是会计主体。再如，由企业管理的证券投资基金、企业年金基金等，尽管不属于法律主体，但属于会计主体，应当对每项基金进行会计确认、计量和报告。

（二）持续经营

持续经营，是指在可以预见的将来，企业将会按当前的规模和状态继续经营下去，不会停业，也不会大规模削减业务。在持续经营前提下，会计确认、计量和报告应当以企业持续、正常的生产经营活动为前提。企业会计准则体系是以企业持续经营为前提加以制定和规范的，涵盖了从企业成立到清算（包括破产）的整个期间的交易或者事项的会计处理。如果一个企业在不能持续经营时还假定企业能够持续经营，并仍按持续经营基本假设选择会计确认、计量和报告原则与方法，就不能客观地反映企业的财务状况、经营成果和现金流量，会误导会计信息使用者的经济决策。

（三）会计分期

会计分期，是指将一个企业持续经营的生产经营活动划分为一个个连续的、长短相同的期间。会计分期的目的，在于通过会计期间的划分，将持续经营的生产经营活动划分成连续、相等的期间，据以结算盈亏，按期编报财务报告，从而及时向财务报告使用者提供有关企业财务状况、经营成果和现金流量的信息。

根据持续经营假设，一个企业将按当前的规模和状态持续经营下去。但是，无论是企业的生产经营决策还是投资者、债权人等的决策都需要及时的信息，都需要将企业持续的生产经营活动划分为一个个连续的、长短相同的期间，分期确认、计量和报告企业的财务状况、经营成果和现金流量。明确会计分期假设意义重大，由于会计分期，才产生了当期与以前期间、以后期间的差别，才使不同类型的会计主体有了记账的基准，进而出现了折旧、摊销等会计处理方法。

在会计分期假设下，企业应当划分会计期间，分期结算账目和编制财务报告。会计期间通常分为年度和中期。中期，是指短于一个完整的会计年度的报告期间。

（四）货币计量

货币计量，是指会计主体在财务会计确认、计量和报告时以货币计量，反映会计主体的生产经营活动。

在会计的确认、计量和报告过程中之所以选择货币为基础进行计量，是由货币的本身属性决定的。货币是商品的一般等价物，是衡量一般商品价值的共同尺度，具有价值尺度、流通手段、贮藏手段和支付手段等特点。其他计量单位，如重量、长度、容积、台、件等，只能从一个侧面反映企业的生产经营情况，无法在量上进行汇总和比较，不便于会计计量和经营管理。只有选择货币尺度进行计量，才能充分反映企业的生产经营情况，所以，基本准则规定，会计确认、计量和报告选择货币作为计量单位。

在有些情况下，统一采用货币计量也有缺陷，某些影响企业财务状况和经营成果的因素，如企业经营战略、研发能力、市场竞争力等，往往难以用货币来计量，但这些信息对于使用者决策来讲也很重要，企业可以在财务报告中补充披露有关非财务信息来弥补上述缺陷。

二、会计基础

企业会计的确认、计量和报告应当以权责发生制为基础。权责发生制基础要求，凡是当期已经实现的收入和已经发生或应当负担的费用，无论款项是否收付，都应当作为当期的收入和费用，计入利润表；凡是不属于当期的收入和费用，即使款项已在当期收付，也不应当作为当期的收入和费用。

在实务中，企业交易或者事项的发生时间与相关货币收支时间有时并不完全一致。例如，款项已经收到，但销售并未实现；或者款项已经支付，但并不是为本期生产经营活动而发生的。为了更加真实、公允地反映特定会计期间的财务状况和经营成果，基本准则明确规定，企业在会计确认、计量和报告中应当以权责发生制为基础。

收付实现制是与权责发生制相对应的一种会计基础，它是以收到或支付的现金作为确认收入和费用等的依据。目前，我国的行政单位会计采用收付实现制，事业单位会计除经营业务可以采用权责发生制外，其他大部分业务采用收付实现制。

在财政部发布的《企业会计准则》中，权责发生制是作为会计核算的一般原则加以规范的。经过修订后，基本准则将权责发生制作为会计基础列入总则中而不是在会计信息质量要求中规定。其原因是权责发生制是相对于收付实现制的会计基础，贯穿于整个企业会计准则体系的总过程，属于财务会计的基本问题，层次较高，统驭作用强。

第四节 会计信息质量要求

会计信息质量要求是对企业财务报告中所提供会计信息质量的基本要求，是使财务报告中所提供会计信息对投资者等使用者决策有用应具备的基本特征，根据基本准则规定，它包括可靠性、相关性、可理解性、可比性、实质重于形式、重要性、谨慎性和及时性等。其中，可靠性、相关性、可理解性和可比性是会计信息的首要质量要求，是企业财务报告中所提供会计信息应具备的基本质量特征；实质重于形式、重要性、谨慎性和及时性是会计信息的次级质量要求，是对可靠性、相关性、可理解性和可比性等首要质量要求的补充和完善，尤其是在对某些特殊交易或者事项进行处理时，需要根据这些质量要求来把握其会计处理原则，另外，及时性还是会计信息相关性和可靠性的制约因素，企业需要在相关性和可靠性之间寻求一种平衡，以确定信息及时披露的时间。

一、可靠性

可靠性要求企业应当以实际发生的交易或者事项为依据进行确认、计量和报告，如实反映符合确认和计量要求的各项会计要素及其他相关信息，保证会计信息真实可靠、内容完整。为了贯彻可靠性要求，企业应当做到以下两点：

第一，以实际发生的交易或者事项为依据进行确认、计量，将符合会计要素定义及其确认条件的资产、负债、所有者权益、收入、费用和利润等如实反映在财务报表中，不得根据虚构的、没有发生的或者尚未发生的交易或者事项进行确认、计量和报告。

第二，在符合重要性和成本效益原则的前提下，保证会计信息的完整性，其中包括应当编报的报表及其附注内容等应保持完整，不能随意遗漏或者减少应予披露的信息，与使用者决策相关的有用信息都应当充分披露。

二、相关性

相关性要求企业提供的会计信息应当与投资者等财务报告使用者的经济决策需要相关，有助于投资者等财务报告使用者对企业过去、现在或者未来的情况做出评价或者预测。

会计信息是否有用，是否具有价值，关键是看其与使用者的决策需要是否相关，是否有助于决策或者提高决策水平。相关的会计信息应当能够有助于使用者评价企业过去的决策，证实或者修正过去的有关预测，因而具有反馈价值。相关的会计信息还应当具有预测价值，有助于使用者根据财务报告所提供的会计信息预测企业未来的财务状况、经营成果和现金流量。

会计信息质量的相关性要求，需要企业在确认、计量和报告会计信息的过程中，充分考虑使用者的决策模式和信息需要。但是，相关性是以可靠性为基础的，两者之间并不矛盾，不应将两者对立起来。也就是说，会计信息在可靠性前提下，尽可能地做到相关性，以满足投资者等财务报告使用者的决策需要。

三、可理解性

可理解性要求企业提供的会计信息应当清晰明了，便于投资者等财务报告使用者理解和使用。

企业编制财务报告、提供会计信息的目的在于使用，而要使使用者有效使用会计信息，应当能让其了解会计信息的内涵，弄懂会计信息的内容，这就要求财务报告所提供的会计信息应当清晰明了，易于理解。只有这样，才能提高会计信息的有用性，实现财务报告的目标，满足向投资者等财务报告使用者提供决策有用信息的要求。

会计信息毕竟是一种专业性较强的信息产品，在强调会计信息的可理解性要求的同时，还应假定使用者具有一定的有关企业经营活动和会计方面的知识，并且愿意付出努力去研究这些信息。对于某些复杂的信息，如交易本身较为复杂或者会计处理较为复杂，但其对使用者的经济决策相关的，企业就应当在财务报告中予以充分披露。

四、可比性

可比性要求企业提供的会计信息应当相互可比。这主要包括两层含义：

第一，同一企业不同时期可比。为了便于投资者等财务报告使用者了解企业财务状况、经营成果和现金流量的变化趋势，比较企业在不同时期的财务报告信息，全面、客观地评价过去、预测未来，从而做出决策。会计信息质量的可比性要求同一企业不同时期发生的相同或者相似的交易或者事项，应当采用一致的会计政策，不得随意变更。但是，满足会计信息可比性要求，并非表明企业不得变更会计政策，如果按照规定或者在会计政策变更后可以提供更可靠、更相关的会计信息，可以变更会计政策。有关会计政策变更的情况，应当在附注中予以说明。

第二，不同企业相同会计期间可比。为了便于投资者等财务报告使用者评价不同企业的财务状况、经营成果和现金流量及其变动情况，会计信息质量的可比性要求不同企业同一会计期间发生的相同或者相似的交易或者事项，应当采用规定的会计政策，确保会计信息口径一致、相互可比，以使不同企业按照一致的确认、计量和报告要求提供有关会计信息。

五、实质重于形式

实质重于形式要求企业应当按照交易或者事项的经济实质进行会计确认、计量和报告，不仅仅以交易或者事项的法律形式为依据。

企业发生的交易或事项在多数情况下其经济实质和法律形式是一致的，但在有些情况下也会出现不一致。例如，企业按照销售合同销售商品但又签订了售后回购协议，虽然从法律形式上看实现了收入，但如果企业没有将商品所有权上的主要风险和报酬转移给购货方，没有满足收入确认的各项条件，即使签订了商品销售合同或者已将商品交付给购货方，也不应当确认销售收入。

六、重要性

重要性要求企业提供的会计信息应当反映与企业财务状况、经营成果和现金流量有关的所有重要交易或者事项。

如果财务报告中提供的会计信息的省略或者错报会影响投资者等使用者据此做出决策的，该信息就具有重要性。重要性的应用需要依赖职业判断，企业应当根据其所处环境和实际情况，从项目的性质和金额大小两方面加以判断。

七、谨慎性

谨慎性要求企业对交易或者事项进行会计确认、计量和报告时保持应有的谨慎，不应高估资产或者收益、低估负债或者费用。

在市场经济环境下，企业的生产经营活动面临着许多风险和不确定性，如应收款项的可收回性、固定资产的使用寿命、无形资产的使用寿命、售出存货可能发生的退货或者返修等。会计信息质量的谨慎性要求，需要企业在面临不确定性因素的情况下做出职业判断时，应当保持应有的谨慎，充分估计到各种风险和损失，既不高估资产或者收益，也不低估负债或者费用。例如，要求企业对售出商品所提供的产品质量保证确认一项预计负债，就体现了会计信息质量的谨慎性要求。

谨慎性的应用也不允许企业设置秘密准备，如果企业故意低估资产或者收入，或者故意高估负债或者费用，将不符合会计信息的可靠性和相关性要求，损害会计信息质量，扭曲企业实际的财务状况和经营成果，从而对使用者的决策产生误导，这是会计准则所不允许的。

八、及时性

及时性要求企业对于已经发生的交易或者事项，应当及时进行确认、计量和报告，不得提前或者延后。

会计信息的价值在于帮助所有者或者其他方面做出经济决策，具有时效性。即使是可靠的、相关的会计信息，如果不及时提供，就失去了时效性，对于使用者的效用就大大降低，甚至不再具有实际意义。在会计确认、计量和报告过程中贯彻及时性，一是要求及时收集会计信息，即在经济交易或者事项发生后，及时收集整理各种原始单据或者凭证；二是要求及时处理会计信息，即按照会计准则的规定，及时对经济交易或者事项进行确认或者计量，并编制财务报告；三是要求及时传递会计信息，即按照国家规定的有关时限，及时地将编制的财务报告传递给财务报告使用者，便于其及时使用和决策。

在实务中，为了及时提供会计信息，可能需要在有关交易或者事项的信息全部获得之前即进行会计处理，这样就满足了会计信息的及时性要求，但可能会影响会计信息的可靠性；反之，如果企业等到与交易或者事项有关的全部信息获得之后再进行会计处理，这样的信息披露可能会由于时效性问题，对于投资者等财务报告使用者决策的有用性大大降低。这就需要在及时性和可靠性之间作相应权衡，以最好地满足投资者等财务报告使用者的经济决策需要作为判断标准。

第五节　会计计量

会计计量是为了将符合确认条件的会计要素登记入账并列报于财务报表而确定其金额的过程。企业应当按照规定的会计计量属性进行计量，确定相关金额。

一、会计计量属性及其构成

计量属性是指所予计量的某一要素的特性方面,如桌子的长度、铁矿的重量、楼房的面积等。从会计角度,计量属性反映的是会计要素金额的确定基础,主要包括历史成本、重置成本、可变现净值、现值和公允价值等。

(一)历史成本

历史成本,又称为实际成本,就是取得或制造某项财产物资时所实际支付的现金或其他等价物。在历史成本计量下,资产按照其购置时支付的现金或者现金等价物的金额,或者按照购置资产时所付出的对价的公允价值计量。负债按照其因承担现时义务而实际收到的款项或者资产的金额,或者承担现时义务的合同金额,或者按照日常活动中为偿还负债预期需要支付的现金或者现金等价物的金额计量。

(二)重置成本

重置成本又称现行成本,是指按照当前市场条件,重新取得同样一项资产所需支付的现金或现金等价物金额。在重置成本计量下,资产按照现在购买相同或者相似资产所需支付的现金或者现金等价物的金额计量。负债按照现在偿付该项债务所需支付的现金或者现金等价物的金额计量。在实务中,重置成本多应用于盘盈固定资产的计量等。

(三)可变现净值

可变现净值,是指在正常生产经营过程中,以预计售价减去进一步加工成本和预计销售费用以及相关税费后的净值。在可变现净值计量下,资产按照其正常对外销售所能收到现金或者现金等价物的金额扣减该资产至完工时估计将要发生的成本、估计的销售费用以及相关税费后的金额计量。可变现净值通常应用于存货资产减值情况下的后续计量。

(四)现值

现值是指对未来现金流量以恰当的折现率进行折现后的价值,是考虑货币时间价值的一种计量属性。在现值计量下,资产按照预计从其持续使用和最终处置中所产生的未来净现金流入量的折现金额计量。负债按照预计期限内需要偿还的未来净现金流出量的折现金额计量。现值通常用于非流动资产可收回金额和以摊余成本计量的金融资产价值的确定等。例如,在确定固定资产、无形资产等可收回金额时,通常需要计算资产预计未来现金流量的现值;对于持有至到期投资、贷款等以摊余成本计量的金融资产,通常需要使用实际利率法将这些资产在预期存续期间或适用的更短期间内的未来现金流量折现,再通过相应的调整确定其摊余成本。

(五)公允价值

公允价值,是指在公平交易中,熟悉情况的交易双方自愿进行资产交换或者债务清偿的金额。在公允价值计量下,资产和负债按照在公平交易中熟悉情况的交易双方自愿进行资产交换或者债务清偿的金额计量。公允价值主要应用于交易性金融资产、可供出售金融资产的计量等。

二、各种计量属性之间的关系

在各种会计要素计量属性中，历史成本通常反映的是资产或者负债过去的价值，而重置成本、可变现净值、现值以及公允价值通常反映的是资产或者负债的现时成本或者现时价值，是与历史成本相对应的计量属性。当然这种关系也并不是绝对的。比如，资产或者负债的历史成本有时就是根据交易时有关资产或者负债的公允价值确定的，在非货币性资产交换中，如果交换具有商业实质，且换入、换出资产的公允价值能够可靠计量，换入资产入账成本的确定应当以换出资产的公允价值为基础，除非有确凿证据表明换入资产的公允价值更加可靠；在非同一控制下的企业合并交易中，合并成本也是以购买方在购买日为取得对被购买方的控制权而付出的资产、发生或承担的负债等的公允价值确定的。再比如，在应用公允价值时，当相关资产或者负债不存在活跃市场的报价或者不存在同类或者类似资产的活跃市场报价时，需要采用估值技术来确定相关资产或者负债的公允价值，而在采用估值技术估计相关资产或者负债的公允价值时，现值往往是比较普遍的一种估值方法，在这种情况下，公允价值就是以现值为基础确定的。另外，公允价值相对于历史成本而言，具有很强的时间概念，也就是说，当前环境下某项资产或负债的历史成本可能是过去环境下该项资产或负债的公允价值，而当前环境下某项资产或负债的公允价值也许就是未来环境下该项资产或负债的历史成本。

三、计量属性的应用原则

基本准则规定，企业在对会计要素进行计量时，一般应当采用历史成本，采用重置成本、可变现净值、现值、公允价值计量的，应当保证所确定的会计要素金额能够取得并可靠计量。

在企业会计准则体系建设中适度、谨慎地引入公允价值这一计量属性，是因为随着我国资本市场的发展，股权分置改革的基本完成，越来越多的股票、债券、基金等金融产品在交易所挂牌上市，使得这类金融资产的交易已经形成了较为活跃的市场，因此，我国已经具备了引入公允价值的条件。在这种情况下，引入公允价值，更能反映企业的实际情况，对投资者等财务报告使用者的决策更加有用，而且也正因如此，我国准则才实现了与国际财务报告准则的趋同。

在引入公允价值过程中，我国充分考虑了国际财务报告准则中公允价值应用的三个级次：第一，资产或负债等存在活跃市场的，活跃市场中的报价应当用于确定其公允价值；第二，不存在活跃市场的，参考熟悉情况并自愿交易的各方最近进行的市场交易中使用的价格或参照实质上相同或相似的其他资产或负债等的市场价格确定其公允价值；第三，不存在活跃市场，且不满足上述两个条件的，应当采用估值技术等确定公允价值。

我国引入公允价值是适度、谨慎和有条件的。原因是考虑到我国尚属新兴的市场经济国家，如果不加限制地引入公允价值，有可能出现公允价值计量不可靠，甚至借机人为操纵利润的现象。因此，在投资性房地产和生物资产等具体准则中规定，只有存在活跃市场、公允价值能够取得并可靠计量的情况下，才能采用公允价值计量。

第六节 会计核算方法

一、会计方法

会计方法是用来核算和监督会计对象的技术手段。会计方法随着社会本身的发展而不断丰富和完善。各种不同的会计方法有机地联系在一起所构成的整体便称为会计方法体系。传统观点认为,现代会计方法体系由三部分构成:会计核算方法、会计分析方法和会计检查方法。同时认为,会计核算是基础和核心,会计分析是会计核算的继续和深化,会计检查则是会计核算和会计分析的质量保证。伴随着现代会计的进一步发展和会计职能的扩展,又有学者提出,除前述方法外,会计方法体系中还应包括会计监督方法、会计控制方法、会计预测方法和会计决策方法。本书作者认为,这种观点有一定道理,也反映出了一定的发展趋势,但其中的一些方法含义不甚明确,内容上相互交叉和融合。例如,会计监督与会计控制的关系就很难明确地界定,会计检查和会计分析无论从目的还是从过程看,也都有监督和控制的寓意。因此,综合上述,我们认为,现代会计方法体系由以下几个部分构成:会计核算方法、会计检查与监督方法、会计分析方法、会计预测和决策方法。本章仅介绍会计核算方法。

二、会计核算方法

会计核算方法,是对会计对象进行连续、系统、全面、综合地确认、计量、记录、报告的方法。具体包括:设置会计科目与账户、复式记账、填制和审核会计凭证、登记账簿、成本计算、资产清查和编制财务报表。本章只对上述方法作简单介绍,以后有关章节将做详细论述。

(一)设置会计科目和账户

会计科目和账户是对会计对象的具体内容进行的分类,是记录会计对象的工具。通过会计科目和账户,可以有序、系统、分类地将会计对象——各项经济业务增减变动的数据记入账户,从而分门别类地提供各种会计信息,供政府有关部门、投资者、债权人等有关各方使用。所以,设置会计科目和账户是会计核算最基本的方法。

(二)复式记账

复式记账是相对于单式记账而言的。它是指对任何一项经济业务都要从两个方面在两个或两个以上的账户中相互联系地进行记录。采用复式记账不仅能够全面地、系统地反映经济业务的发生情况,而且能够检查会计记录是否正确。复式记账法是一种科学的记账方法。

(三)填制和审核会计凭证

会计凭证是记录经济业务、明确经济责任的书面证明,是登记账簿的依据。填制和审核会计凭证,是指经济业务发生后,借助设置的会计科目和账户、复式记账方法,按照有关要求，进行会计凭证填制，并由有关机构和人员进行审核，保证会计记录真实、正确、合理、合法的一种专门方法。

（四）登记账簿

账簿是指由具有专门格式的账页所组成的簿籍。登记账簿，是运用复式记账原理，根据审核无误的会计凭证，在账簿上连续地、完整地、系统地记录经济业务的一种专门方法。会计凭证填制、审核无误后，应据以进行账簿登记，为企业单位经营管理和编制财务报表提供连续、系统的数据资料。账簿登记后，要定期进行账目核对、结账，使得账证相符、账账相符、账实相符。

（五）成本计算

成本计算是把企业在生产经营过程中发生的各种费用，按照各种不同的成本计算对象进行归集和分配，借以确定各对象总成本和单位成本的一种专门方法。企业单位在产品生产、劳务提供过程中，会发生各种各样的耗费，因此，应采用一定的成本计算方法，以产品、劳务为对象，归集分配费用，计算特定对象的总成本和单位成本。通过成本计算，不仅为产品劳务定价、生产耗费补偿提供依据，而且可为成本管理提供核算资料。

（六）财产清查

财产清查是指通过实地盘点、核对账目，在查明各项财产物资的实有数后，和账面数进行核对，以确定账实是否相符的一种专门方法。账实如有不符，则须对账簿记录进行调整。所以，财产清查是会计核算过程中不可缺少的一个环节，相应地，财产清查方法也是一种重要的会计核算方法。

（七）编制财务报表

财务报表是反映企业单位财务状况和经营成果的报告文件。编制财务报表包括将账簿中的数据资料进行加工整理和综合汇总，并填入相关报表中等一系列方法。同时，财务报表的格式、编制要求、表内各项目的填制方法等，都有统一的要求，使得提供的会计信息具有相关性，满足有关各方对会计信息的需求。

上述七种会计核算方法相辅相成，密切相关，构成完整的会计核算方法体系。设置会计科目和账户是前提、基础，借助于复式记账方法，首先进行会计凭证的填制和审核；其次，根据审核无误的会计凭证登记账簿；成本计算和财产清查的结果，也要填制在凭证、登记在账簿中；根据核对无误的会计账簿，最后，进行财务报表的编制。

复习思考题

1. 从会计产生和发展的过程中可得出哪些结论？
2. 如何理解会计的含义？
3. 会计的基本职能是什么？
4. 会计对象的具体内容是什么？

5. 何为会计假设？其内容是什么？有何意义？
6. 如何理解会计信息质量要求及会计计量属性？
7. 会计方法体系中应包括哪些方法？
8. 会计核算包括哪些专门方法？
9. 怎样理解会计学科体系？现代会计的不断发展对其有何影响？

第二章

会计要素与会计恒等式

本章要点

本章首先将会计对象按经济特征进行分类，分成若干会计要素，具体讲述了会计要素的定义、特征和构成；其次，论述了各会计要素相互关系的数学表达式——会计恒等式。通过本章学习，希望读者掌握会计要素的具体内容以及它们之间的关系。

第一节 会计要素

一、会计要素概念

会计要素是对会计对象按经济特征所做的基本分类，是会计对象的具体化。我国《企业会计准则——基本准则》将会计要素按照其性质分为资产、负债、所有者权益、收入、费用和利润。其中，资产、负债和所有者权益是反映企业财务状况的要素，收入、费用和利润是反映企业经营成果的要素。会计要素的界定和分类可以使财务会计系统更加科学严密，为投资者等财务报告使用者提供更加有用的信息。

二、反映企业财务状况的会计要素

（一）资产

1. 资产的定义。资产是指企业过去的交易或者事项形成的、由企业拥有或者控制的、预期会给企业带来经济利益的资源，它包括各种财产、债权和其他权利。

根据资产的定义，资产具有以下特征：

（1）资产预期会给企业带来经济利益。这是指资产具有直接或者间接导致现金和现金等价物流入企业的潜力。资产预期能为企业带来经济利益是资产的重要特征。例如，企业采购的原材料、购置的固定资产等可以用于制造商品或者提供劳务，对外出售后可以收回货款，这些都是企业所获得的经济利益。如果某一项目预期不能给企业带来经济利益，那么就不能将其确认为企业的资产。前期已经确认为资产的项目，如果不能再为企业带来经济利益的，也不能再确认为企业的资产。

（2）资产是企业拥有或者控制的资源。资产作为一项资源，应当由企业拥有或者控制，具体是指企业享有某项资源的所有权，或者虽然不享有某项资源的所有权，但该资源能够被企业所控制。

企业享有资产的所有权，通常表明企业能够排他性地从资产中获取经济利益。但是有些情况下，资产虽然不为企业所拥有，即企业并不享有其所有权，但是企业可以支配和使用这些资产，能够从该资产中获取经济利益，符合会计上对资产的定义，如企业以融资租赁方式租入的固定资产等。

（3）资产是由企业过去的交易或者事项形成的。资产应当由企业过去的交易或者事项所形成，过去的交易或者事项包括购买、生产、建造行为或者其他交易或事项。即只有过去发生的交易或者事项才能产生资产，企业预期在未来发生的交易或者事项不形成资产。

2. 资产的构成。资产按其流动性可以划分为流动资产和非流动资产。

（1）流动资产是指可以在一年或超过一年的一个营业周期内变现或耗用的资产，主要包括货币资金、应收及预付款项、存货等。

货币资金包括库存现金、银行存款和其他货币资金。库存现金是指企业持有的现金,主要用于支付日常发生的小额、零星的费用或支出。银行存款是指企业存入某一银行账户的款项,主要来自投资者投入资本的款项、负债融入的款项、销售商品的货款等。其他货币资金是指除了现金和银行存款以外的其他各种货币资金。

应收及预付款项是指企业在日常生产经营过程中产生的各种债权,包括应收票据、应收账款、其他应收款和预付账款。

存货是指企业在日常活动中持有以备出售的产成品或商品、处在生产过程中的在产品、在生产过程或提供劳务过程中耗用的材料、物料等,包括原材料、在产品、库存商品等。

(2)非流动资产是指不能在一年或超过一年的一个营业周期内变现或耗用的资产,主要包括长期股权投资、固定资产、无形资产等。

长期股权投资是指持有时间超过一年、不能变现或不准备随时变现的股票和其他投资。企业进行长期股权投资的目的是为了获得较为稳定的投资收益或者对被投资企业实施控制或影响。

固定资产是指企业为生产商品、提供劳务、出租或经营管理而持有的,使用年限超过一年、单位价值较高的有形资产,主要包括房屋、建筑物、机器设备、运输设备等。

无形资产是指企业拥有或控制的没有实物形态的可辨认非货币性资产,主要包括专利权、非专利技术、商标权、著作权、特许权、土地使用权等。

(二)负债

1. 负债的定义。负债是指企业过去的交易或者事项形成的、预期会导致经济利益流出企业的现时义务。

根据负债的定义,负债具有以下特征:

(1)负债是企业承担的现时义务。现时义务是指企业在现行条件下已承担的义务。负债作为一种现时义务,产生于过去的交易或事项。如企业因购买原材料而发生的应付账款、由于向银行贷款而形成的银行借款等,都属于企业的负债。企业在未来发生的交易或者事项形成的义务,不属于现时义务,不应当确认为负债,如企业将在未来发生的承诺、签订的合同等交易或事项不形成负债。

(2)负债的清偿预期会导致经济利益流出企业。负债的形成一般基于契约的约定,负债契约规定企业在清偿债务时必须承担经济利益流出企业的义务。清偿债务发生的经济利益流出可以有多种多样的形式,既可以用现金或现金等价物的形式清偿债务,也可以用实物资产或提供劳务的形式清偿债务。

2. 负债的构成。负债按偿还期的长短可以分为流动负债和非流动负债。

(1)流动负债是指将在一年或超过一年的一个营业周期内偿还的债务,包括短期借款、应付及预收款项等。

短期借款是指企业从银行或其他金融机构借入的期限在一年以下(含一年)的各种借款,如企业从银行借入的用来补充流动资金不足的临时性借款。

应付及预收款项是指企业在日常生产经营过程中发生的各项债务,包括应付票据、应付账款、应付职工薪酬、应交税费、应付利润和预收账款等。

（2）非流动负债是指偿还期在一年或超过一年的一个营业周期以上的债务，包括长期借款、应付债券和长期应付款等。

长期借款是指企业从银行或其他金融机构借入的期限在一年以上（不含一年）的各种借款。企业借入长期借款主要是为了长期工程项目的建设。

应付债券是指企业为筹集长期资金而发行的长期债券。

长期应付款是指企业除长期借款和应付债券以外的其他各种长期应付款项，包括应付融资租入固定资产的租赁费、以分期付款方式购入固定资产发生的应付款项等。

（三）所有者权益

1. 所有者权益的定义。所有者权益是指企业资产扣除负债后，由所有者享有的剩余权益。公司的所有者权益又称为股东权益。所有者权益反映了所有者对企业资产的剩余索取权，是企业资产中扣除债权人权益后应由所有者享有的部分。

所有者权益具有以下特征：

（1）所有者权益表明了所有者对企业的所有权。投资者对企业进行投资，形成了企业资金最基本的来源，投资者也成为企业的所有者。所有者根据其投资额参与企业管理并分配企业利润。

（2）所有者权益在企业正常生产经营期间不需要归还，它形成企业的永久性资本；所有者权益在日常使用过程中也不需要支付费用，只有在企业有盈利时参与企业利润分配，体现了投资者的投资收益权。

（3）所有者权益的金额取决于资产和负债的计量，是资产减去负债后的余额，表现为企业的净资产。

2. 所有者权益的构成。所有者权益按其来源主要包括所有者投入的资本、直接计入所有者权益的利得和损失（其他综合收益）、留存收益等，通常由实收资本（股本）、资本公积（包括资本溢价或股本溢价、其他资本公积）、盈余公积和未分配利润构成。

（1）实收资本（股本）。实收资本是指投资者按照公司章程，或合同、协议的约定，实际投入企业的资本，它是企业注册成立的基本条件之一，也是企业承担民事责任的财力保证，一般无须偿还，可供企业长期周转使用。股份有限公司的实收资本称为股本。企业收到投资者投入的资本按照投资主体的不同，可分为国家投入资本、法人投入资本、个人投入资本和外商投入资本等；按照投入资本的形态不同，可分为有形资产投资和无形资产投资，前者如货币资金、固定资产等，后者如专利权、商标权、土地使用权等。

（2）资本公积。资本公积是指归企业所有者共有的资本，主要来源于资本（股本）溢价和其他资本公积。资本（或股本）溢价是指投资者投入的超过其在注册资本（或股本）中所占份额的投资额；其他资本公积是指除资本（或股本）溢价项目以外所形成的资本公积。资本公积主要用于转增资本，不能用于弥补以前年度的亏损。

（3）盈余公积。盈余公积是指企业按照规定比例从净利润中提取的公积金，包括法定盈余公积和任意盈余公积。法定盈余公积是指企业按照《公司法》规定比例从净利润中提取的盈余公积金；任意盈余公积是指企业经股东大会或类似机构批准，按照规定的比例从净利润中提取的盈余公积金。盈余公积可以用于弥补亏损、转增资本，符合条件的企业也可以用盈余公积分派股利。

(4)未分配利润。未分配利润是企业历年净利润分配后形成的部分,是留待以后年度分配的结存利润。

三、反映企业经营成果的会计要素

(一)收入

1.收入的定义。收入是指企业在日常活动中形成的、会导致所有者权益增加的、与所有者投入资本无关的经济利益的总流入。收入只有在经济利益很可能流入从而导致企业资产增加或者负债减少,且经济利益的流入额能够可靠计量时才能予以确认。

根据收入的定义,收入具有以下特征:

(1)收入是企业在日常活动中形成的。日常活动是指企业为完成其经营目标所从事的经常性活动以及与之相关的活动。例如,工业企业制造并销售产品、商业企业销售商品、保险公司签发保单、咨询公司提供咨询服务、软件企业为客户开发软件、安装公司提供安装服务、商业银行对外贷款、租赁公司出租资产等,均属于企业的日常活动。明确界定日常活动是为了将收入与利得相区分,因为企业非日常活动所形成的经济利益的流入不能确认为收入,而应当计入利得,例如与企业日常活动无关的政府补助、非流动资产毁损报废利得等。

(2)收入会导致所有者权益的增加。收入是企业经济利益的总流入,一般情况下,收入的增加会增加企业的资产,相应的也增加了企业的所有者权益。这是收入有别于负债的主要特征,企业向银行借款也会导致经济利益的流入,但增加的是企业的负债而不是所有者权益。

(3)收入是与所有者投入资本无关的经济利益的流入。所有者向企业投入资本也会导致经济利益的流入,但这不会增加企业的收入,只会增加企业的所有者权益。此外,企业代第三方或客户收取的款项,不应确认为企业的收入。

2.收入的构成。收入按企业经营业务的主次不同,分为主营业务收入和其他业务收入。

主营业务收入是指企业为完成其经营目标所从事的经常性活动实现的收入。正常经营条件下,主营业务收入在企业收入总额中占有较大比重,并对企业的经济效益产生较大影响,例如工业企业销售产成品或半成品、工业企业提供工业性劳务、商品流通企业销售商品等所取得的收入。其他业务收入是指企业为完成其经营目标所从事的与经常性活动相关的活动实现的收入。其他业务收入是企业日常活动中次要交易实现的,一般在企业收入总额中所占的比重较小,例如工业企业对外出售不需用的原材料、出租固定资产、对外转让无形资产使用权等所取得的收入。

(二)费用

1.费用的定义。费用是指企业在日常活动中发生的、会导致所有者权益减少的、与向所有者分配利润无关的经济利益的总流出。费用只有在经济利益很可能流出从而导致企业资产减少或者负债增加,且经济利益的流出额能够可靠计量时才能予以确认。费用是与收入相对应的概念,是企业为取得收入而付出的代价,因此费用必须与一定期间的收入相配比。

根据费用的定义，费用具有以下特征：

(1)费用是企业在日常活动中发生的。日常活动中所产生的费用通常包括销售成本（营业成本）、职工薪酬、折旧费、管理费等。将费用界定为日常活动中所形成的，目的是为了将其与损失相区分，因为企业非日常活动所形成的经济利益的流出不能确认为费用，应当计入损失，例如非流动资产毁损报废损失、非常损失等。

(2)费用会导致所有者权益的减少。企业发生的费用实质上是企业经营过程中各种资产的耗费，是资产的转化形式。正如收入会导致所有者权益增加一样，作为经济利益流出而发生的费用则会导致所有者权益的减少。不能导致所有者权益减少的经济利益的流出，不能确认为费用，例如企业归还银行贷款虽然也是经济利益的流出，但并不形成企业的费用。

(3)费用导致的经济利益的流出与向所有者分配利润无关。企业向所有者分配利润虽然也会导致经济利益的流出，但这种经济利益的流出只会直接减少所有者权益，而不会形成企业的费用。

2. 费用的构成。按照费用与收入的关系，费用可分为营业成本和期间费用。

营业成本是指企业销售商品或提供劳务的成本，按照企业所销售商品或提供劳务在企业日常活动中所处地位的不同，分为主营业务成本和其他业务成本。期间费用包括管理费用、销售费用和财务费用。管理费用是指企业为组织和管理企业生产经营所发生的各种费用，销售费用是指企业在销售商品、提供劳务等日常活动中发生的各种费用，财务费用是指企业为筹集生产经营所需资金而发生的筹资费用。

（三）利润

1. 利润的定义。利润是指企业在一定会计期间的经营成果，反映的是企业的经营业绩情况。利润通常是评价企业管理层业绩的一项重要指标，也是投资者等财务报告使用者进行决策的重要参考指标。

利润包括收入减去费用后的净额、直接计入当期利润的利得和损失等。其中，收入减去费用后的净额反映的是企业日常活动的经营业绩，直接计入当期利润的利得和损失反映的是企业非日常活动的业绩。直接计入当期利润的利得和损失，是指应当计入当期损益、最终会引起所有者权益发生增减变动的、与所有者投入资本或者向所有者分配利润无关的利得和损失。企业应当区分收入和利得、费用和损失之间的区别，以更加全面地反映企业的经营业绩。

2. 利润的构成。利润包括三个层次：营业利润、利润总额和净利润。

营业利润是指主营业务收入和其他业务收入，减去主营业务成本、其他业务成本、税金及附加、销售费用、管理费用、财务费用、资产减值损失，再加上公允价值变动净收益和投资净收益后的金额。

利润总额是营业利润加上营业外收入，减去营业外支出后的金额。

净利润是指利润总额减去所得税费用后的金额。

第二节　会计恒等式

一、会计恒等式的含义

会计恒等式也称为会计平衡公式、会计方程式，是表明会计要素之间基本关系的恒等式。会计对象可概括为资金运动，每一笔经济业务都是资金运动的一个具体过程，每一资金运动过程都必然涉及相应的会计要素，从而使全部资金运动所涉及的会计要素之间存在一定的相互联系，会计要素之间的这种内在关系可以用数学表达式予以描述，这种表达会计要素之间基本关系的数学表达式就是会计恒等式。

二、会计恒等式的表达形式及意义

（一）静态等式

资产和权益是相互依存的，它们是同一事物的两个不同方面，是从不同角度观察和分析同一事物的结果。企业之所以拥有一定数量的资产，当然就有其提供者，这些提供者就必须拥有相应数额的权益。从数量上看，企业有多少资产，就有多少与之对应数量的资产索取权。因此资产和权益总是相等的，资产和权益之间的这种平衡关系可以通过数学等式表示如下：

资产 = 权益　　(2.1)

或　　资产 = 负债 + 所有者权益　　(2.2)

等式(2.2)是会计基本等式，它是用来揭示会计主体在会计期间开始(期初)或终止时刻(期末)全部要素之间的恒等关系，是经营资金的一种静态反映。等式左端是从资金占用的具体形态和分布状况方面来反映企业资产的价值总量。等式右端则是从形成、取得的渠道也即从来源方面来反映资产的价值总量。企业资产从占用和分布情况看，体现为不同类别的资产，如银行存款、存货等流动资产，厂房、设备等固定资产。从其来源看，一是向银行和非银行金融机构借款，发行债券，向有关单位赊购物资等；二是投资者投入资本及经营过程中形成的盈余也即利润。前者统称为负债，后者统称为所有者权益。综上所述，企业拥有的资产价值总量，从分布和占用形态看，表现为各类资产价值之和，从来源看则表现为负债及所有者权益之和。任何形态的资产都必须有一定的形成渠道或来源，任何来源取得的资产也必须以某种形式存在和分布，所以等式(2.1)(2.2)的恒等关系是必然存在的，它是设置账户、进行复式记账和编制会计报表的基础。

（二）动态等式

会计基本等式从相对静止的角度描述企业的资产组成及其权益的结构情况，但对会计而言，不仅要了解企业生产经营过程进行到某一时日的财务状况，更重要的是了解资产怎样被利用、回收以及怎样实现资产增值这一动态变化过程。为此，可用下面等式描述：

$$利润 = 收入 - 费用 \tag{2.3}$$

收入和费用总是与资产在某一时期内的变化有联系，收入和费用是描述资产变化的动态会计要素。收入表示资产的回收情况，费用表示资产的耗用情况，利润则说明资产的增值情况。因此，等式(2.3)是揭示会计主体一定期间经营成果的等式，是经营资金的一种动态反映。

式(2.2)、式(2.3)具有紧密的内在联系，这种联系反映了企业一定期间的经营成果对财务状况的影响。企业进行经营活动的目的是为了赚取利润，利润的实现可以增加资产或减少负债，最终增加所有者权益；反之，如果企业发生亏损，会减少资产或增加负债，最终减少所有者权益。这种关系可以用下面等式描述：

$$资产 = 负债 + 所有者权益 + 利润 = 负债 + 所有者权益 + (收入 - 费用) \tag{2.4}$$

等式(2.4)是扩展的会计恒等式，用来揭示会计期间内任一时日全部会计要素之间的恒等关系，它是经营资金的静态、动态相结合的反映。

等式(2.2)之所以没有“收入”“费用”“利润”要素，是因为会计期初或期末时“利润”已经实现并已分配完毕，转入了所有者权益，因此从某种意义上讲，“利润”是一个虚的或过渡性的会计要素。会计期末与会计期初虽在形式上保持了“资产 = 负债 + 所有者权益”的恒等关系，但恒等的数量基础已经变化，期末的恒等式中已经包含了本会计期间利润的实现及其分配因素。

三、会计事项对会计恒等式的影响

会计事项是指会计主体在生产经营过程中引起会计要素增减变化的经济业务。会计主体的资产占用形态、分布状态及其来源构成都不是固定不变的，随着会计主体生产经营活动的连续进行，各种会计要素也随之不断发生数量上的变化，那么这些变化是否影响上述恒等关系呢？以下结合企业典型的会计事项举例说明。

假定某企业 2017 年 1 月 1 日资产、负债及所有者权益的构成如表 2－1 所示。

表 2－1　　单位：万元

资产	金额	负债及所有者权益	金额
库存现金	5	短期借款	250
银行存款	800	应付账款	450
应收账款	55	长期借款	500
原材料	600	实收资本	1 400
生产成本	300	盈余公积	400
库存商品	140		
固定资产	1 100		
合计	3 000	合计	3 000

该企业 2017 年 1 月份发生以下经济业务(部分)：

(1)借入短期借款50万元,已存入银行存款户。

该会计事项产生的影响是:资产方的"银行存款"增加50万元;负债及所有者权益方的"短期借款"增加50万元。

(2)收到投资者投入的厂房(属于固定资产)240万元。

该会计事项产生的影响是:资产方的"固定资产"增加240万元;负债及所有者权益方的"实收资本"增加240万元。

(3)销售产品收入100万元,已存入银行。

该会计事项产生的影响是:资产方的"银行存款"增加100万元;负债及所有者权益方的"本年利润"增加100万元。

(4)结转上述已销售产品的成本60万元。

按照规定,已售产品成本应从其收入中扣除,使成本得以补偿,因此,该会计事项产生的影响是:资产方的"库存商品"减少了60万元,负债及所有者权益方的"本年利润"减少了60万元。

(5)购入材料20万元,货款暂欠。

该会计事项产生的影响是:资产方的"原材料"增加20万元;负债及所有者权益方的"应付账款"增加20万元。

(6)以银行存款偿还短期借款150万元。

该会计事项产生的影响是:资产方的"银行存款"减少150万元,负债及所有者权益方的"短期借款"减少150万元。

(7)以银行存款80万元归还中外合作企业中外国投资者的投资。

该会计事项产生的影响是:资产方的"银行存款"减少80万元;负债及所有者权益方的"实收资本"减少80万元。

(8)购入材料30万元,以银行存款支付。

该会计事项产生的影响是:资产方的"原材料"增加30万元;资产方的另一项目"银行存款"减少30万元。

(9)生产产品领用原材料一批300万元。

该会计事项产生的影响是:资产方的"原材料"减少300元;资产方的另一项目"生产成本"增加300万元。

(10)将已完工的一批产成品入库,其实际生产成本为180万元。

该会计事项产生的影响是:资产方的"库存商品"增加180万元;资产方的另一项目"生产成本"减少180万元。

(11)从银行借入半年期借款28万元,以偿还部分应付账款。

该会计事项产生的影响是:负债及所有者权益方的"短期借款"增加28万元;负债及所有者权益方的另一项目"应付账款"减少28万元。

(12)经供货单位同意,将应付该供货单位的账款100万元转作对本企业的投资。

该会计事项产生的影响是:负债及所有者权益方的"实收资本"增加100万元;负债及所有者权益方的另一项目"应付账款"减少100万元。

(13)将盈余公积金350万元转增资本。

该会计事项产生的影响是:负债及所有者权益方的“实收资本”增加 350 万元;负债及所有者权益方的另一项目“盈余公积”减少 350 万元。

从以上分析看,各项经济业务都不会改变会计恒等式的成立,这些经济业务的影响具体可概括为四种类别:第 1、2、3、5 项经济业务使会计恒等式左右两方以相等的金额同时增加;第 4、6、7 项经济业务使会计恒等式左右两方以相等的金额同时减少;第 8、9、10 项经济业务使会计恒等式左方项目之间,以相等的金额一增一减;第 11、12、13 项经济业务使会计恒等式右方项目之间,以相等的金额一增一减。

以上各项经济业务的发生对合计要素中各项目的影响结果可汇总如表 2－2 所示。

表 2－2　　单位:万元

资　　产	期初余额	本　　期		期末余额	负债及所有者权益	期初余额	本　　期		期末余额
		增加	减少				增加	减少	
库存现金	5			5	短期借款	250	78	150	178
银行存款	800	150	260	690	应付账款	450	20	128	342
应收账款	55			55	长期借款	500			500
原材料	600	50	300	350	实收资本	1 400	690	80	2 010
生产成本	300	300	180	420	盈余公积	400		350	50
库存商品	140	180	60	260	本年利润		100	60	40
固定资产	1 100	240		1 340					
合计	3 000	920	800	3 120	合计	3 000	888	768	3 120

表 2－2 说明不论企业发生哪种类型的会计事项,都始终不改变会计恒等式左右两方的恒等关系。

然而,以有限的会计事项来证明会计恒等式的“恒等”是不够的,当然也不可能列举所有的会计事项来求证,事实上也不必如此。因为人们在长期的会计实践中发现,尽管会计事项千差万别,数量繁多,但可归纳为 4 大类,如果每一类会计事项都不改变会计恒等式,则全部会计事项也不会改变会计恒等式。经济业务的 4 种类型划分如图 2－1所示。

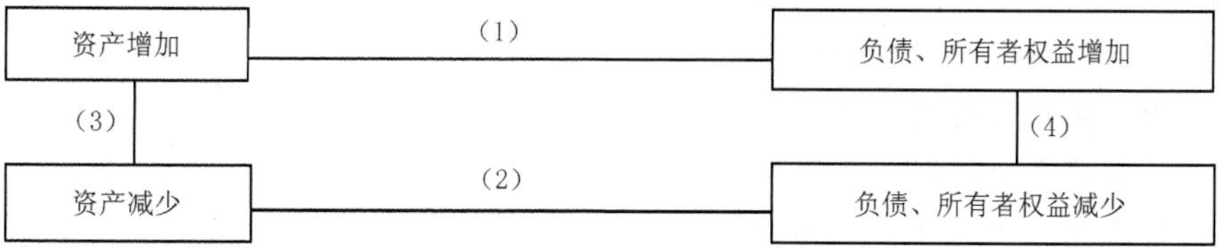

图 2－1　经济业务类型划分

图 2－1 表明,经济业务可以且只可以划分为 4 种类型,而每一种类型的业务显然都不能改变会计恒等式的成立。

综合上述,我们得出如下结论:

第一,会计恒等式左右两端反映的是同一事物的不同方面,因此数量上必然恒等。

第二,任何经济业务的发生都不是孤立的,它至少要引起两个或两个以上会计要素具体项目的变化,但这种变化是有规律的,即所有的经济业务都无外乎属于这 4 种类型,且每种类型的经济业务都不会改变会计恒等式的恒等关系。

复习思考题

1. 怎样理解会计要素?
2. 资产要素有何特征? 它是如何分类的?
3. 负债要素有何特征? 它是如何分类的?
4. 所有者权益要素包括什么内容?
5. 所有者权益要素与负债要素比较,有何特征?
6. 简述收入和费用要素的特征。
7. 简述利润的构成。
8. 会计恒等式有哪些表达形式,怎样理解?
9. 经济业务可划分为哪几种基本类型?

练 习 题

习题一

目的:练习会计要素具体项目的分类,正确理解会计恒等式。

资料:长风公司 2017 年 3 月 31 日资产、负债、所有者权益的有关项目如下:

(1) 由出纳员保管的现金 8 000 元。

(2) 存放在银行的款项 20 000 元。

(3) 应收某企业的销售款 7 000 元

(4) 库存生产用原材料 55 000 元。

(5) 库存完工的产品 20 000 元。

(6) 厂房、机器设备共计 150 000 元。

(7) 从银行取得的短期贷款 12 000 元。

(8) 应付给某供货单位的材料款 8 000 元。

(9) 从银行取得的长期贷款 89 000 元。

(10)投资者投入的资本 140 000 元。

(11)盈余形成的公积金 11 000 元。

要求:分析各项目应归属的会计要素类别,编表检验会计恒等式是否成立。

习题二

目的：练习分析经济业务的发生引起会计要素的增减变动情况。

资料:长风公司 2017 年 4 月份发生如下经济业务:

(1)国家投入企业 150 000 元,存入银行,作为资本金。

(2)其他投资者投入全新机器设备 200 000 元,作为追加投资。

(3)收回某企业的部分欠款 5 000 元存入银行。

(4)以银行存款偿还前欠某单位的材料款 8 000 元。

(5)从银行提取现金 2 000 元。

(6)生产车间领用材料 10 000 元,用于产品生产。

(7)销售产品一批,货款 9 000 元,存入银行。

(8)以银行存款支付水电费 3 000 元。

(9)以库存现金 500 元暂付职工出差借款。

(10)将已加工完成的产成品入库,其实际成本为 6 000 元。

要求:分析上述经济业务引起哪些会计要素的增减变化,结合习题一,编表说明经济业务的发生对会计恒等式的影响。

第三章

会计科目与账户

本章要点

本章主要论述了会计科目的含义及分类；会计账户的结构及与会计科目的关系等内容。重点掌握常用的会计科目的名称和账户的结构。

第一节　会计科目

一、会计科目的含义

会计科目是对会计要素的具体内容进行科学分类的名称。如前所述，会计对象具体内容表现为会计要素，而每一个会计要素又包括若干具体项目，例如资产要素中包括了库存现金、银行存款、原材料等项目，负债要素中包括了短期借款、长期借款、应付账款等项目。每一会计科目都反映其特定的经济内容。例如，为了核算企业借入期限在一年以内的各种借款，需设置一个会计科目，命名为“短期借款”，而为了核算企业借入期限在一年以上的各种借款，需设置一个会计科目，命名为“长期借款”。

为连续、系统、全面地核算和监督经济活动所引起的各会计要素的增减变化，有必要对会计对象的具体内容按其不同特点和经济管理的要求进行科学分类，并事先确定项目名称，规定其核算内容，这就是会计科目的设置。可见，会计科目的设置是进行会计核算的基础。会计科目的设置，对于正确地核算和监督企业、单位的经济活动具有重要意义。

（一）会计科目是对会计对象进行连续核算的重要工具

为了连续、系统、全面地核算企业、单位的经济活动，要求在进行会计处理时必须采用专门的方法，对各项经济业务科学地归类、整理和记录，最后提供系统化的数据和资料。通过设置会计科目，对会计要素的具体内容进行分类，可以为会计信息使用者提供各种分类的核算指标。

（二）会计科目是设置账户的依据

各单位在会计核算中必须根据规定的会计科目在账簿中开设账户，对各项经济业务进行连续、系统、分类的记录。会计科目是账户的名称，账户的设置依存于会计科目，没有会计科目就无法设置账户。可见会计科目是设置账户的依据，账户则是会计科目在会计核算工作中的具体运用。

（三）会计科目是有效监督的重要手段

会计科目的核算内容和会计科目之间的相互关系都是会计准则规定的。一般说来，会计科目的名称、会计科目的分类、会计科目的内容等决定着企业单位会计核算的详略程度，决定着企业、单位编制对外、对内会计报表的要求和内容。各个企业、单位原则上都必须按照有关会计科目的规定处理会计业务，防止会计核算内容上的混乱，防止不合理不合法的经济业务随意记入会计系统，以利于加强对会计工作的有效监督。

二、设置会计科目的原则

为了更好地设置和运用会计科目，提供高质量的会计信息，在设置会计科目时，应遵循以下原则：

（一）必须结合会计对象的特点

所谓结合会计对象的特点，就是根据不同单位经济业务的特点，本着全面核算其经济业务的全过程及结果的目的来确定应该设置哪些会计科目。首先，根据不同行业经济业务的主要性质特征设置会计科目，如工业企业应设置反映产品生产过程的会计科目，而商业企业不生产产品，而是以商品买卖作为主要经营业务，其会计科目主要应该反映商品的买卖过程。因此在成本费用方面，工业企业需要设置"生产成本"、"制造费用"等会计科目，商业企业则不需设置这种会计科目。其次，要结合企业规模设置会计科目，大型工业企业经济业务量大，为了便于组织会计工作，会计科目的设置应全面、具体和详细，而单步骤生产的小型企业，经济业务量少，会计科目的设置应力求简单、直观和明了，不必追求又全又细。

（二）必须符合经济管理的需要

经济管理要求不同，会计科目的设置也有差别，设置会计科目应充分考虑各有关方面对会计信息的需求，不仅要符合国家宏观经济管理的需要，还要满足企业内部经济管理的需要，也要满足投资者、债权人和其他有关方面的需要，以利于有关方面进行经济决策。

（三）必须坚持统一性和灵活性相结合的原则

由于各企业的经济业务千差万别，在分类核算会计要素的增减变动时需要将统一性和灵活性相结合。统一性，就是设置会计科目时要符合会计准则的要求。灵活性，就是在能提供统一核算指标的前提下，各个单位根据自己的具体情况及投资者的要求，可以增减会计科目。

（四）必须使会计科目具备可操作性

为了便于理解和实际运用，必须对每一个会计科目都明确规定其特定的核算内容；企业设置的会计科目的名称要简单明确、字义相符、通俗易懂；同时，为了适应会计核算资料连续性和一致性的要求，会计科目要保持相对稳定。

企业在不违反会计准则确认、计量规定的前提下，可根据本企业的实际情况自行增设、分拆、合并会计科目。对于不存在的交易事项，可不设置相关科目。表 3－1 的会计科目编号，可供企业填制会计凭证、登记会计账簿、查阅会计账目、采用会计软件系统时参考，企业也可结合实际情况自行确定会计科目编号。

三、会计科目的分类

会计科目的分类标准主要有两个：其一是按其经济内容分类，这是会计科目最基本的分类；其二是按其提供核算资料的详略程度不同分类。

（一）会计科目按其经济内容进行分类

这种分类方法，便于了解和掌握各会计科目的核算内容及其性质，继而正确运用各会计科目提供的核算资料。以《企业会计准则》为例，全部会计科目可以分为 6 大类：资产类、负债类、共同类、所有者权益类、成本类和损益类，详见表 3－1。

资产类、负债类、所有者权益类会计科目，基本上是对"资产""负债""所有者权益"要素进一步分类后的结果；成本类会计科目，是对"费用和成本"要素中的"成本"要素进一步分类后的项目;损益类会计科目是对构成利润(或亏损)的收入、费用会计要素进一步分类形成的。应注意的是,收入抵减费用后的结果(利润或亏损)归所有者所有,对利润的分配或亏损的弥补也属所有者权益的变动,因此,对利润或亏损形成及其分配或弥补业务所设置的会计科目如“本年利润”“利润分配”应归属所有者权益类会计科目。

表 3-1　　会计科目(部分)名称和编号

顺序号	编　号	名　称
		一、资产类
1	1001	库存现金
2	1002	银行存款
3	1009	其他货币资金
	100901	外埠存款
	100902	银行本票
	100903	银行汇票
4	1101	交易性金融资产
5	1121	应收票据
6	1122	应收账款
7	1123	预付账款
8	1131	应收股利
9	1132	应收利息
10	1221	其他应收款
11	1231	坏账准备
12	1401	材料采购
13	1403	原材料
14	1405	库存商品
15	1411	周转材料
16	1501	债权投资
17	1503	其他债权投资
18	1511	长期股权投资
19	1601	固定资产
20	1602	累计折旧
21	1603	固定资产减值准备
22	1604	在建工程
23	1606	固定资产清理

续表

顺序号	编　号	名　称
24	1701	无形资产
25	1702	累计摊销
26	1801	长期待摊费用
27	1901	待处理财产损溢
		二、负债类
28	2001	短期借款
29	2201	应付票据
30	2202	应付账款
31	2203	预收账款
32	2211	应付职工薪酬
33	2221	应交税费
34	2231	应付利息
35	2241	其他应付款
36	2501	长期借款
37	2502	应付债券
38	2701	长期应付款
		三、共同类
39	3001	清算资金往来
40	3002	货币兑换
41	3101	衍生工具
42	3201	套期工具
43	3202	被套期项目
		四、所有者权益类
44	4001	实收资本
45	4002	资本公积
46	4101	盈余公积
47	4103	本年利润
48	4104	利润分配
		五、成本类
49	5001	生产成本
	500101	基本生产成本
	500102	辅助生产成本
50	5101	制造费用

续表

顺序号	编　号	名　称
		六、损益类
51	6001	主营业务收入
52	6051	其他业务收入
53	6111	投资收益
54	6301	营业外收入
55	6401	主营业务成本
56	6402	其他业务成本
57	6403	税金及附加
58	6601	销售费用
59	6602	管理费用
60	6603	财务费用
61	6711	营业外支出
62	6801	所得税费用
63	6901	以前年度损益调整

（二）会计科目按其提供核算资料的详略不同分类

按提供核算资料的详细程度不同，会计科目可分为总分类科目和明细分类科目。总分类科目是对某一会计要素的具体内容进行总括分类而形成的项目。明细分类科目，是对某一总分类科目进一步分类的结果。如果需要提供更加详尽的资料还可将二级明细科目再分类，设置三级明细科目，必要时还可设置四级明细科目。例如“原材料”科目，属于总分类科目，反映工业企业库存的各种材料，包括主要材料、辅助材料等。如果管理上需要掌握各种原材料在一定时期内增减余的详细情况，则会计上就需要按材料种类设置明细分类科目，以便进行明细分类核算。例如在“原材料”总分类科目下设二级科目“原料及主要材料”、“辅助材料”等明细分类科目。

四、会计科目编号

为表明会计科目的性质及所属类别，便于迅速、正确地使用会计科目并借助于电子计算机进行处理，我国财政部统一规定的会计科目都按照一定规则予以编号：总分类科目通常采用四位数字编号法，每一位数字的特定含义规定如下：

（一）从左至右第一位数字表明会计科目归属的大类

具体讲，1 表示资产类，2 表示负债类，3 表示共同类，4 表示所有者权益类，5 表示成本费用类，6 表示损益类。

(二)第二位数字表示会计科目的主要大类下属的各个小类

例如,在资产类科目中,用0表示货币资金类,用1表示交易性金融资产及应收账项类,用6表示固定资产类等。

(三)第三、四两位数字表示各小类下的各个会计科目的自然序号

其中某些会计科目之间可能有空号,以便增加科目用。

企业各会计科目的统一编号可参见表3-1。

第二节 账户

一、账户的含义

账户是指按照规定的会计科目在账簿中对各项经济业务进行的分类、系统、连续记录的一种手段。会计科目只是对会计要素进行分类核算的项目或标志,而没有具有一定格式的记账实体,很难据以分类连续、系统、综合反映和记录,也不便于编制会计报表。所以,设置会计科目以后,还必须根据设置的会计科目开设相应的账户,在账户上分类记录各项经济业务的增减变化情况。所谓账户,就是指根据会计科目开设的,用来分类记录经济业务内容的具有一定格式和结构的记账实体。

二、账户的基本结构

所谓账户的结构,是指账户应由哪几部分组成,以及如何在账户中记录会计要素的增加、减少和余额情况等。账户的结构取决于不同的记账方式和账户性质。也就是说,记账方法不同,或者虽然记账方法相同,但账户性质不同,账户的结构都不尽相同。然而,账户的结构也有其共性的一面,我们称之为账户的基本结构。经济业务所引起会计要素的变化,尽管是错综复杂,但从数量上看不外乎是增加和减少两种情况。因此账户的结构也应相应地划分为两个基本部分:一部分反映数额的增加,另一部分反映数额的减少。至于账户由哪一方记增加,哪一方记减少,则取决于记账方法和账户性质。但无论何种记账方法、何种性质的账户,左右两方的增减意义都是相反的,也即如果左方记增加,则右方记减少;如果左方记减少,则右方记增加。

在账户中,记录会计要素具体内容发生增减变动及结果的金额提供四项核算指标,即期初余额、本期增加额、本期减少额、期末余额。

期初余额,即为上一期的期末余额。本期增加额,也称本期增加发生额,是指一定时期内账户所登记的增加金额的合计数。本期减少额,也称本期减少发生额,是指一定时期内账户所登记的减少额的合计数。期末余额,是指期初余额加计本期增加发生额与本期减少发生额相抵后的差额,即为一定会计期间的期末余额。

上述四项指标之间的数量关系可以用下列公式表示:

期末余额=期初余额+本期增加发生额-本期减少发生额

实际工作中，账户的结构、格式也千差万别，表 3－2 列示的是账户的一般结构与格式。

表 3－2　　**账户名称（会计科目）**

年		凭证号数	摘　要	左　方	右　方	余　额
月	日					

如果将账户的“左方”作为增加方，那么，“右方”即为减少方；如果“左方”作为减少方，那么“右方”即为增加方。

为简化起见，教学实践和教材中多采用“丁”字账或“T”字账来代替实际的账户。在“丁”字账户中，左右上角应书写记账符号，如采用借贷记账法，则左上角应书写记账符号“借”，右上角应书写记账符号“贷”，至于“借”“贷”的增减含义，第四章介绍。如采用增减记账法，则应分别书写“增”“减”符号。“丁”字账格式如图 3－1（增减记账法下）。

从图 3－1 可以看出，在“丁”字账中，应首先登记期初余额；其次，登记增加发生额，减少发生额；最后，计算期末余额。注意，期初、期末余额的方向一般与增加发生额的方向一致。

增	账户名称　　减
期初余额	
本期增加	本期减少
本期增加发生额合计	本期减少发生额合计
期末余额	

减	账户名称　　增
	期初余额
本期减少	本期增加
本期减少发生额合计	本期增加发生额合计
	期末余额

图 3－1　“丁”字账户示意图

三、账户的分类

由于账户是根据会计科目设置的，所以账户的分类应当与会计科目的分类一致。例如，账户按其经济内容分类，也分为 6 类账户，即据资产类会计科目设置的账户就称为资产类账户，据负债类会计科目设置的账户称为负债类账户，以此类推。又如，账户也可以按照它所提供的核算资料的详略不同来分类：据总分类会计科目设置的账户称为总分类账户，据明细分类会计科目设置的账户就称为明细分类账户。

所不同的是，账户作为记账实体，存在一个结构问题，因此，账户还可以按其用途结构分类，其分类结果将在本书以后章节中述及。

四、会计科目与账户的关系

会计科目与账户是两个既有联系又有区别的概念。其相同点在于：都要对经济业务进行分类，都反映一定的经济业务内容。会计科目是设置会计账户的基础和依据，会计科目是账户的名称。二者不同点在于：会计科目是对经济业务分类核算的项目或标志（即名称），它本身并不直接记录会计要素及每个项目的增减变化情况，而会计账户则具有一定的结构，能够把经济业务的发生及其结果连续、系统地进行记录。

复习思考题

1. 什么是会计科目？它分为几类？
2. 什么是账户？它与会计科目的关系是什么？
3. 账户的基本结构是什么？

练 习 题

习题一

目的：掌握会计科目的运用。

资料：某企业发生下列业务：

(1)由出纳员保管的库存现金 8 000 元。

(2)存放在银行的款项 20 000 元。

(3)应收某企业的销售款 7 000 元。

(4)库存生产用的原材料 55 000 元。

(5)库存完工的产品 20 000 元。

(6)厂房设备共计 150 000 元。

(7)从银行取得短期贷款 12 000 元。

(8)应付给某供货单位的材料款 8 000 元。

(9)从银行取得的长期贷款 89 000 元。

(10)投资者投入的资本 14 000 元。

(11)盈余形成的公积金 11 000。

要求：根据上述资料，练习经济业务涉及哪些会计科目。

习题二

目的：练习会计科目及其增减变化。

资料：某企业发生下列业务：

(1)企业收到一客户的违约金存入银行。

(2)企业接受库存现金(设备、专利权)投资。

(3)企业赊销产品。

(4)企业用存款(赊购)购买设备(材料)。

(5)企业用原材料生产产品,尚未完工。

(6)企业借入5年期借款,存入银行。

(7)企业接受捐赠的库存现金(厂房)。

(8)企业用银行存款支付广告费(罚款)。

要求:根据上述资料,练习经济事项涉及哪些会计科目,并分析其增减变化。

第四章

复式记账

本章要点

本章根据前文设置的会计科目和账户，详细阐述复式记账原理及借贷记账法，以及如何运用借贷记账法把相关的业务正确地记录到会计账户中去。

第一节　复式记账原理

一、复式记账法的含义与特点

每个会计主体对发生的所有经济业务均需根据开设的账户，采用一定的记账方法在账户中如实地、全面地进行记录，以反映各项业务的发生情况及变化结果。所谓记账方法是指在会计核算中，根据一定的原理和规则，在账户中记录经济业务的一种专门方法。记账方法在会计的发展过程中出现过两种，即单式记账法和复式记账法。

会计核算最早采用的记账方法是单式记账法。所谓单式记账法，是对发生的每一项经济业务所引起的会计要素的增减变动，只在一个账户中进行单方面记录的一种记账方法。在这种方法下，企业仅设置库存现金、银行存款、应收款、应付款等四本账，一般只记录货币资金的收付和债权、债务的增减，而对其他项目的变化则不做记录。例如，以现金购买材料 2 000 元，只记录现金减少而不同时反映材料增加。至于原材料的结存数只有通过实地盘点求得。再如，销售产品取得收入 5 000 元存入银行，只在“银行存款”账户中登记增加数而不同时反映销售收入的增加，更不反映库存商品的发出及其成本的结转。可见，在单式记账法下，账户设置不完善，账户间没有严密的对应关系，记录结果无法提供翔实的会计信息，难以反映经济活动的全貌。同时账户记录无法进行试算平衡，查找错误较难。所以单式记账法是不科学、不完善的，不符合现代会计核算要求和信息质量要求，随着经济的发展，其必然会发展到复式记账法。

（一）复式记账法的含义

复式记账法是随着经济的发展在单式记账法的基础上发展起来的一种比较完善的记账方法。其含义是：对发生的每一笔业务所引起会计要素的变化都必须以相等的金额，在两个或两个以上的账户中相互联系地进行登记。如前例，用现金购买材料 2 000 元，对于这笔业务，在复式记账法下，一方面需在“库存现金”账户中登记减少 2 000 元；另一方面，需以相等的金额在“原材料”账户中登记增加 2 000 元。这样既可以根据“库存现金”账户及时查明现金的结余数，又可根据“原材料”账户查明其结存数量和价值。又如销售产品取得收入 5 000 元，在复式记账法下，一方面在“银行存款”账户中登记增加 5 000 元，另一方面，需以相等的金额在“主营业务收入”账户中登记增加 5 000 元。这样既可以查明银行存款的结余数，又可以根据“主营业务收入”账户，查明收入的实现情况。

（二）复式记账法的特点

复式记账法在其产生发展过程中，逐步完善，形成了自己的特点，可概括如下：

1. 由于经济业务的发生，或引起恒等式两边相互联系的项目有增有减，或恒等式一边有关项目同增同减，因此在复式记账法下，对每一项经济业务都必须在两个或两个以上相互联系的账户中同时反映。

2. 在复式记账法下，对每一笔经济业务在两个或两个以上相互联系的账户中记录时，其记录的金额是相等的。

二、复式记账法的理论依据及其科学性

（一）复式记账法的理论依据

复式记账法的理论依据有两个。从广义的方面来讲，是哲学中关于事物普遍联系的原理。根据事物普遍联系原理，所有事物都不是孤立存在的，它必然与其他事物相联系，企业发生的经济业务也不例外。从狭义方面来讲，是资产与权益的平衡理论即会计恒等式。从资金运动角度讲，资产与权益是同一资金的两个侧面，任何时候都是相等的，而经济业务的发生或引起资产、负债、所有者权益两方同等金额的增减变化，或引起资产、负债、所有者权益一方内部有关项目一增一减的变化，而且金额相等，因此经济业务的发生不会破坏会计恒等式的平衡关系。复式记账法就是运用这种理论，把发生的每一项经济业务都在两个或两个以上账户中以同等金额加以记录，以反映经济业务的全貌。

（二）复式记账法的科学性

通过对复式记账法与单式记账法的比较分析，可以看出复式记账法是一种比较科学的、完善的记账方法，能够反映经济业务的全貌，了解经济业务的来龙去脉。具体来讲其科学性表现在以下几个方面：

1. 设置了完整的账户体系，可以全面地、系统地记录和反映经济业务的发生和完成情况。

2. 对发生的每一项经济业务，都要在两个或两个以上的账户中相互联系地加以反映和记录，故可以反映每一项经济业务的来龙去脉。

3. 采用复式记账法，都是以相等的金额对每项经济业务在不同账户中进行登记，因此可以通过核对账户记录进行试算平衡，检查账户记录的正确性。

三、复式记账法的种类

复式记账法萌芽于12～13世纪，发展、完善于15世纪，是在长期的会计实践中形成的。在实践中复式记账法出现过多种形式，并被各个国家所采用。具体包括以下几种：

（一）收付记账法

收付记账法是以“收”“付”为记账符号，对发生的每一笔经济业务都以相等的金额，同时在两个或两个以上的账户中相互联系地进行登记的一种复式记账法。它又分为资金收付记账法（我国事业单位曾采用）、现金收付记账法（我国金融业曾采用）和财产收付记账法等。

（二）增减记账法

增减记账法是以“增”“减”为记账符号，对发生的每一笔经济业务，都以相等的金额，同时在两个或两个以上的账户中相互联系地进行登记的一种复式记账方法。我国商业企业曾采用过这种方法。

(三)借贷记账法

借贷记账法起源于12~13世纪的意大利,发展完善于15世纪,是目前世界上广泛采用的一种记账方法。我国1992年颁布的《企业会计准则》第8条规定:“会计记账采用借贷记账法。”1993年7月1日,借贷记账法成为我国各行业广泛采用的复式记账方法。

第二节 借贷记账法

借贷记账法是以“借”“贷”为记账符号,对发生的每一笔经济业务所引起的会计要素的变化,都在两个或两个以上的账户中,以相等的金额全面地、相互联系地进行登记的一种复式记账方法。其基本特点可概述如下:

一、借贷记账法的记账符号

记账符号是用来确定发生的经济业务应当记入账户的特定部位或方向的标志。借贷记账法的账户分为借贷两个方向,以“借”“贷”为记账符号,以“借方”“贷方”来表示账户的左方、右方。

由于借贷记账法起源于资本主义萌芽时期的意大利,当时以经营货币资金的借入和贷出为主要业务的借贷资本家应运而生。借、贷两字最初的含义就是由此而来的。借贷资本家在经营货币的借入与贷出时,把从债权人借入的款项记在“贷主”(Credit 简写为 Cr.)名下,表示自身债务的增加;把向债务人贷出的款项,记在“借主”(Debit 简写为 Dr.)名下,表示自身债权的增加。

随着商品经济的发展,借贷记账法被推广应用到各行各业时,所要记录的业务活动内容日渐丰富,非借贷行业也开始使用借贷二字来说明其财产物资、成本费用和经营成果的增减变动情况,因记账内容的扩大,借、贷的字面意义已无法概括复杂的业务内容时,只好抛弃其原始的字面意义而成为一种纯粹的记账符号。

“借”“贷”二字作为记账符号,哪一个表示增加,哪一个表示减少,要根据账户的经济性质来决定。

二、借贷记账法的账户结构

借贷记账法下账户的设置是按照会计科目进行的,分为资产类、负债类、所有者权益类、成本类和损益类。

在借贷记账法下,账户的基本结构分为借方(左)和贷方(右),账户的期初、期末余额一般与记录增加额方向一致。以下对不同性质的账户分别予以说明。

(一)资产类账户的结构

资产类账户借方记录增加额,贷方记录减少额,期初、期末余额一般在借方。根据会计分期假设,会计记录是分期进行的,账户在记录本期业务之前应先记入期初余额(即上期的期末余额)，然后记录本期资产增加数(记借方)和本期资产减少数(记贷方)。在某一会计期间记入借方的数额合计称为本期借方发生额，记入贷方的数额合计称为本期贷方发生额。根据每个账户的期初余额、本期借方发生额、贷方发生额即可计算出期末余额。本期的期末余额转入下期，即为下期的期初余额。用公式计算如下：

$$\begin{matrix}\text{资产类账户}\\\text{期末借方余额}\end{matrix}=\begin{matrix}\text{借方期}\\\text{初余额}\end{matrix}+\begin{matrix}\text{本期借方}\\\text{发生额}\end{matrix}-\begin{matrix}\text{本期贷方}\\\text{发生额}\end{matrix}$$

资产类账户的结构用图 4－1 表示如下。

借方　　　　账户名称(资产类)　　　　贷方

期初余额	×××		
本期增加额	×××	本期减少额	×××
	×××		×××
	×××		×××
本期发生额	×××	本期发生额	×××
期末余额	×××		

图 4－1　资产类账户结构示意图

(二)负债及所有者权益类账户的结构

负债与所有者权益统称为权益。在性质上与资产相反，因此账户结构与资产亦相反。贷方记录增加额，借方记录减少额，期初、期末余额一般在贷方。用公式计算如下：

$$\begin{matrix}\text{负债及所有者权益类}\\\text{账户贷方期末余额}\end{matrix}=\begin{matrix}\text{贷方期}\\\text{初余额}\end{matrix}+\begin{matrix}\text{本期贷方}\\\text{发生额}\end{matrix}-\begin{matrix}\text{本期借方}\\\text{发生额}\end{matrix}$$

负债及所有者权益类账户的结构用图 4－2 表示如下。

借方　　　　账户名称(负债及所有者权益类)　　　　贷方

		期初余额	×××
本期减少额	×××	本期增加额	×××
	×××		×××
	×××		×××
本期发生额	×××	本期发生额	×××
		期末余额	×××

图 4－2　负债及所有者权益类账户结构示意图

(三)成本类账户的结构

成本是所有者权益的抵减因素，在性质上与所有者权益账户的结构相反，而与资产类账户的结构相同。即借方记增加额，贷方记减少或转出额，期初、期末余额在借方。其结构用图 4－3 表示如下。

借方	账户名称（成本类）		贷方
期初余额	×××		
本期增加额	×××	本期减少额或转出额	×××
	×××		×××
	×××		×××
本期发生额	×××	本期发生额	×××
期末余额	×××		

图 4－3　成本类账户结构示意图

（四）损益类账户的结构

为便于理解账户结构，我们把损益类账户分为收入类账户和费用支出类账户。

1. 收入类账户结构。从性质上讲收入与所有者权益是同性质的，因此收入类账户的结构与所有者权益账户相同。即贷方记增加额，借方记减少或转出额，但无期末余额，因为期末时须全额转出与相配比的费用相抵以计算当期损益。其结构用图 4－4 表示。

借方	账户名称（收入类）		贷方
本期减少额或转出额	×××	本期增加额	×××
	×××		×××
	×××		×××
本期发生额	×××	本期发生额	×××

图 4－4　收入类账户结构示意图

2. 费用支出类账户结构。费用支出也是所有者权益的抵减因素，因此，其结构与所有者权益账户结构相反，而与资产成本类账户结构相同，即借方记录增加额，贷方记录减少额或转出额，但期末无余额。因为，期末要将其全额转出，以便与收入相抵，计算当期损益。其结构可用图 4－5 表示。

借方	账户名称（费用支出类）		贷方
本期增加额	×××	本期转出额	×××
	×××		×××
	×××		×××
本期发生额	×××	本期发生额	×××

图 4－5　费用支出类账户结构示意图

为便于学习可将上述五类账户结构归纳如图 4－6 所示。

借方	账户　　　　贷方
资产成本期初余额	负债所有者权益期初余额
资产、成本、支出、费用(+) 负债、所有者权益、收入(-)	资产、成本、支出、费用(-) 负债、所有者权益、收入(+)
资产成本期末余额	负债所有者权益期末余额

图 4-6　账户结构归纳图

三、借贷记账法的记账规则

(一)记账规则

借贷记账法的记账规则可概括为“有借必有贷,借贷必相等”。其具体解释为:在借贷记账法下,对发生的每一笔经济业务在记入一个账户借方的同时,必然记入另一个(或几个)账户的贷方;反之,在记入一个账户贷方的同时,必然记入另一个(或几个)账户的借方。而且,记入借方账户的金额与记入贷方账户的金额必然相等。

上述记账规则是由会计恒等式、复式记账原理和借贷记账法下的账户结构三个因素共同决定的。在讨论会计恒等式时,我们已经指出,任何一项经济业务的发生,都要引起两个或两个以上的会计要素具体项目的变动,根据复式记账原理,就要在相互联系的两个或两个以上的账户中进行等额记录,又根据借贷记账法下账户结构中“借”“贷”的增减含义的规定性,使得“有借必有贷,借贷必相等”成为一种必然。借助于四类经济业务,可以用图 4-7 来表示上述原理。

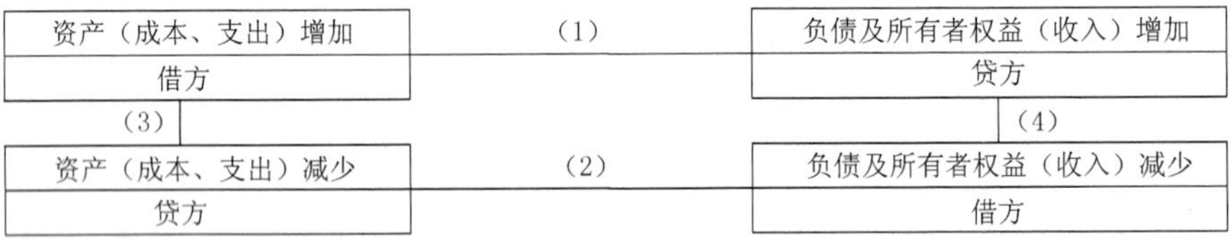

图 4-7　记账规则原理示意图

那么如何运用借贷记账法的记账规则来记录发生的每项经济业务呢？下面按照借贷记账法下的记账符号和账户结构来举例说明。

【例 4.1】北方公司 2017 年 1 月 1 日有关账户的期初余额如表 4-1 所示。

表 4-1　　　　　　　　　　　　　　　　　　单位:元

资产类账户	期初余额	负债及所有者权益类账户	期初余额
库存现金	25 000	短期借款	300 000
银行存款	500 000	长期借款	375 000
应收账款	400 000	应付账款	250 000
原材料	350 000	实收资本	1 500 000

续表

资产类账户	期初余额	负债及所有者权益类账户	期初余额
库存商品	650 000	资本公积	450 000
固定资产	1 100 000	盈余公积	400 000
无形资产	250 000		
资产合计	3 275 000	负债及所有者权益合计	3 275 000

北方公司 1 月份发生下列业务：

(1)1 月 1 日，接银行通知收到原购货单位所欠货款 300 000 元。

该业务的发生使银行存款增加，应收账款减少。涉及“银行存款”和“应收账款”两个账户，其中“银行存款”属于资产类账户，增加应记入借方；“应收账款”也属于资产类账户，减少应记入贷方。登记结果如下：

借方　应收账款　贷方

借方	贷方
	(1)300 000

借方　银行存款　贷方

借方	贷方
(1)300 000	

(2)1 月 5 日，向东方工厂购进原材料 500 000 元，验收入库，货款未付。

该项业务的发生使原材料、应付账款增加，涉及“原材料”、“应付账款”两个账户。其中，“原材料”账户属于资产类账户，增加应记入借方；“应付账款”账户属于负债类账户，增加应记入贷方。登记结果如下：

借方　应付账款　贷方

借方	贷方
	(2)500 000

借方　原材料　贷方

借方	贷方
(2)500 000	

(3)1 月 6 日，向 W 公司销售产品一批，取得收入 750 000 元，其中 500 000 元存入银行，其他尚未收到。

该业务的发生使银行存款、应收账款增加，主营业务收入也增加。涉及“银行存款”、“应收账款”和“主营业务收入”三个账户，其中，“银行存款”“应收账款”属于资产类账户，增加应记入借方；“主营业务收入”属于收入类账户，增加应记入贷方。登记结果如下：

借方　主营业务收入　贷方

借方	贷方
	(3)750 000

借方　应收账款　贷方

借方	贷方
(3)250 000	

借方　银行存款　贷方

借方	贷方
(3)500 000	

(4)1 月 10 日，用银行存款归还所欠供应单位货款 250 000 元。

该业务的发生使应付账款减少，银行存款也减少，涉及“银行存款”和“应付账款”两个账户，其中“应付账款”属于负债类账户，减少应记入借方；“银行存款”属于资产类账户，减少记入贷方。登记结果如下：

借方　银行存款　贷方

借方	贷方
	(4)250 000

借方　应付账款　贷方

借方	贷方
(4)250 000	

(5)1 月 15 日,用银行存款归还短期借款 100 000 元。

该业务的发生使银行存款和短期借款同时减少。涉及“银行存款”和“短期借款”两个账户,其中“银行存款”属于资产类账户,减少应记入贷方;“短期借款”属于负债类账户,减少应记入借方。登记结果如下:

银行存款

借方	贷方
	(5)100 000

短期借款

借方	贷方
(5)100 000	

(6)1 月 20 日,生产产品领用材料 600 000 元。

该业务的发生使生产成本增加,原材料减少。涉及“生产成本”和“原材料”两个账户,其中“生产成本”属于成本类账户,增加应记入借方;“原材料”属于资产类账户,减少应记入贷方。登记结果如下:

原材料

借方	贷方
	(6)600 000

生产成本

借方	贷方
(6)600 000	

(7)1 月 25 日,公司决定用盈余公积金转增资本 250 000 元。

该业务的发生使盈余公积减少,实收资本增加,涉及“盈余公积”和“实收资本”两个账户,其中“盈余公积”属于所有者权益类账户,减少应记入借方;“实收资本”也属于所有者权益类账户,增加应记入贷方。登记结果如下:

实收资本

借方	贷方
	(7)250 000

盈余公积

借方	贷方
(7)250 000	

(8)1 月 26 日,用银行存款支付本月车间办公费 50 000,管理部门办公费 20 000元。

该业务的发生使制造费用、管理费用增加,银行存款减少。涉及“制造费用”“管理费用”“银行存款”三个账户,其中“制造费用”属于成本类账户,“管理费用”属于支出费用类账户,增加均记入借方;“银行存款”属于资产类账户,减少应记入贷方。登记结果如下:

银行存款

借方	贷方
	(8)70 000

制造费用

借方	贷方
(8)50 000	

管理费用

借方	贷方
(8)20 000	

(9)1 月 30 日,结转本月已销产品的实际生产成本 500 000 元。

该业务的发生使库存商品减少,主营业务成本增加。涉及“库存商品”和“主营业务成本”两个账户,其中“库存商品”属于资产类账户,减少应记入贷方;“主营业务成本”属于支出费用类账户,增加应记入借方。登记结果如下:

库存商品

借方	贷方
	(9)500 000

主营业务成本

借方	贷方
(9)500 000	

从上述举例中，我们可以总结出在运用借贷记账法的记账规则登记账户时的思考程序，以便于初学者逐步熟悉账户结构和记账规则。对发生的每一笔经济业务，在采用借贷记账法登记账户时，可遵循以下思路：①分析该经济业务涉及哪些账户；②判断有关账户的性质，即账户类别；③分析有关账户是增加还是减少；④根据以上分析结果，确定应记入的账户的方向与金额。

（二）账户对应关系和会计分录

1. 账户对应关系。采用借贷记账法对每项业务进行登记，都要在两个或两个以上的账户的借方和贷方相互联系地进行反映，这样就会使有关账户在客观上形成一种应借应贷的相互关系。账户间因此形成的应借应贷的关系称为账户对应关系，发生应借应贷关系的账户称为对应账户。例如：开出现金支票6 000元，归还短期借款3 500元和前欠供货单位账款2 500元。这笔经济业务要在“短期借款”和“应付账款”账户的借方分别记录3 500元和2 500元；同时，在“银行存款”账户的贷方记录6 000元。这样“短期借款”和“应付账款”账户就同“银行存款”账户存在着应借应贷的关系，即“短期借款”、“应付账款”账户成为“银行存款”账户的对应账户。反之亦然。通过账户对应关系可了解经济业务的内容，判断账务处理的正确性。如该例，“银行存款”账户贷方减少6 000元，可联系其对应账户“短期借款”和“应付账款”账户借方减少，就知道该经济业务的内容是用银行存款6 000元结算了对外债务。

2. 会计分录的编制。在实际工作中，会计人员为了保证账户记录的正确性，明确账户的对应关系，在把发生的各项经济业务记入账户之前，应先根据经济业务的内容，在记账凭证中指明应记入的账户名称、账户金额和方向，即编制会计分录。会计分录是指用来确定每项业务应借应贷账户的名称以及它们应记金额的记录，简称分录。会计分录可以分为简单会计分录和复合会计分录。简单会计分录是一个账户借方与另一个账户贷方相对应的分录；复合会计分录是一个或几个账户的借方与另外几个或一个账户的贷方相对应的分录。但是，一般不宜编制多借多贷的会计分录。因为多借多贷的会计分录的账户间的对应关系模糊不清，无法清楚地了解有关经济业务内容。以上述北方公司一月份发生的经济业务为例，我们来看一下会计分录的编制。

（1）借：银行存款	300 000	
贷：应收账款		300 000
（2）借：原材料	500 000	
贷：应付账款		500 000
（3）借：应收账款	250 000	
银行存款	500 000	
贷：主营业务收入		750 000
（4）借：应付账款	250 000	
贷：银行存款		250 000
（5）借：短期借款	100 000	
贷：银行存款		100 000
（6）借：生产成本	600 000	

贷:原材料 600 000

(7)借:盈余公积 250 000

贷:实收资本 250 000

(8)借:制造费用 50 000

管理费用 20 000

贷:银行存款 70 000

(9)借:主营业务成本 500 000

贷:库存商品 500 000

四、借贷记账法的试算平衡

试算平衡是根据记账规则和会计恒等式来检查验证日常账户记录是否正确、完整的一种方法。借贷记账法下的试算平衡有发生额平衡和余额平衡两种。

(一)发生额平衡

发生额平衡是指一定时期全部账户借方发生额合计等于该时期内全部账户贷方发生额合计。这是由有借必有贷,借贷必相等的记账规则决定的。因为对于某一会计期间内发生的每一项经济业务,在记入一个账户借方(或贷方)的同时必然记入另一个或几个账户的贷方(或借方),而且金额相等。所以其结果必然是各账户的借方发生额合计等于各账户的贷方发生额合计,用公式可表示为:

全部账户借方发生额合计 = 全部账户贷方发生额合计

(二)余额平衡

余额平衡是指任一会计期末全部账户借方余额合计等于该期末全部账户贷方余额合计。这是由会计恒等式决定的。因为资产类账户余额在借方,负债及所有者权益类账户的余额在贷方,所以,由会计恒等式可直接得到以下的余额试算平衡公式:

全部总分类账户借方期末余额合计 = 全部总分类账户贷方期末余额合计

在实际工作中,企业会计人员一般按下列步骤进行试算平衡:第一步,期末把全部账户应记录的经济业务登记入账,并计算出各账户本期借方发生额、贷方发生额和期末余额,第二步,编制"总分类账户本期发生额及余额表"来试算平衡。下面以例 4.1 资料进行试算平衡。

1. 先将北方公司一月份发生的经济业务记入有关账户并计算出各账户的本期借方发生额、贷方发生额和期末余额,如图 4 - 8 所示。

借　库存现金　贷

借	贷
期初余额 25 000	
本期发生额	本期发生额
期末余额 25 000	

借　银行存款　贷

借	贷
期初余额 500 000	
(1)300 000	(4)250 000
(3)500 000	(5)100 000
	(8)70 000
本期发生额 800 000	本期发生额 420 000
期末余额 880 000	

续图

借　原材料　贷

期初余额 350 000	
(2)500 000	(6)600 000
本期发生额 500 000	本期发生额 600 000
期末余额 250 000	

借　管理费用　贷

期末余额	
(8)20 000	
本期发生额 20 000	本期发生额
期末余额 20 000	

借　制造费用　贷

期初余额	
(8)50 000	
本期发生额 500 000	本期发生额
期末余额 50 000	

借　实收资本　贷

	期初余额 1 500 000
	(7)250 000
本期发生额	本期发生额 250 000
	期末余额 1 750 000

借　库存商品　贷

期初余额 650 000	
	(9)500 000
本期发生额	本期发生额 500 000
期末余额 150 000	

借　盈余公积　贷

	期初余额 400 000
(7)250 000	
本期发生额 250 000	本期发生额
	期末余额 150 000

借　固定资产　贷

期初余额 1 100 000	
本期发生额	本期发生额
期末余额 1 100 000	

借　短期借款　贷

	期初余额 300 000
(5)100 000	
本期发生额 100 000	本期发生额
	期末余额 200 000

借　无形资产　贷

期初余额 250 000	
本期发生额	本期发生额
期末余额 250 000	

借　应收账款　贷

期初余额 400 000	
(3)250 000	(1)300 000
本期发生额 250 000	本期发生额 300 000
期末余额 350 000	

借　应付账款　贷

	期初余额 250 000
(4)250 000	(2)500 000
本期发生额 250 000	本期发生额 500 000
	期末余额 500 000

借　长期借款　贷

	期初余额 375 000
本期发生额	本期发生额
	期末余额 375 000

续图

借　　主营业务收入　　贷

借方	贷方
	期初余额
	(3)750 000
本期发生额	本期发生额 750 000
	期末余额 750 000

借　　主营业务成本　　贷

借方	贷方
期初余额	
(9)500 000	
本期发生额 500 000	本期发生额
期末余额 500 000	

借　　生产成本　　贷

借方	贷方
期初余额	
(6)600 000	
本期发生额 600 000	本期发生额
期末余额 600 000	

图 4－8　账户登记示意图

2. 据图 4－8 即可编制北方公司一月份试算平衡表。如表 4－2 所示。

表 4－2　　总分类账户本期发生额及余额试算平衡表

账户名称	期初余额		本期发生额		期末余额	
	借方	贷方	借方	贷方	借方	贷方
库存现金	25 000				25 000	
银行存款	500 000		800 000	420 000	880 000	
原材料	350 000		500 000	600 000	250 000	
库存商品	650 000			500 000	150 000	
应收账款	400 000		250 000	300 000	350 000	
固定资产	1 100 000				1 100 000	
无形资产	250 000				250 000	
短期借款		300 000	100 000			200 000
应付账款		250 000	250 000	500 000		500 000
长期借款		375 000				375 000
实收资本		1 500 000		250 000		1 750 000
资本公积		450 000				450 000
盈余公积		400 000	250 000			150 000
主营业务收入				750 000		750 000
主营业务成本			500 000		500 000	
生产成本			600 000		600 000	
制造费用			50 000		50 000	
管理费用			20 000		20 000	
合　计	3 275 000	3 275 000	3 320 000	3 320 000	4 175 000	4 175 000

应当指出，试算平衡表的平衡并不意味着日常账户记录完全正确，只能是基本正确，因为有些账户记录的错误很难在试算平衡中发现。这些错误包括：①借贷双方发生同等金额的记录错误；②全部漏记或重复记同一经济业务；③账户记录发生借贷方向的错误；④用错有关账户名称。这些错误需用其他方法进行查找，将在以后章节讲述。

复习思考题

1. 复式记账法的含义是什么？有何特点？
2. 复式记账法的科学性表现在哪些方面？
3. 试述借贷记账法的含义及其特点。
4. 什么是试算平衡？有几种方式？
5. 什么是账户对应关系？其作用是什么？
6. 为什么要编制会计分录？

练 习 题

目的：练习借贷记账法

资料：北方公司 2017 年 4 月 1 日有关账户期初余额如下表所示。

资产类账户	期初余额	负债及所有者权益类账户	期初余额
库存现金	160	短期借款	40 000
银行存款	206 800	长期借款	160 000
应收账款	40 000	应付账款	62 960
原材料	220 000	实收资本	1 184 000
库存商品	130 000	资本公积	50 000
固定资产	900 000		
资产合计	1 496 960	负债及所有者权益合计	1 496 960

4 月份该公司发生下列业务：

(1) 用银行存款购入机器设备一台，价款 100 000 元。

(2) 购买材料一批，价款 32 000 元。其中 20 000 元已用银行存款支付，余款暂欠，材料已验收入库。

(3) 车间生产产品领用材料 112 000 元。

(4)用银行存款归还所欠供货单位货款 12 000 元。

(5)从银行提现金 2 000 元备用。

(6)向银行借入生产周转用借款 20 000 元存入银行。

(7)收到购买单位前欠货款 15 000 元,其中 13 000 元存入银行,其余以现金收讫。

(8)销售产品一批取得收入 20 000 元,其中 15 000 元收存银行,余款尚未收回。

(9)收到投资者追加投资 50 000 元,存入银行。

(10)用资本公积转增资本 25 000 元。

要求:

(1)开设有关账户,登记期初余额。

(2)根据 4 月份业务编制会计分录,并据以记录有关账户。

(3)在各账户中结出本期发生额及期末余额,并编制试算平衡表试算平衡。

第五章

借贷记账法的应用

本章要点

本章根据账户结构和借贷记账法的原理，以制造业的主要经济活动为依托，详细阐述账户和借贷记账法的运用。

现代企业是建立在一系列相互联系的契约之上且独立的基本经济组织，为了生存、获利和发展，就需要开展一系列的经营活动。但因企业所属的行业、规模以及经济业务的差别，使得每个企业的经营活动包含着不同的具体内容。

商品流通企业的基本活动是购进和卖出商品，其主要经营业务包括商品采购和商品销售，在商品采购过程中，企业根据市场需求和商品采购计划购进各种用于销售的商品，并对所购进的商品进行整理以备销售，在商品销售过程，企业将其购进的商品销售给购货方或顾客，从而获得销售收入并实现经营成果。商品流通企业的经营活动是沿着"购入商品—卖出商品—再购入商品—再卖出商品"的轨道而不断进行。

产品制造企业的生产经营由供应过程、生产过程和销售过程构成。企业为了进行生产经营活动，必须筹集与其生产经营规模相适应的资金，作为从事生产经营活动的物质基础，而其所需这些经营资金的来源渠道主要包括接受投资者的投资和向债权人借入各种款项。为了保证生产经营活动的正常进行，在供应过程中企业利用筹集到的货币资金购买机器设备等劳动资料、购进生产产品所需的原材料等劳动对象以备生产和管理使用，材料的采购和发出是企业供应过程的主要经济业务。生产过程是产品制造企业经营过程的中心环节，在生产过程中，劳动者借助劳动资料对劳动对象进行加工，生产出各种各样的产品以满足社会的需要，生产过程中为制造产品发生的生产费用构成产品的制造成本，生产费用的发生、归集和分配以及完工产品生产成本的计算等构成了生产过程核算的基本内容。销售业务是企业生产经营活动的最后一个环节，也是产品价值的实现过程，在这一过程中，企业将生产出来的产品销售给购货单位，并按照销售价格与购买单位办理各种款项的结算，从而将生产出来的产品通过销售转化为货币资金，形成销售收入。生产并销售产品是产品制造企业主要的经营业务，除此之外，企业还要发生一些诸如销售材料、出租固定资产的业务，以及进行对外投资以获得收益的投资业务；企业在营业活动之外还会经常发生非营业业务，从而获得营业外的收入或发生营业外的支出。将企业取得的各项收入与各种费用和成本进行比较进而确定某一时期企业取得的利润或亏损，企业实现的利润在按规定的税率缴纳所得税后应按照规定的程序进行合理的分配，如果发生了亏损，应按照规定的程序进行弥补。通过利润分配，一部分资金退出企业，一部分继续参加企业的资金周转。根据产品制造企业在生产经营活动中经济业务的特点，可将其主要经济业务内容分为资金筹集业务、材料购进业务、商品生产业务、商品销售业务、利润形成及分配业务等。

实际上，企业的生产经营过程是不间断地、循环地进行的，这种周而复始不断重复的生产经营活动形成了企业生产经营活动的链条，构成了企业经营活动循环。在各类企业的生产经营循环中，产品制造业的经营循环最完整，也最具有代表性。为了进一步熟练地掌握账户和借贷记账法的运用，本章主要以豫兴股份有限公司（简称"豫兴公司"）为例，对这一产品制造企业 2017 年部分经济业务进行日常核算。

第一节　资金筹集业务的核算

筹集资金是企业生产经营的首要环节。企业筹集的资金主要有两个渠道:一是接受投资者的投资,形成投资者的权益;二是举债,即向债权人借入资金,形成债权人的权益。投入资本的所有者既享有企业的经营收益,也承担企业的经营风险,借入资本的所有者享有按约定收回本金和利息的权利。

一、投入资本的核算

投入资本是企业得以成立的首要条件,也是企业所有者权益的重要组成部分,一般情况下可供企业长期周转使用,无须偿还。所有者向企业投入资本,形成企业的资本金。企业的资本金按照投资主体不同分为:国家资本金、法人资本金、个人资本金和外商资本金。国家资本金是指有权代表国家投资的政府部门或者机构以国有资产投入企业所形成的资本金;法人资本金是指我国具有法人资格的单位以其依法可以支配的资产投入企业所形成的资本金;个人资本金是指我国公民以其合法财产投入企业所形成的资本金;外商资本金是指外国投资者以及我国香港、澳门和台湾地区的投资者将资产投入企业所形成的资本金。企业的资本金按照投资者投入资本的物质形态不同,又分为货币资金投资、实物投资、有价证券和无形资产投资。

所有者投入的资本主要包括实收资本(或股本)和资本公积。

(一)账户设置

1. “实收资本”账户。“实收资本”账户,用来核算企业实际收到投资者投入的资本,如果企业是股份有限公司,则应将该账户改为“股本”账户。该账户属于所有者权益类账户,贷方登记企业接受投资者投入的资本或股本,以及以资本公积或盈余公积转增资本的金额,借方登记按法定程序报经批准减少的资本金额,期末余额在贷方,反映企业期末实收资本(或股本)总额。一般按投资者的不同设置明细账进行明细核算。

2. “资本公积”账户。“资本公积”账户,用来核算企业收到投资者出资额超过其在注册资本或股本中所占份额的部分。该账户属于所有者权益类账户,贷方登记资本公积的增加数,如企业收到投资者的超出其在企业注册资本(或股本)中所占份额的投资(资本或股本溢价),借方登记资本公积的减少数,如股东大会或类似机构决议用资本公积转增资本的金额;期末余额在贷方,反映企业期末资本公积的结余数额。一般应当设置“资本(或股本)溢价”“其他资本公积”进行明细核算。

3. “银行存款”账户。“银行存款”账户,用来核算企业存入银行或其他金融机构的各种款项的增减变动情况。该账户属于资产类账户,借方登记存入银行的款项,贷方登记提取或支出的款项,期末余额在借方,反映企业存在银行或其他金融机构的各种款项。该账户应当按照开户银行、存款种类等分别进行明细核算。

4. “固定资产”账户。“固定资产”账户,用来核算企业拥有或控制的固定资产原价的增减变动及其结余情况。该账户属于资产类账户,借方登记固定资产原价的增加数,贷方登记固定资产原价的减少数,期末借方余额表示现有固定资产的原始价值。该账户应按照固定资产的种类设置明细账户进行明细分类核算。

(二)账务处理

【例5.1】12月1日,豫兴公司收到甲公司投入资金250 000元,存入银行。

这项经济业务一方面使得企业实收资本增加,应记入"实收资本"账户的贷方;另一方面,银行存款增加,应记入"银行存款"账户的借方。该业务的会计分录为:

借:银行存款	250 000	
贷:实收资本——法人资本		250 000

【例5.2】12月1日,豫兴公司收到外商乙公司投入全新设备一台,根据有关凭证评估确认其价值为500 000元。

该项业务的发生,一方面使企业的固定资产增加,记入"固定资产"账户借方;另一方面使企业的实收资本增加,记入"实收资本"账户贷方。该业务的会计分录为:

借:固定资产	500 000	
贷:实收资本——外商资本		500 000

【例5.3】12月2日,豫兴公司收到某个人投资者投入的一项专利权,经评估确认其价值为150 000元,该专利权在注册资本中所占的份额为130 000元。

该项业务的发生,一方面使企业实收资本和资本公积增加,记入"实收资本"账户和"资本公积"账户的贷方;另一方面使企业无形资产增加,记入"无形资产"账户的借方。该业务的会计分录为:

借:无形资产	150 000	
贷:实收资本——个人资本		130 000
资本公积——资本溢价		20 000

【例5.4】12月10日,豫兴公司经股东大会批准,将其资本公积100 000元转增资本。

该项业务的发生,一方面使企业实收资本增加,记入"实收资本"账户的贷方;另一方面使企业资本公积减少,记入"资本公积"账户的借方。该业务的会计分录为:

借:资本公积——资本溢价	100 000	
贷:实收资本		100 000

二、借款业务的核算

企业向银行或其他金融机构借入的款项,按其偿还期不同可分为短期借款和长期借款。短期借款是指企业为维持日常的生产经营需要而向银行或其他金融机构借入的期限在1年以内(含1年)的各种借款,一般情况下企业取得短期借款是为了维持正常的生产经营活动或者是为了抵偿某项债务,短期借款的利息支出是企业为筹集资金而发生的一项耗费,在会计核算中将其作为期间费用(财务费用)加以确认。长期借款是指企业向银行或其他金融机构借入的期限在1年以上(不含1年)的各种借款。企业举借长期借款主要是为了扩大经营规模,添置长期耐用的各种固定资产。长期借款通常数额较大、偿还期较长，其利息费用应按照权责发生制的要求，按期计算提取计入所购建资产的成本（资本化）或直接计入当期损益（费用化）。

（一）账户设置

1.“短期借款”账户。“短期借款”账户，用来核算企业借入期限在一年以下（含1年）的各种借款。该账户属于负债类账户，贷方记录借入各种短期借款本金数，借方记录归还的短期借款本金数；期末余额在贷方，反映尚未归还的短期借款本金数。本账户可按借款种类设置明细分类账户。

2.“长期借款”账户。“长期借款”账户，用来核算企业向银行或其他金融机构借入的期限在1年以上（不含1年）的各项借款，且本账户可按贷款单位和贷款种类，分别“本金”“利息调整”等进行明细核算。该账户属于负债类账户，贷方记录发生的各种长期借款数，借方记录归还的长期借款数；期末余额在贷方，反映尚未归还的长期借款本金和利息。

3.“应付利息”账户。“应付利息”账户，用来核算企业已经发生但尚未实际支付的利息费用。该账户属于负债类，其贷方登记预先按照一定的标准提取的应由本期负担的利息费用，借方登记实际支付的利息费用。期末余额在贷方，表示已经预提但尚未支付的利息费用。该账户应按照费用种类设置明细账户，进行明细分类核算。

4.“财务费用”账户。“财务费用”账户，用来核算企业为筹集生产经营所需资金等而发生的备种筹资费用，包括利息支出（减利息收入）、佣金、汇兑损失（减汇兑收益）以及相关的手续费、企业发生的现金折扣或收到的现金折扣等。该账户属于损益类账户，其借方登记发生的财务费用，贷方登记发生的应冲减财务费用的利息收入、汇兑收益以及期末转入“本年利润”账户的财务费用净额（即财务费用支出大于收入的差额，如果收入大于支出则进行反方向的结转）。结转后该账户期末没有余额。“财务费用”账户应按照费用项目设置明细账户，进行明细分类核算。

（二）账务处理

【例5.5】12月1日，豫兴公司向银行借入为期6个月、年利率10%的生产周转借款120 000元，到期一次还本付息，该借款已存入企业银行存款账户中。

这项经济业务的发生，使得企业短期借款增加，应记入“短期借款”账户的贷方；另外，企业银行存款增加，记入“银行存款”账户的借方。该业务的会计分录为：

借：银行存款	120 000	
贷：短期借款		120 000

【例5.6】12月12日，企业向银行借入3年期借款100 000元，该借款年利率为8%，已存入企业存款户。

该业务的发生使企业的长期借款增加，应记入“长期借款”账户的贷方；同时，银行存款增加，应记入“银行存款”账户的借方。该业务的会计分录为：

借：银行存款	100 000	
贷：长期借款		100 000

【例5.7】12月31日，计算豫兴公司本月负担的本月初向银行借入生产周转借款

120 000 元的利息费用。

这项经济业务的发生，使得企业财务费用增加，应记入“财务费用”账户的借方；另外，企业应付利息增加，记入“应付利息”账户的贷方。该业务的会计分录为：

借：财务费用　　1 000

　贷：应付利息　　1 000

第二节　供应过程业务的核算

一、供应过程业务概述

（一）供应过程主要业务内容

为保证生产经营的正常进行，企业必须采购和储备一定数量的原材料等存货，采购和储备不足会使生产需要得不到满足。企业生产备用的材料存货，大都是从外部单位采购的，在材料采购过程中，企业从供应单位购进原材料，并按照材料的买价和各种采购费用与供应和提供劳务的单位进行货款结算，确定材料的采购成本，同时还要对涉及增值税的业务进行处理。

（二）材料采购成本的构成

企业外购材料的采购成本，是指从材料采购到入库前所发生的全部支出，包括购买价款、相关税费、运杂费以及其他可归属于存货采购成本的费用。①购买价款，是指企业购入的材料或商品的发票账单上列明的价款，但不包括按规定可以抵扣的增值税额；②相关税费，是指企业购买材料发生的进口关税、消费税、资源税和不能抵扣的增值税进项税额等应计入材料采购成本的税费；③运杂费，是指采购过程中发生的运输费、包装费、装卸费、保险费、仓储费等，但不包括按规定根据运输费的一定比例计算的可抵扣的增值税税额；④其他可归属于材料采购成本的费用，即采购成本中除上述各项以外的可归属于材料采购成本的费用，如大宗物资的市内运杂费、材料运输途中的合理损耗、入库前的挑选整理费用等。但市内零星运杂费、采购人员的差旅费以及采购机构的经费等不构成材料的采购成本，而是计入期间费用。

对于材料采购过程中发生的物资毁损、短缺等，合理损耗部分应当作为材料采购费用计入材料的采购成本，其他损耗不得计入材料采购成本，如从供应单位、外部运输机构等收回的物资短缺、毁损赔款，则应冲减材料采购成本。

企业对原材料的核算有计划成本法和实际成本法两种，本节主要介绍实际成本法下的材料存货核算。原材料按照实际成本法进行日常核算，其特点是从材料的收、发凭证到材料明细分类账和总分类账全部按实际成本计价。

二、供应过程业务核算应设置的账户

材料采购过程的核算应设置的主要账户有“在途物资”“应交税费——应交增值

税”“应付账款”“预付账款”“银行存款”等，这些账户的用途、性质和结构分别介绍如下。

（一）“在途物资”账户

“在途物资”账户，用来核算企业采用实际成本进行材料物资日常核算时外购材料的买价和各种采购费用，据以计算、确定购入材料的实际采购成本。该账户属于资产类账户，其借方登记购入材料的买价和采购费用（实际采购成本），贷方登记结转完成采购过程并验收入库材料的实际采购成本，期末余额在借方，表示尚未运达企业或已运达企业但尚未验收入库的在途材料的成本。“在途物资”账户应按照供应单位和购入材料的品种或种类设置明细账户进行明细分类核算。

（二）“原材料”账户

“原材料”账户，用来核算企业库存材料实际成本的增减变动及其结存情况。该账户属于资产类账户，其借方登记已验收入库材料实际成本的增加数，贷方登记发出材料的实际成本（即库存材料实际成本的减少数），期末余额在借方，表示库存材料实际成本的期末结余额。“原材料”账户应按照材料的种类或类别设置明细账户进行明细分类核算。

（三）“应交税费——应交增值税”账户

“应交税费——应交增值税”账户，用来核算企业增值税的应交及交纳情况。根据《中华人民共和国增值税暂行条例》的规定，凡在中华人民共和国境内销售货物或者提供加工、修理、修配劳务以及进口货物的单位和个人，为增值税纳税义务人。对于增值税一般纳税人，应交纳的增值税为销项税额减去进项税额之后的余额。纳税人购进货物或接受应税劳务而发生的进项税额记入该账户的借方，纳税人销售货物或提供应税劳务而发生的销项税额记入该账户的贷方；期末余额一般在贷方，表示应交纳而未交纳的增值税额。“应交税费——应交增值税”账户还应分别“进项税额”“销项税额”“已交税金”等设置专栏。

增值税是对商品生产或流通各个环节的新增价值或商品附加值进行征税，它是对在中华人民共和国境内销售货物或者提供加工、修理修配劳务以及进口货物的单位和个人，就其取得的货物或应税劳务销售额计算税款，并实行税款抵扣制的一种流转税。增值税是一种价外税，分为增值税进项税额和销项税额，当期应纳税额 = 当期销项税额 - 当期进项税额。其中销项税额是指纳税人销售货物或提供应税劳务，按照销售额和规定的税率计算并向购买方收取的增值税税额，销项税额 = 销售货物或提供应税劳务价款 × 增值税税率。进项税额是指纳税人购进货物或接受应税劳务所支付或负担的增值税税额，进项税额 = 购进货物或接受应税劳务价款 × 增值税税率。增值税的进项税额与销项税额是相对应的，销售方的销项税额就是购买方的进项税额。

（四）“应付账款”账户

“应付账款”账户，用来核算企业因购买材料、商品和接受劳务供应而应付给供应单位的款项。该账户属于负债类账户，其贷方登记应付供应单位款项（买价、税金和代垫运杂费等）的增加，借方登记应付供应单位款项的减少（即偿还）。期末余额一般在贷方，表示尚未偿还的应付款的结余额。该账户应按照供应单位的名称设置明细账户进行明细分类核算。

(五)"预付账款"账户

"预付账款"账户,用来核算企业按照合同规定向供应单位预付购料款而与供应单位发生的债权的增减变动及其结余情况。该账户属于资产类账户,其借方登记结算债权的增加,即预付款的增加,贷方登记收到供应单位提供的材料物资而应冲销的预付款债权,即预付款的减少。期末余额一般在借方,表示尚未结算的预付款的结余额,如果该账户期末余额出现在贷方,则表示企业尚未补付的款项。该账户应按照供应单位的名称设置明细账户进行明细分类核算。

三、供应过程业务核算举例

【例 5.8】12 月 16 日,向长城公司采购甲、乙两种材料,"增值税专用发票"中列示的情况如下:甲材料数量 100 吨,单价 1500 元,总计 150 000 元;乙材料数量 120 吨,单价 2 000 元,总计 240 000 元;增值税额 66 300 元,以上款项尚未支付,材料尚未验收入库。

该项业务发票中列示的材料价款构成材料采购成本,应记入"在途物资"账户的借方;增值税额购货方作为进项税额支付给销货方长城公司,应记入"应交税费——应交增值税"账户的借方;由于上述款项尚未支付,故应记入"应付账款"账户的贷方。该业务的会计分录为:

借:在途物资——甲材料 150 000
　　　　　——乙材料 240 000
　应交税费——应交增值税(进项税额) 66 300
　贷:应付账款——长城公司 456 300

【例 5.9】12 月 16 日,用现金支付上例甲、乙材料运杂费 22 000 元,按材料重量比例分配该运费。

购入材料过程中发生的除买价之外的采购费用,如果能够分清是某种材料直接负担的,可直接计入该材料的采购成本,否则就应进行分配。分配时,首先根据材料的特点确定分配的标准,一般来说可以选择的分配标准有材料的重量、体积、买价等,然后计算材料采购费用分配率,最后计算各种材料的采购费用负担额,即:

材料采购费用分配率 = 共同性采购费用额 ÷ 分配标准的合计数

某材料应负担的采购费用额 = 该材料的分配标准 × 材料采购费用分配率

该业务中采购材料的运杂费,应记入"在途物资"账户。由于该运杂费是为甲、乙材料共同发生的,属于共同性费用,应选择一定的标准在甲、乙两种材料之间进行分配。分配标准可选择材料的重量、体积、价值等。该题选用材料的重量为分配标准,具体分配如下:

分配率 = 22 000/(100 + 120) = 100(元/吨)

甲材料应承担的运杂费 = 100 吨 × 100 元/吨 = 10 000 元

乙材料应承担的运杂费 = 120 吨 × 100 元/吨 = 12 000 元

借:在途物资——甲材料 10 000

——乙材料　　　　　　　　　　　　　　12 000

贷:库存现金　　　　　　　　　　　　　　22 000

【例5.10】12月17日,豫兴公司按照合同规定用银行存款预付供货单位红光公司80吨乙材料的订货款150 000元。

这项经济业务的发生,使得企业的预付账款增加150 000元,同时使其银行存款减少150 000元,因此该项经济业务涉及“预付账款”和“银行存款”两个账户。预付订货款的增加是资产(债权)的增加,应记入“预付账款”账户的借方,银行存款的减少是资产的减少,应记入“银行存款”账户的贷方。所以这项经济业务应编制的会计分录如下:

借:预付账款——红光公司　　　　　　　　150 000

贷:银行存款　　　　　　　　　　　　　　150 000

【例5.11】12月19日,豫兴公司收到红光公司发来的前已预付货款的乙材料,随货物附来的发票注明该批乙材料80吨的价款160 000元,增值税进项税额27 200元,除冲销原预付款150 000元外,不足款项立即用银行存款支付。另发生运费2 220元(含增值税),用现金支付。

这项经济业务的发生,一方面使得公司的材料采购支出(乙材料的买价和采购费用)增加共计162 000元(160 000 + 2 000),增值税进项税额增加27 420元,另一方面使得公司的预付款减少150 000元,银行存款减少15 200元,库存现金减少2 220元。材料采购支出的增加是资产的增加,应记入“在途物资”账户的借方;增值税进项税额的增加是负债的减少,应记入“应交税费一应交增值税”账户的借方;预付款的减少是资产的减少,应记入“预付账款”账户的贷方;银行存款的减少是资产的减少,应记入“银行存款”账户的贷方;现金的减少是资产的减少,应记入“库存现金”账户的贷方。所以这项经济业务应编制的会计分录如下:

借:在途物资——乙材料　　　　　　　　162 000

应交税费——应交增值税(进项税额)　　　27 420

贷:预付账款——红光公司　　　　　　　　150 000

银行存款　　　　　　　　　　　　　　37 200

库存现金　　　　　　　　　　　　　　2 220

【例5.12】12月20日,豫兴公司采购的上述材料,均验收入库,结转其实际采购成本。

由于材料验收入库,材料采购成本就应从“在途物资”账户转出,使实物转移和价值转移相结合,应记入“在途物资”账户的贷方;另一方面,材料入库,使原材料增加,因此,应同时记入“原材料”账户的借方。该业务的会计分录为:

借:原材料——甲材料　　　　　　　　160 000

——乙材料　　　　　　　　　　　　414 000

贷:在途物资——甲材料　　　　　　　　160 000

——乙材料　　　　　　　　　　　　414 000

表 5－1　　**在途物资明细账**

材料名称:甲

2017 年		业务序号	摘　要	借　方			贷方	余额
月	日			买价	采购费用	合计		
12	16		采购甲材料 100 吨	150 000		150 000		
	16		支付甲材料运费		10 000	10 000		
	20		结转甲材料采购成本				160 000	
	31		本月合计	150 000	10 000	160 000	160 000	0

表 5－2　　**在途物资明细账**

材料名称:乙

2017 年		业务序号	摘　要	借　方			贷方	余额
月	日			买价	采购费用	合计		
12	16		采购乙材料 120 吨	240 000		24 000		
	16		支付乙材料运费		12 000	12 000		
	19		采购乙材料 80 吨	160 000	2 000	162 000		
	17		结转乙材料采购成本				414 000	
	28		本月合计	400 000	14 000	414 000	414 000	0

根据上述材料采购明细账,编制材料采购成本计算表如表 5－3 所示。

表 5－3　　**材料采购成本计算表**

2017 年 12 月　　单位:元

成本项目	甲材料		乙材料		合计
	总成本(100 吨)	单位成本	总成本(200 吨)	单位成本	
买价	150 000	1 500	400 000	2 000	650 000
采购费用	10 000	100	14 000	70	24 000
采购成本	160 000	1 600	414 000	2 070	574 000

第三节　生产过程业务的核算

一、生产过程业务概述

（一）生产过程主要业务内容

产品制造企业的基本职能是生产符合社会需要的产品，企业生产产品就会发生相应的投入和耗费，这些耗费包括生产资料中的劳动手段（如机器设备）、劳动对象（如原材料）等物化劳动的耗费和劳动力等活劳动的耗费。产品的生产过程就是企业的劳动者借助于机器设备，将原材料加工生产成为产成品的过程，它同时也是生产的耗费过程，即劳动力、劳动资料、劳动对象的耗费过程。企业在产品生产过程中所发生的这些消耗，构成企业产品生产过程中的生产费用，将为生产一定种类、一定数量的产品而发生的各种生产费用进行归集、分配，从而确定产品的生产成本。因此，工业企业产品生产过程的主要业务内容有：原材料的领用消耗形成材料费用；企业职工的劳动消耗形成人工费用；机器设备等固定资产的消耗形成折旧费用；其他耗费，如办公费、水电费、差旅费、保险费、劳保费、设计制图费等。生产费用的归集和分配确定产品的生产成本。

（二）产品生产成本的构成

企业在日常经营过程中会发生各项耗费，所谓费用是指企业在日常活动中发生的会导致所有者权益减少的、与向所有者分配利润无关的经济利益的总流出。而生产费用则是企业在生产过程中发生的、用货币形式表现的生产耗费，把这些费用归集、分配到一定种类的产品上去从而形成各种产品的生产成本。费用、生产费用和生产成本既有联系又有区别，费用是产品成本形成的基础，它是在一定期间为了进行日常经营活动而发生的各项耗费，费用与发生的期间直接相关，即费用强调“期间”，而成本则是为生产某一产品或提供某一劳务所发生的费用，成本与其负担者直接相关，即成本强调“对象”。

费用按其经济用途可分为生产费用和期间费用两部分。生产费用是指企业在产品生产过程中发生的、能用货币计量的生产耗费，如生产产品所发生的原材料费用、人工费用和制造费用等；期间费用是指与产品生产无直接关系，不计入产品成本，而计入其发生的期间并由该期间负担的费用。期间费用包括销售费用、管理费用、财务费用。生产费用按其计入产品成本的方式不同，又可分为直接费用和间接费用。直接费用是指为生产某种产品而发生的各项费用，包括直接材料、直接人工、其他直接费用，这些费用发生时，直接计入产品成本；间接费用又称制造费用，是指为生产某种产品和提供劳务而共同发生的费用，即生产部门的组织管理费用，间接费用平时按车间、分厂等进行归集，期末时分配计入各产品生产成本中。上述直接材料、直接人工、其他直接费用和制造费用等，是生产费用按其经济用途所进行分类的项目，称为产品成本项目，各个产品成本项目之和构成产品的生产成本。

二、生产过程业务核算设置的账户

产品生产过程的核算应设置的主要账户有“生产成本”“制造费用”“管理费用”“应付职工薪酬”“累计折旧”“长期待摊费用”“库存商品”等，这些账户的用途、性质和结构分别介绍如下。

（一）“生产成本”账户

该账户核算应计入产品成本的各项费用。企业发生的直接材料费用、直接人工费用和其他直接费用直接记入本账户的借方；发生的间接费用应先在“制造费用”账户归集，月末分配记入本账户的借方；企业已经生产完成并验收入库的产成品成本，应记入本账户的贷方，即将完工并验收入库的产品成本从贷方转出；期末余额在借方，反映尚未完成的在产品成本。该账户可按成本核算对象如不同品种的产品开设明细账，账内按成本项目设专栏进行明细核算。生产成本明细账格式如表 5 – 4 所示。

表 5 – 4　　生产成本明细账

产品名称：

年		凭证		摘要	借方（成本项目）				贷方	余额
月	日	字	号		直接材料	直接人工	其他直接费用	制造费用		

（二）“制造费用”账户

该账户用来核算企业生产车间（部门）为生产产品和提供劳务而发生的各项间接费用，如生产车间发生的机物料消耗、管理人员的工资等职工薪酬、计提的固定资产折旧、办公费、水电费以及发生季节性停工损失等。借方记录企业发生的各项间接费用，月末，将制造费用分配计入有关的成本核算对象时，记入本账户的贷方；月末一般应无余额。本账户可按不同的生产车间、部门和费用项目进行明细核算。

（三）“管理费用”账户

该账户用来核算企业为组织和管理企业生产经营所发生的管理费用，包括企业在筹建期间内发生的开办费、董事会和行政管理部门在企业的经营管理中发生的或者应由企业统一负担的公司经费（包括行政管理部门职工工资及福利费、物料消耗、低值易耗品摊销、办公费和差旅费等）、工会经费、董事会费（包括董事会成员津贴、会议费和差旅费等）、聘请中介机构费、咨询费（含顾问费）、诉讼费、业务招待费、技术转让费、矿产资源补偿费、研究费用、排污费等。借方记录企业实际发生的管理费用；贷方记录期末结转到“本年利润”账户的数额；结转后期末应无余额。本账户可按管理部门以及费用项目进行明细核算。

（四）“应付职工薪酬”账户

该账户用来核算企业职工薪酬的确认与实际发放情况，并反映和监督企业与职工薪酬结算情况。该账户属于负债类账户，其贷方登记本月计算的应付职工薪酬总额，包括各种工资、奖金、津贴和福利费等，同时应付的职工薪酬应作为一项费用按其经济用途分配记入有关的成本、费用账户；借方登记本月实际支付的职工薪酬数。月末如为贷方余额，表示本月应付职工薪酬大于实付职工薪酬的数额，即应付未付的职工薪酬。“应付职工薪酬”账户可以按照“工资”“职工福利”“社会保险费”“住房公积金”等进行明细分类核算。

（五）“累计折旧”账户

该账户用来核算企业固定资产折旧的提取情况。该账户属于资产类账户，其贷方记录提取的折旧数；借方记录由于出售、报废、对外投资等原因减少固定资产而应注销的已提折旧数；期末余额在贷方，反映企业现有固定资产累计已提折旧数。该账户一般不设置明细账户。

（六）“长期待摊费用”账户

该账户用来核算企业已经支付但应由本期和以后各期分别负担且分摊期在 1 年以上的各项费用。该账户属于资产类账户，其借方登记预先支付的各种款项，如预付房租、设备大修理费等，贷方登记应摊销计入本期成本或损益的各种费用。期末余额在借方，表示已经支出但尚未摊销的费用。该账户应按照费用的种类设置明细账户，进行明细分类核算。

（七）“库存商品”账户

该账户核算企业库存的各种产成品的实际成本。借方记录完工验收入库产品的实际成本；贷方记录发出产成品的实际成本；期末余额在借方，反映企业库存产成品的实际成本。该账户按库存商品的品种、规格设置明细账户。

三、生产过程核算举例

（一）材料费用的核算

工业企业的材料，用于产品生产、构成产品实体的部分，应作为“直接材料费”成本项目，直接记入“生产成本”账户；被车间制造部门用作组织、管理生产，不易直接分清车间各产品应负担的数额，作为间接费用，记入“制造费用”账户，月末分配记入各产品成本；一些被厂部行政管理部门所用而消耗的材料，不计入产品成本，作为期间费用，记入“管理费用”账户。

【例 5.13】豫兴公司生产 A、B 两种产品，12 月末编制领料凭证汇总表。其中，A、B 产品分别领用甲材料 40 000 元和 52 000 元；车间管理领用甲材料 1 600 元；厂部行政管理领用甲材料 2 000 元。

这项经济业务使得产品成本、制造费用、管理费用增加，应分别记入“生产成本”“制造费用”“管理费用”账户的借方；同时也使得库存材料价值减少，应记入“原材料”账户的贷方。该业务的会计分录为：

借：生产成本——A 产品　　　　40 000

——B 产品　　52 000
制造费用——材料费　　1 600
管理费用——材料费　　2 000
贷:原材料——甲材料　　95 600

(二)人工费用的核算

企业因获得职工提供的劳务而向其支付一定的薪酬或补偿,从而构成人工费用。职工薪酬就是指企业为获得职工提供的服务或解除劳动关系而给予的各种形式的报酬或补偿。从性质上凡是企业为获得职工提供的服务给予或付出的各种形式的对价,都构成职工薪酬,作为一种耗费构成人工成本,与这些服务产生的经济利益相匹配。

职工薪酬准则所确定的职工薪酬主要包括以下几项内容:

(1)短期薪酬,是指企业预期在职工提供相关服务的年度报告期间结束后 12 个月内将全部予以支付的职工薪酬,因解除与职工的劳动关系给予的补偿除外。具体包括:①职工工资、奖金、津贴和补贴;②职工福利费,是指企业向职工提供的生活困难补助、丧葬补助费、抚恤费、职工异地安家费、防暑降温费等职工福利支出;③医疗保险费、工伤保险费和生育保险费等社会保险费,是指企业按照国家规定的基准和比例计算,向社会保险经办机构缴纳的医疗保险费、养老保险费、失业保险费、工伤保险费和生育保险费等;④住房公积金,是指企业按照国家规定的基准和比例计算,向住房公积金管理机构缴存的住房公积金;⑤工会经费和职工教育经费,是指企业为了改善职工文化生活、为职工学习先进技术和提高文化水平和业务素质,开展工会活动和职工教育及职业技能培训等的相关支出;⑥短期带薪缺勤,是指职工虽然缺勤但企业仍向其支付报酬的安排,包括年休假、病假、婚假、产假、丧假、探亲假等。⑦短期利润分享计划,是指因职工提供服务而与职工达成的基于利润或其他经营成果提供薪酬的协议;⑧其他短期薪酬,是指除上述薪酬以外的其他为获得职工提供的服务而给予的短期薪酬。

(2)离职后福利,是指企业为获得职工提供的服务而在职工退休或与企业解除劳动关系后,提供的各种形式的报酬和福利,短期薪酬和辞退福利除外。

(3)辞退福利,是指企业在职工劳动合同到期之前解除与职工的劳动关系,或者为鼓励职工自愿接受裁减而给予职工的补偿。

(4)其他长期职工福利,是指除短期薪酬、离职后福利、辞退福利之外所有的职工薪酬,包括长期带薪缺勤、长期残疾福利、长期利润分享计划等。

企业应根据工资结算汇总表或按月编制的"职工薪酬分配表"的内容登记有关的总分类账户和明细分类账户,进行相关的账务处理。应由生产产品、提供劳务负担的职工薪酬,计入产品成本或劳务成本;应由在建工程、无形资产负担的职工薪酬,计入固定资产或无形资产成本;除直接生产人员、直接提供劳务人员、建造固定资产人员、开发无形资产人员以外的职工,包括公司总部管理人员、董事会成员、监事会成员等人员相关的职工薪酬,因难以确定直接对应的受益对象,所以均应在发生时确认为当期损益。下面仅以短期薪酬中的工资、福利费为例说明短期薪酬的确认与计量。

对于企业发生的生产工人的工资及其福利费用应作为"直接人工"成本项目直接记入"生产成本"账户;制造车间技术管理人员工资及其福利费应作为间接费用,记入

“制造费用”账户，月末分配计入各产品成本；厂部行政管理人员工资及其福利费，记入“管理费用”账户；销售人员的工资及其福利费，记入“销售费用”账户。对于尚未支付的职工工资及其福利费，形成企业对职工的负债，贷记“应付职工薪酬”账户。

【例 5.14】月末根据工资费用计算表，生产工人工资如下：A 产品生产工人工资 20 000元；B 产品生产工人工资 30 000 元；车间管理人员工资 8 000 元；厂部管理人员工资 10 000 元，上述工资尚未发放。

这项经济业务，使得直接人工产品成本、制造费用、管理费用增加，应分别记入“生产成本”“制造费用”“管理费用”账户的借方；同时，使得“应付职工薪酬”负债项目增加，应记入“应付职工薪酬”账户的贷方。该业务的会计分录为：

借：生产成本——A 产品	20 000	
——B 产品	30 000	
制造费用——工资	8 000	
管理费用——工资	10 000	
贷：应付职工薪酬——工资		68 000

【例 5.15】豫兴公司根据上例应付工资总额的 14% 计提应付福利费。

这项经济业务，使得直接人工产品成本、制造费用、管理费用增加，应分别记入“生产成本”“制造费用”“管理费用”账户的借方；同时，使得“应付职工薪酬”负债项目增加，应记入“应付职工薪酬”账户的贷方。该业务的会计分录为：

借：生产成本——A 产品	2 800	
——B 产品	4 200	
制造费用——福利费	1 120	
管理费用——福利费	1 400	
贷：应付职工薪酬——福利费		9 520

【例 5.16】豫兴公司以现金支付职工福利费 9 520 元。

这项经济业务，使得“应付职工薪酬”负债项目减少，应记入“应付职工薪酬”账户的借方；同时，使得“库存现金”资产项目也减少，应记入“库存现金”账户的贷方。该业务的会计分录为：

借：应付职工薪酬	9 520	
贷：库存现金		9 520

（三）固定资产折旧费的核算

固定资产的折旧应该作为折旧费用计入产品成本和期间费用，其中，生产车间固定资产折旧费，记入“制造费用”账户；厂部行政管理部门固定资产折旧费，记入“管理费用”账户。同时，为了反映固定资产价值的减少，应将折旧数额记入“累计折旧”账户。计提固定资产折旧，通常是根据期初固定资产的原价和规定的折旧率按月计算提取的。

【例 5.17】月末提取本月固定资产折旧 12 000 元。其中，生产车间固定资产折旧 8 000元；厂部固定资产折旧 4 000 元。

该项业务发生的折旧费，应分别记入“制造费用”和“管理费用”账户的借方。同时因固定资产累计折旧额增加，应记入“累计折旧”账户的贷方。该业务的会计分录为：

借:制造费用——折旧费 8 000

管理费用——折旧费 4 000

贷:累计折旧 12 000

(四)其他费用的核算

在产品生产过程中,除了发生材料消耗费、人工费、固定资产折旧费外,还会发生其他诸如燃料动力费、办公费、水电费等。这些费用,有些可直接记入产品"生产成本"账户,如产品生产所耗的燃料动力费;有些则不能直接记入,如办公费和水电费等。

【例5.18】本月豫兴公司用电情况如下:生产A产品直接耗用电费1 500元;生产B产品直接耗用电费2 000元;车间办公、照明用电500元;厂部办公、照明用电800元。月末用银行存款支付上述费用,同时支付购电进项增值税额816元。

生产产品耗用电费,应作为"其他直接费用"成本项目直接记入"生产成本"账户的借方;车间及厂部办公、照明用电应分别记入"制造费用"和"管理费用"账户的借方;购买电力应支付的进项增值税,记入"应交税费——应交增值税(进项税额)"账户的借方。该业务的会计分录为:

借:生产成本——A产品 1 500

——B产品 2 000

制造费用——水电费 500

管理费用——水电费 800

应交税费——应交增值税(进项税额) 816

贷:银行存款 5 616

【例5.19】以银行存款支付本月办公费用4 000元。其中,行政管理部门办公费用2 800元,生产车间1 200元。

行政管理部门的办公费用,应作为期间费用记入"管理费用"账户的借方;生产车间发生的办公费用应记入"制造费用"账户的借方。同时贷记"银行存款"账户。该业务的会计分录为:

借:制造费用——办公费 1 200

管理费用——办公费 2 800

贷:银行存款 4 000

【例5.20】12月1日,因日常生产经营的需要,豫兴公司租用红旗机械厂生产车间供企业生产使用,租期两年。企业用银行存款48 000元预付24个月的车间用房租金。

按照权责发生制的要求,企业应按支出的义务是否属于本期来确认费用的入账时间。公司用银行存款预付两年的房租,款项虽然在本期支付,但其付款的义务显然不在本期发生,而是在今、明两年产生付款责任,所以本期付款时,应将其作为一种等待摊销的费用处理。因此,这项经济业务的发生,一方面使得公司待摊费用增加了,属于资产增加,应记入"长期待摊费用"账户的借方,另一方面用银行存款支付款项,意味着银行存款这项资产的减少,应记入"银行存款"账户的贷方。该业务的会计分录为:

借:长期待摊费用 48 000

贷:银行存款 48 000

【例 5.21】豫兴公司本月月末摊销应由本月负担的上项已付款的车间用房的租金 2 000 元。

这项经济业务中的房租虽然在本月已经支付,但其责任却是在含本月在内的 24 个月产生,因而由本月负担的部分应将其作为本期的费用入账。所以摊销车间房租时,一方面使得公司的制造费用增加 2 000 元,另一方面使得公司的前期付款等待摊销的费用减少 2 000 元,因此该项经济业务涉及"制造费用"和"长期待摊费用"两个账户。制造费用的增加应记入"制造费用"账户的借方,长期待摊费用的减少应记入"长期待摊费用"账户的贷方。该业务的会计分录为:

借:制造费用——租金	2 000	
贷:长期待摊费用		2 000

(五)制造费用的分配结转

制造费用是产品制造企业为了生产产品和提供劳务而发生的各种间接费用。其具体内容包括:①间接用于产品生产的费用,如机物料消耗费用,车间生产用固定资产的折旧费、修理费、保险费,车间生产用的照明费、劳动保护费等;②直接用于产品生产,但管理上不要求或者不便于单独核算,因而没有单独设置成本项目进行核算的某些费用,如生产工具的摊销费、设计制图费、试验费以及生产工艺用的动力费等;③车间用于组织和管理生产的费用,如车间管理人员的工资及福利费,车间管理用的固定资产折旧费、修理费,车间管理用具的摊销费,车间管理用的水电费、办公费、差旅费等。

在生产多种产品的企业里,制造费用在发生时一般无法直接判定其应归属的成本核算对象,因而不能直接计入所生产的产品成本中,必须将上述各种费用在"制造费用"账户中予以归集、汇总,然后选用一定的标准(如生产工人工资比例、生产工时比例、机器设备运转台时、耗用原材料的数量或成本分配、产品产量等),在各种产品之间进行合理的分配,以便于准确地确定各种产品应负担的制造费用额。但是标准一经确定,应按照可比性的要求,不得随意变更。

平时各项间接费用发生时,已在"制造费用"账户的借方进行了归集。期末时,应将平时归集的制造费用在生产车间各产品之间进行分配,由各产品负担,构成产品成本的一部分。为此,应将由各产品成本负担的制造费用,从"制造费用"账户贷方转出,记入"生产成本"账户的借方。

【例 5.22】月末,将本节例题中本月发生的制造费用 22 420 元按 A、B 产品生产工人工资标准分配计入生产成本。

$$\text{制造费用分配率}=\frac{22\ 420}{20\ 000+30\ 000}=0.448\ 4$$

A 产品应负担的制造费用为:20 000 ×0.448 4 = 8 968(元)

B 产品应负担的制造费用为:30 000 ×0.448 4 =13 452(元)

根据计算结果,A 产品应负担的制造费用记入 A 产品生产成本"制造费用"成本项目下;B 产品应负担的制造费用应记入 B 产品生产成本"制造费用"成本项目下。该业务的会计分录为:

借:生产成本——A 产品　　8 968

——B 产品　　13 452

贷:制造费用　　22 420

根据上述业务的会计分录,登记 A、B 产品“生产成本明细账”中借方各成本项目。如表 5 -5、表 5 -6 所示。

表 5 -5　　生产成本明细账

产品名称:A 产品

2017 年		业务序号	摘　要	借方(成本项目)					贷方	余额
月	日			直接材料	直接人工	其他直接费用	制造费用	合计		
12	31		生产耗料	40 000				40 000		40 000
	31		生产工人工资		20 000			20 000		60 000
	31		生产工人福利费		2 800			2 800		62 800
	31		外购动力			1 500		1 500		64 300
	31		分配转入制造费用				8 968	8 968		73 268
	31		结转完工产品成本						73 268	0
			本期发生额及期末余额	40 000	22 800	1 500	8 968	73 268	73 268	0

表 5 -6　　生产成本明细账

产品名称:B 产品

2017 年		业务序号	摘　要	借方(成本项目)					贷方	余额
月	日			直接材料	直接人工	其他直接费用	制造费用	合计		
12	31		生产领料	52 000				52 000		52 000
	31		生产工人工资		30 000			30 000		32 000
	31		生产工人福利费		4 200			4 200		86 200
	31		外购动力			2 000		2 000		88 200
	31		分配转入制造费用				13 452	13 452		101 652
	31		结转完工产品成本						101 652	0
			本期发生额及期末余额	52 000	34 200	2 000	13 452	101 652	101 652	0

(六)完工产品成本的计算和结转

成本计算是会计核算的主要内容之一。完工产品生产成本的计算就是将企业生产过程中为制造产品所发生的各种费用按照生产产品的品种、类别等(即成本计算对象)进行归集和分配,以便计算各种产品的总成本和单位成本。

企业应设置产品生产成本明细账,以归集应计入各种产品的生产费用。如果企业生产的产品有多种,应按照产品品种分别开设产品生产成本明细账。生产过程中发生的费用凡能分清被哪种产品消耗的,应根据有关凭证直接计入该种产品成本明细账;凡分不清的,如制造费用或几种产品共同耗用的某种原材料费用、生产工人的计时工资等,则应采取适当的分配方法在各成本计算对象之间进行分配,然后记入各产品成本明细账。如果月末某种产品全部完工,该种产品生产成本明细账所归集的费用总额,就是该种完工产品的总成本,用完工产品总成本除以该种产品的完工总产量即可计算出该种产品的单位成本。如果月末某种产品全部未完工,该种产品生产成本明细账所归集的费用总额就是该种产品在产品的总成本。如果月末某种产品一部分完工,一部分未完工,这时归集在产品成本明细账中的费用总额还要采取适当的分配方法在完工产品和在产品之间进行分配,然后才能计算出完工产品的总成本和单位成本。完工产品成本的简单计算公式为:

完工产品生产成本 = 期初在产品成本 + 本期发生的生产费用 - 期末在产品成本

企业生产的产品经过了各道工序的加工生产之后,就成为企业的完工产成品。所谓产成品,是指已经完成全部生产过程并已验收入库,符合标准规格和技术条件,可以按照合同规定的条件送交订货单位,或可以作为商品对外销售的产品。根据完工产品生产成本计算单的资料就可以结转完工、验收入库产品的生产成本。

本例中根据完工产品的"生产成本明细账"中各成本项目发生额,编制"完工产品成本计算单"进行成本计算。假设前述 A、B 产品已全部加工完成,A 产品完工数量为 100 件,B 产品完工数量为 120 件。

根据 A、B 产品"生产成本明细账"编制 A、B 产品"完工产品成本计算单",如表 5 - 7所示。

完工产品入库后,应进行成本结转,即将完工产品成本从"生产成本"账户的贷方转入"库存商品"账户的借方。

表 5 - 7　　**完工产品成本计算单**

2017 年 12 月

成本项目	A 产品(100 件)		B 产品(120 件)	
	总成本	单位成本	总成本	单位成本
直接材料	40 000	400	52 000	433.33
直接人工	22 800	228	34 200	285
其他直接费用	1 500	15	2 000	16.67
制造费用	8 968	89.68	13 452	112.1
产品生产成本	73 268	732.68	101 652	847.1

【例 5.23】月末结转上述完工 A、B 产品成本。

根据表 5 - 7"完工产品成本计算单"A 产品完工总成本为 73 268 元;B 产品完工产品总成本为 101 652 元,应分别从"生产成本"账户转入"库存商品"账户。该业务的会计分录为:

借:库存商品——A 产品　　73 268
　　　　——B 产品　　101 652
　贷:生产成本——A 产品　　73 268
　　　　　——B 产品　　101 652

第四节　销售过程业务的核算

一、销售过程业务概述

在销售过程中,企业将生产的产品销售给购买方,并按产品的销售价格向购买方办理货款结算并收回货款。企业在销售过程中必须付出相应数量的产品,因而企业在确认和计量销售收入时,还应当结转为生产产品而耗费的生产成本,通常将已销售产品的生产成本称为产品销售成本;同时,企业为了推销产品,在销售过程中还会发生一定的销售费用,这些耗费与销售产品有关,应抵减当期的销售收入。此外,企业在取得销售收入时,还应按国家税法规定计算并缴纳相关税费。

企业在销售过程中可能会发生销售退回、销售折让、商业折扣和现金折扣。商品销售退回是指企业售出的商品因质量、品种等不符合要求而发生的退货。销售折让是指企业因售出商品的质量不符合要求等原因而在售价上给予的价格减让。商业折扣是指企业为促进商品销售而在商品标价上给予的价格扣除,此项扣减数通常用百分数来表示,如 5%、15%、20% 等。现金折扣是指企业为了鼓励客户在一定时期内早日偿还货款而给予的一种折扣优惠,现金折扣一般用符号"折扣/付款期限"表示。如折扣的条件为"2/10,1/20,N/30",表示付款期为 30 天,若在 10 天内付款可享受 2% 的现金折扣,若在 20 天内付款可享受 1% 的折扣,超过 20 天就要全价付款。企业会计准则要求企业采用总价法对现金折扣进行处理,即在确定销售商品收入时,不考虑各种预计可能发生的现金折扣,而在实际发生现金折扣时,将其计入当期损益(财务费用)。

商品销售收入 = 不含税单价 × 销售数量 - 销售退回 - 销售折让

二、销售过程业务核算应设置的账户

销售过程的核算主要通过"主营业务收入"、"主营业务成本"、"税金及附加"、"应交税费"、"销售费用"、"应收账款"和"预收账款"等账户进行,这些账户的用途、性质和结构分别介绍如下。

(一)"主营业务收入"账户

"主营业务收入"账户用来核算企业销售商品和提供工业性劳务所实现的收入。该账户属于损益类账户,其贷方记录企业实现的主营业务收入(即主营业务收入的增加),借方登记发生销售退回和销售折让时应冲减本期的主营业务收入和期末转入"本

年利润”账户的主营业务收入额(按净额结转),结转后该账户月末应没有余额。“主营业务收入”账户应按照主营业务的种类设置明细账户进行明细分类核算。

(二)“主营业务成本”账户

“主营业务成本”账户用来核算企业已销产品的生产成本。该账户属于损益类账户,产品销售结转其生产成本时,记入本账户的借方;期末将已销产品生产成本结转入“本年利润”时,记入本账户的贷方;结转后期末应无余额。该账户可按产品类别设置明细账户。

(三)“税金及附加”账户

“税金及附加”账户用来核算应由销售产品等负担的销售税金及附加,包括消费税、资源税、城市维护建设税、教育费附加及房产税、土地使用税、车船使用税、印花税等相关税费。该账户属于损益类账户,企业按照规定计算出应负担的销售税金及附加,借记本账户;期末将产品销售税金及附加结转“本年利润”账户时,贷记本账户;结转后期末应无余额。该账户可按产品类别设置明细账户。

(四)“应交税费”账户

“应交税费”账户用来核算企业按照税法等规定计算应交纳的各种税费,其中包括增值税、消费税、所得税、资源税、城市维护建设税、教育费附加等。该账户属于损益类账户,贷方记录企业按规定计算应交的消费税、资源税、城市维护建设税、教育费附加;借方记录企业实际缴纳的各种税费;期末贷方余额反映企业尚未交纳的税费;期末如为借方余额,反映企业多交或尚未抵扣的税费。本账户可按应交的税费项目进行明细核算。

(五)“销售费用”账户

“销售费用”账户用来核算企业销售商品和材料、提供劳务过程中发生的各项费用。该账户属于损益类账户,借方记录企业发生的销售费用;期末将本账户的余额转入“本年利润”账户时,贷记本账户,结转后本账户应无余额。

(六)“应收账款”账户

“应收账款”账户核算企业因销售产品、材料、提供劳务等业务,应向购货单位或接受劳务单位收取的款项。该账户属于资产类账户,借方记录应收款项的发生数;贷方记录应收账款的收回数;期末余额在借方,反映企业应收账款的实有数。该账户按应收账款的单位设置明细账户。

(七)“预收账款”账户

“预收账款”账户用来核算企业按照合同的规定预收购货单位订货款的增减变动及其结余情况。该账户属于负债类账户,其贷方登记预收购买单位订货款的增加,借方登记销售实现时冲减的预收货款。期末余额如在贷方,表示企业预收款的结余额;期末余额如在借方,表示购货单位应补付给本企业的款项。本账户应按照购货单位设置明细账户进行明细分类核算。

三、销售过程业务举例

(一)主营业务收入的核算

当产品已经销售,取得了货款或收取货款的权利后,应确认主营业务收入实现。作为增值税一般纳税人的企业,产品销售后除收取销售收入以外,还应向购货方收取销项增值税额,以便期末时以销项税额抵扣进项税额后,以其余额作为应交纳的增值税。

【例5.24】豫兴公司向东方公司销售A产品100件,每件售价1 000元,计100 000元;B产品80件,每件售价1 200元,计96 000元;"增值税专用发票"上列示销项增值税为33 320元。以上款项尚未收到,另外公司用银行存款为东方公司垫付A、B产品的运费1 000元。

这项经济业务的发生,因货款尚未收到所以应记入"应收账款"的借方;同时确认主营业务收入实现,记入"主营业务收入"账户的贷方;由于应收取的销项增值税额尚未交给国家,所以应记入"应交税费——应交增值税"账户的贷方,另外公司用银行存款为东方公司垫付A、B产品的运费1 000元,应记入"银行存款"账户的贷方。该业务的会计分录为:

借:应收账款——东方公司	230 320	
贷:主营业务收入——A产品		100 000
——B产品		96 000
应交税费——应交增值税(销项税额)		33 320
银行存款		1 000

【例5.25】豫兴公司与丁公司签订购销合同,丁公司预购甲公司生产的B产品,总价款为100 000元,增值税为17 000元,合同约定45天后发货,甲公司收到丁公司预付款50 000元存入银行。

这项经济业务的发生,一方面使得公司的银行存款增加50 000元,另一方面使得公司的预收款增加50 000元,因此该项经济业务涉及"银行存款"和"预收账款"两个账户。银行存款的增加是资产的增加,应记入"银行存款"账户的借方,预收款的增加是负债的增加,应记入"预收账款"账户的贷方。该业务的会计分录为:

借:银行存款	50 000	
贷:预收账款——丁公司		50 000

(二)主营业务成本的结转

主营业务成本即已销产品的生产成本。企业在销售过程中销售商品减少了库存的存货,也是为取得主营业务收入而垫支的资金,表明企业发生了费用,这项费用称为主营业务成本(亦称商品销售成本)。将销售发出的商品成本转为主营业务成本,应遵循配比的要求,也就是说,不仅主营业务成本的结转应与主营业务收入在同一会计期间加以确认,而且应与主营业务收入在数量上保持一致。

本期应结转的主营业务成本 = 本期销售商品的数量 × 单位商品的生产成本

当产品销售后,产品实物随之从产成品库转移到购货方,即产成品实物发生了转移,为使账实相符,产成品价值即产成品的生产成本也要转移,即从"库存商品"账户的贷方结转到"主营业务成本"账户的借方。

【例5.26】期末结转上例已销A、B产品的生产成本。A产品销售100件,单位成本为700.68元,计70 068元;B产品销售80件,单位成本为807.1元,计64 568元。

产品销售后,其生产成本就应从"库存商品"账户的贷方转到"主营业务成本"账户的借方,即将已销产品的生产成本进行结转。该业务的会计分录为:

借:主营业务成本——A产品　　70 068
　　　　　　　　——B产品　　64 568
　贷:库存商品——A产品　　70 068
　　　　　　　——B产品　　64 568

(三)销售费用的核算

销售费用是为取得当期主营业务收入而发生的,应于费用发生的当月确认销售费用,记入"销售费用"账户。

【例5.27】12月21日,以银行存款支付销售产品的广告费17 600元。

该业务的会计分录为:

借:销售费用——广告费　　17 600
　贷:银行存款　　17 600

(四)税金及附加的核算

主营业务收入实现后,按规定应交纳一定比例的销售税金及教育费附加。这些税金及附加一般是根据当月销售额或应税额,按照规定的税率计算,于下月初缴纳的。其中:

应交消费税 = 应税消费品的销售额 × 消费税税率

应交城建税 = (应交消费税 + 应交增值税) × 城建税税率

教育费附加的计算方式与城建税相同,只是比例不同。当计算出当月应交数额后,就构成企业当月的一项费用;另一方面,由于当月并不能实际交纳,同时又形成了企业对国家的应交税费负债。

【例5.28】月末,根据规定的税率及教育费附加率,计算出应交消费税9 800元,应交城市维护建设税1 233.40元,应交教育费附加528.60元。该业务的会计分录为:

借:税金及附加　　11 562
　贷:应交税费——应交消费税　　9 800
　　　　　　　——应交城市维护建设税　　1 233.40
　　　　　　　——应交教育费附加　　528.60

第五节　利润形成和分配的核算

一、利润形成的核算

利润是指企业在一定会计期间的经营成果,包括收入减去费用后的净额、直接记入当期利润的利得和损失等。直接记入当期利润的利得和损失,是指应当记入当期损益、会导致所有者权益发生增减变动的、与所有者投入资本或者向所有者分配利润无关的利得或者损失。

(一)利润的构成

企业的利润由营业利润、利润总额和净利润三个层次构成。

1. 营业利润。营业利润是企业利润的主要来源,它能够比较恰当地反映企业经营管理者的经营业绩,其计算公式是:

营业利润 = 营业收入 − 营业成本 − 税金及附加 − 销售费用 − 管理费用 − 财务费用 − 资产减值损失 + 公允价值变动收益(− 变动损失) + 投资收益(− 投资损失) + 资产处置收益(− 资产处置损失)

其中:

营业收入 = 主营业务收入 + 其他业务收入

营业成本 = 主营业务成本 + 其他业务成本

资产减值损失是指企业计提各项资产减值准备所形成的损失;公允价值变动收益(或损失)是指企业交易性金融资产等公允价值变动形成的应记入当期损益的利得或损失;投资净收益是企业对外投资取得的投资业务收入减去投资损失后的净额。

2. 利润总额。利润总额又称税前利润,它是营业利润加上营业外收入减去营业外支出后的金额,其计算公式是:

利润总额 = 营业利润 + 营业外收入 − 营业外支出

营业外收入是指与企业生产经营活动没有直接关系的各项收入,主要包括非流动资产毁损报废利得、债务重组利得、政府补助、盘盈利得、捐赠利得等。营业外支出是指与企业生产经营活动没有直接关系,但按照有关规定应从企业实现的利润总额中扣除的支出,主要包括非流动资产毁损报废损失、债务重组损失、公益性捐赠支出、非常损失、盘亏损失等。

3. 净利润。净利润又称税后利润,它是利润总额扣除所得税费用后的余额,其计算公式是:

净利润 = 利润总额 − 所得税费用

利润总额是企业在一定会计期间的所得,按照税法的规定计算缴纳所得税。所得税是根据企业的所得额征收的,而企业的所得额依据不同的计算标准分为会计所得和纳税所得。会计所得是指企业根据会计准则、制度等规定的收入和费用的确认计量标准而计算得出的税前利润,纳税所得是根据税法规定的收入和准予扣除的费用计算得出的企业纳税所得,即应税利润。因会计准则和税收法规的规定存在差异,导致按照会计法规计算确定的会计利润与按照税收法规计算确定的应税利润对同一个企业的同一个会计期间存在一定的差异,即计税差异,这个差异称为纳税调整项目。

企业所得税通常是按年计算、分期预交、年末汇算清缴的,其计算公式为:

应交所得税 = 应纳税所得额 × 所得税税率

应纳税所得额 = 利润总额 + 纳税调整增加额 − 纳税调整减少额

纳税调整增加额主要包括税法规定不允许扣除项目,和企业已计入当期费用但超过税法规定扣除标准的金额,如超过税法规定标准的工资支出、业务招待费支出,税收罚款滞纳金、非公益性捐赠支出等;纳税调整减少额主要包括接税法规定允许弥补的亏损和准予免税的项目,如5年内未弥补完的亏损、国债的利息收入等。

例如:某公司2017年的利润总额为1 820 000元,实际支出的业务招待费为450 000元,按照税法规定允许税前扣除的业务招待费为300 000元;当年发生的税收滞纳金为30 000元。假定该公司全年无其他纳税调整因素,适用的所得税税率为25%。则确认的所得税费用为:

纳税调整增加额 =(实际支出的业务招待费 - 允许税前扣除的业务招待费)+ 税收滞纳金
= (450 000 - 300 000) + 30 000 = 180 000(元)

应纳税所得额 = 利润总额 + 纳税调整增加额 = 1 820 000 + 180 000 = 2 000 000(元)

应交所得税 = 2 000 000 × 25% = 500 000(元)

(二)利润形成核算应设置的账户

1.“其他业务收入”账户。该账户核算企业除产品销售以外的其他销售或其他业务所发生的收入。贷方记录其他业务收入的实现数;借方记录其他业务收入期末结转“本年利润”数;结转后期末应无余额。该账户可按其他业务的种类设置明细账户。

2.“其他业务成本”账户。该账户核算企业除产品销售以外的其他销售或其他业务所发生的支出。借方记录其他业务成本的发生数;贷方记录其他业务成本期末结转“本年利润”数;结转后期末应无余额。该账户可按其他业务种类设置明细账户。

3.“营业外收入”账户。该账户核算企业发生的与企业生产经营无直接关系的各项收入。贷方记录企业发生的各项营业外收入;借方记录期末转入“本年利润”账户的营业外收入;结转后期末应无余额。本账户可按收入项目设置明细账。

4.“营业外支出”账户。该账户核算企业发生的与企业生产经营无直接关系的各项支出。借方记录发生的各项营业外支出;贷方记录期末转入“本年利润”账户的支出数;结转后期末应无余额。本账户可按费用项目设置明细账户。

5.“投资收益”账户。该账户核算企业对外投资取得的收益及发生的损失。贷方记录取得的收益数;借方记录发生的损失数;期末转账前余额如在贷方,表示投资净收益,从借方转入“本年利润”账户,结转后无余额;期末转账前余额若在借方,表示投资净损失,从贷方转入“本年利润”账户,结转后无余额。

6.“所得税费用”账户。该账户核算企业按照有关规定应在当期损益中扣除的所得税费用的计算及其结转情况。其借方登记按照应纳税所得额计算出的所得税费用额,贷方登记期末转入“本年利润”账户的所得税费用额,经过结转之后,该账户期末没有余额。

7.“本年利润”账户。该账户核算企业年度内实现的净利润(或亏损)额。贷方记录期末自有关收入账户转入的收入数;借方记录期末自有关费用账户转入的费用支出数,期末该账户若为贷方余额,反映自年初至本期累计实现的利润净额;期末若为借方余额,则表示累计亏损额。年终余额结转“利润分配”账户后,本账户应无余额。

8.“利润分配”账户 。该账户用来核算企业利润分配(或亏损弥补)情况和历年利润分配后的结存余额。该账户按利润分配的去向设置明细账,一般应设置提取法定盈余公积、提取任意盈余公积、应付利润(或股利)和未分配利润等明细账。该账户的各明细账户按其结构和用途可划分为两类:一类反映企业未分配利润的形成情况,即“利润分配——未分配利润”账户,该账户的贷方记录年终自“本年利润”账户借方转入的全年实现的净利润;借方记录年终转入的全年已分配的利润数,包括提取的法定盈余公积、任意盈余公积金、向投资者分配利润等,或年终时从“本年利润”账户贷方转入的全年亏损数;年终余额一般在贷方,表示历年未分配利润累计数,若为借方余额,表示历年未弥补的亏损。另一类账户反映企业利润的分配情况,包括“利润分配——提取法定盈余公积”、“利润分配——提取任意盈余公积”和“利润分配——应付利润(或股利)”等明细账户,该类账户的借方记录企业当期提取的盈余公积、计算的应付股利(利润)等;贷方记录年末结转到“利润分配——未分配利润”账户的数额;年终结转后该类账户无余额。

9.“应付股利”账户 。该账户核算企业经董事会或股东大会,或类似机构决议确定分配的现金股利或利润。贷方记录根据分配方案应该支付给股东的现金股利或利润 ;借方记录实际支付的股利;期末余额在贷方,反映尚未支付的现金股利或利润。该账户按投资者单位、姓名设置明细账户。

10.“盈余公积”账户。该账户核算企业从利润中提取的法定盈余公积金和任意盈余公积金。贷方记录盈余公积金的提取数;借方记录盈余公积金的减少数;期末余额在贷方,表示盈余公积金的结余数。该账户按盈余公积金的种类设置明细账户,进行明细核算。

(三)利润形成业务核算举例

【例 5.29】12 月 24 日,企业出售多余闲置的甲材料,取得销售收入 5 000 元存入银行。材料的成本 4 500 元予以结转。

材料销售属于工业企业的其他销售业务,取得的收入以及增值税销项税额 850 元应分别记入“其他业务收入”和“应交税费——应交增值税(销项税额)”账户的贷方;另一方面,该项收入已存入银行,应记入“银行存款”账户的借方。该业务的会计分录为:

(1)借:银行存款	5 850	
贷:其他业务收入——材料销售		5 000
应交税费——应交增值税(销项税额)		850

材料出售后,其成本一方面应从“原材料”账户中转出;另一方面将其作为取得其他业务收入的成本,记入“其他业务成本”账户。会计分录为:

(2)借:其他业务成本——材料销售	4 500	
贷:原材料——甲材料		4 500

【例 5.30】12 月 31 日,用银行存款支付本月短期借款利息 1 200 元。

这项经济业务一方面使得财务费用增加,应记入“财务费用”账户的借方;另一方面,使得企业的银行存款减少,应记入“银行存款”账户的贷方。该业务的会计分录为:

借:财务费用——利息费用	1 200	
贷:银行存款		1 200

【例 5.31】12 月 31 日,被投资企业宣告分派现金股利,根据其持股比例企业应享有 15 000元。

被投资企业宣告分派的现金股利，属于投资企业的投资收益，投资收益增加，应记入“投资收益”账户中的贷方；同时记入“应收股利”账户的借方。该业务的会计分录为：

借：应收股利　　15 000

　贷：投资收益　　15 000

【例 5.32】企业收到罚款收入 13 000 元，存入银行。

该业务的会计分录为：

借：银行存款　　13 000

　贷：营业外收入　　13 000

【例 5.33】若本月损益类账户发生额分别为：

收益类账户贷方发生额：		费用支出类账户借方发生额：	
主营业务收入	196 000	主营业务成本	134 636
其他业务收入	5 000	税金及附加	11 562
投资收益	15 000	其他业务成本	4 500
营业外收入	13 000	管理费用	18 200
		财务费用	3 500
		销售费用	17 600
		营业外支出	5 002

期末将上述损益类账户发生额结转到“本年利润”账户中，该业务的会计分录为：

(1)借：主营业务收入　　196 000

　　其他业务收入　　5 000

　　投资收益　　15 000

　　营业外收入　　13 000

　贷：本年利润　　229 000

(2)借：本年利润　　195 000

　贷：主营业务成本　　134 636

　　税金及附加　　11 562

　　其他业务成本　　4 500

　　管理费用　　18 200

　　财务费用　　3 500

　　销售费用　　17 600

　　营业外支出　　5 002

【例 5.34】本月利润总额 34 000 元，月末按 25% 的所得税税率计算所得税费用 8 500元。

该项经济业务使得当期所得税费用增加，应借记“所得税费用”账户，以符合权责发生制要求；但是，计提所得税时尚未实际交纳，故同时应作为应交所得税负债，贷记“应交税费——应交所得税”账户。该业务的会计分录为：

借：所得税费用　　8 500

贷:应交税费——应交所得税　　8 500

【例 5.35】月末,将"所得税费用"账户借方发生额 8 500 元结转"本年利润"账户。

"所得税费用"账户的借方发生额,应从贷方转入"本年利润"账户的借方,从而抵减当期利润总额。所以,该业务的会计分录为:

借:本年利润　　8 500

贷:所得税费用　　8 500

上述为利润形成的核算。其总分类核算流程图如图 5－1 所示。

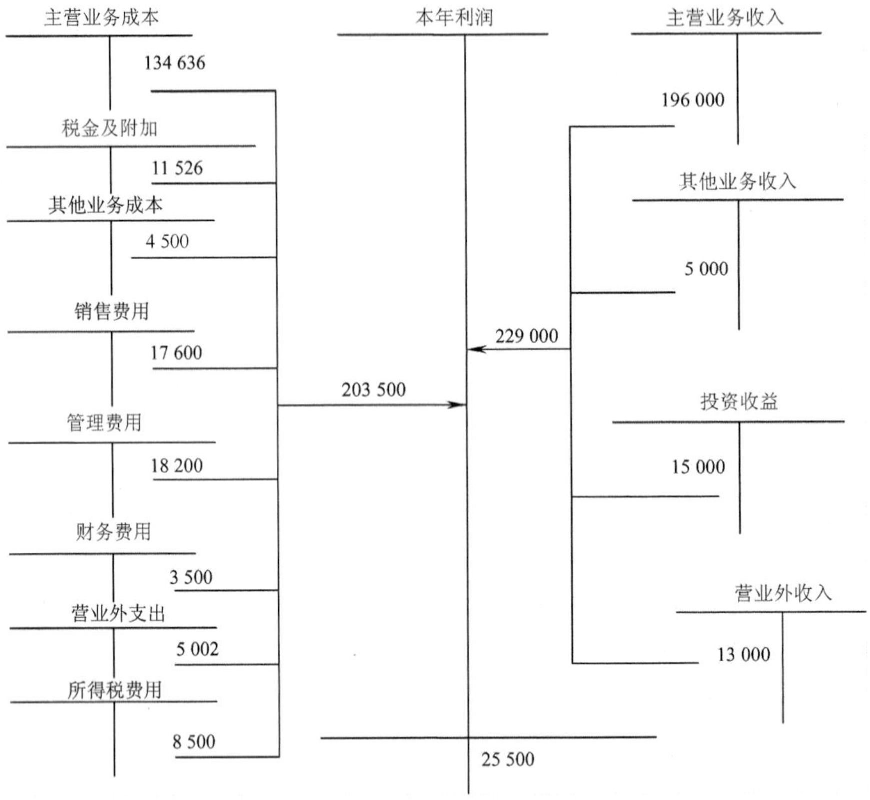

图 5－1　利润形成核算图示

二、利润分配业务的核算

利润分配是指企业根据国家有关规定和企业章程、投资者协议等,对企业当年可供分配利润指定其特定用途和分配给投资者的行为。利润分配的过程和结果涉及各方面的利益,还关系到企业的未来发展,因此,企业必须做好企业利润分配工作,正确地对利润分配的具体内容进行会计核算。

(一)利润分配的顺序

按照《中华人民共和国公司法》的有关规定,企业当年实现的净利润,首先应弥补以前年度尚未弥补的亏损,对于剩余部分,应按照一定的顺序进行分配。因此,企业在利润分配前,应根据本年净利润(或亏损)与年初未分配利润(或亏损)、其他转入的金额(如盈余公积弥补的亏损)等项目,计算可供分配的利润。

可供分配的利润=净利润(或亏损)+年初未分配利润-弥补以前年度亏损+其他转入的金额

如果可供分配的利润为负数(即累计亏损),则不应进行后续分配;如果可供分配的利润为正数(即累计盈利),则应按照一定的顺序进行后续分配。根据《公司法》等有关法律、法规的规定,企业当年实现的净利润,弥补以前年度尚未弥补的亏损后的剩余部分,应按照下列顺序进行分配:

1. 提取法定盈余公积。法定盈余公积金应按照本年实现净利润的一定比例提取。按照《中华人民共和国公司法》的有关规定,公司应当按照当年净利润(抵减年初累计亏损后)的10%提取法定盈余公积,提取的法定盈余公积累计额超过注册资本50%以上的,可以不再提取。

2. 提取任意盈余公积。公司提取法定盈余公积后,经股东会或者股东大会决议,还可以从净利润中提取任意盈余公积。

3. 向投资者分配利润(或股利)。企业可供分配的利润扣除提取的盈余公积后,形成可供投资者分配的利润,即:

可供投资者分配的利润=可供分配利润-提取的盈余公积

企业可采用现金股利、股票股利和财产股利等形式向投资者分配利润(或股利)。可供投资者分配的利润经过上述分配之后的剩余部分是企业的未分配利润(或未弥补亏损),未分配利润是企业留待以后年度进行分配的利润或等待分配的利润,它是所有者权益的一个重要组成部分。

(二)利润分配业务核算设置的账户

为了核算企业利润分配的具体过程及结果,全面贯彻企业利润分配政策,以便于更好地进行利润分配业务的核算,需要设置以下的几个账户。

1. "利润分配"账户。该账户用来核算企业利润分配(或亏损弥补)情况和历年利润分配后的结存余额,属于所有者权益类账户。"利润分配"账户按利润分配的去向设置明细账,一般包括"盈余公积补亏"、"提取法定盈余公积"、"提取任意盈余公积"、"应付现金股利或利润"、"转作资本(或股本)的股利"和"未分配利润"等明细账户。该账户的各明细账户按其结构和用途可划分为两类:一类反映企业未分配利润的形成情况,即"利润分配——未分配利润"账户。该账户的贷方记录年终自"本年利润"账户借方转入的全年实现的净利润;借方记录年终转入的全年已分配的利润数,包括提取的法定盈余公积、任意盈余公积金、向投资者分配利润等,或年终时从"本年利润"账户贷方转入的全年亏损数;年终余额一般在贷方,表示历年未分配利润累计数,若为借方余额,表示历年未弥补的亏损。另一类账户反映企业利润的分配情况,包括"利润分配——提取法定盈余公积"、"利润分配——提取任意盈余公积"及"利润分配——应付利润(或股利)"等明细账户。该类账户的借方记录企业当期提取的盈余公积、计算的应付股利(利润)等;贷方记录年末结转到"利润分配——未分配利润"账户的数额;年终结转后该类账户无余额。

2. "盈余公积"账户。该账户核算企业从利润中提取的法定盈余公积金和任意盈余公积金,属于所有者权益类账户。其贷方记录盈余公积金的提取数;借方记录盈余公积金的减少数;期末余额在贷方,表示盈余公积金的结余数。该账户按盈余公积金的种类设置明细账户,进行明细核算。

3."应付股利"账户。该账户核算企业经董事会或股东大会,或类似机构决议确定分配的现金股利或利润,属于负债类账户。其贷方记录根据分配方案应该支付给股东的现金股利或利润;借方记录实际支付的股利;期末余额在贷方,反映尚未支付的现金股利或利润。该账户按投资者单位、姓名设置明细账户。这里需要注意的是,企业分配给投资人的股票股利不在本账户核算。

(三)利润分配业务核算举例

【例5.36】按税后利润的10%和5%分别计提法定盈余公积金和任意盈余公积金,30%向投资者分配现金股利。

该项业务属于利润分配业务,分配出去的数额应记入"利润分配"账户所属的明细账户即"提取法定盈余公积""提取任意盈余公积""应付利润"的借方;同时,提取盈余公积,说明盈余公积增加,应记入"盈余公积"账户的贷方;向投资者分配的股利,在没有支付前形成企业的负债,记入"应付利润"账户的贷方。该业务的会计分录为:

借:利润分配——提取法定盈余公积	2 550	
——提取任意盈余公积	1 275	
——应付股利	7 650	
贷:盈余公积——法定盈余公积金		2 550
——任意盈余公积金		1 275
应付股利		7 650

需要注意,股票股利和现金股利是有区别的。已分配现金股利导致所有者权益的减少,应记入"利润分配"账户的借方,应付股利的增加是负债的增加,应记入"应付股利"账户的贷方;对于股票股利,在分配时应按面值记入"实收资本"账户的贷方(如有超面值部分应增加资本公积),即借记"利润分配——应付股利"账户,贷记"实收资本"账户,对于产生的溢价部分还要贷记"资本公积——资本溢价"账户。

【例5.37】年末结转"本年利润"账户和"利润分配"账户的各有关明细账户。

(1)首先,将"本年利润"账户余额转入"利润分配——未分配利润"账户的贷方。该业务的会计分录为:

借:本年利润	25 500	
贷:利润分配——未分配利润		25 500

(2)其次,将"利润分配"其他明细账户的余额转入"利润分配——未分配利润"账户的借方。该业务的会计分录为:

借:利润分配——未分配利润	11 475	
贷:利润分配——提取法定盈余公积金		2 550
——提取任意盈余公积金		1 275
——应付股利		7 650

“利润分配——未分配利润”账户的贷方发生额 25 500 元，表示企业当年实现的净利润，该账户的借方发生额 11 475 元，表示企业当年已分配的利润数，二者相减后为企业当年留存的可供下年度分配的利润，即未分配利润（留存收益）14 025 元。

上述为利润分配的核算，其总分类核算流程图如图 5－2 所示。

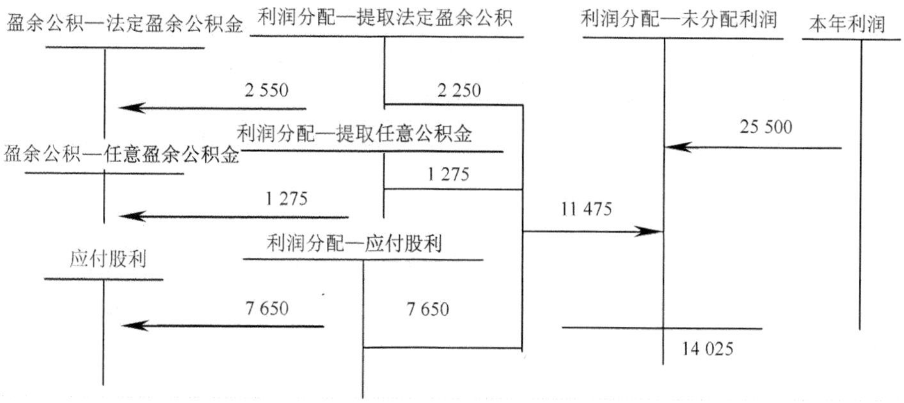

图 5－2　利润分配核算图示

根据上述例 5.1 至例 5.37 企业发生的经济业务所编制的会计分录，分别设置并登记相关的总分类账户，期末再根据账户的记录编制“总分类账户本期发生额及余额表”，检查账户记录的正确性。

复习思考题

1. 材料采购成本包括哪些内容？
2. 解释“实收资本”“在途物资”账户。
3. 试述费用和成本的关系，并解释“生产成本”“制造费用”账户。
4. 企业的产品成本包括哪些成本项目？
5. 试述商品销售的核算内容。
6. 试述企业利润总额的形成。
7. 简述企业净利润的分配程序。
8. 解释“本年利润”和“利润分配”账户。

练 习 题

习题一

目的:练习材料采购过程的核算。

资料:东方公司 2017 年 12 月材料采购业务如下:

(1)12 月 5 日,向中亚公司购买材料,收到的增值税专用发票中列明:采购甲材料 120 吨,单价 1 000 元,计 120 000 元,增值税额 20 400 元;采购乙材料 150 吨,单价 900 元,计 135 000 元,增值税额 22 950 元。另外,对方代垫运杂费 2 700 元,由甲、乙材料共同负担(按二者重量进行分配)。以上款项用银行存款支付,材料已运达企业,但尚未验收入库。

(2)12 月 7 日,向宏远公司购入甲材料,增值税专用发票中列明:采购甲材料 300 吨,单价 850 元,计 255 000 元,增值税额 43 350 元,材料已运达企业,但尚未验收入库,款项尚未支付。

(3)12 月 7 日以现金支付上述甲材料装卸费 1 000 元、运输费 2 300 元。

(4)12 月 12 日,向中达公司购入乙材料,增值税专用发票中列明:采购乙材料 100 吨,单价 950 元,计 95 000 元,增值税额 16 150 元,材料尚在运输途中,以上款项均以银行存款支付。

(5)12 月 15 日,归还 12 月 7 日所欠宏运公司的购料款项。

(6)12 月 20 日,12 月 12 日向中达公司所购材料已验收入库,并以现金支付运杂费等 1 350 元。

(7)12 月 31 日,结转月份内购入甲、乙材料的采购成本。

要求:根据上述经济业务,编制会计分录,登记材料采购总账及明细账,计算材料采购成本。

习题二

目的:练习产品生产过程的核算。

资料:东方公司 2017 年 12 月有关生产费用的经济业务如下:

(1)12 月 5 日,车间报销购买办公用品费 500 元,以现金付讫。

(2)12 月 31 日,本月材料领用情况为:A 产品生产领用甲材料 80 吨,成本 8 000 元;B 产品生产领用乙材料 110 吨,成本 99 000 元;车间组织管理生产领用乙材料 1 吨,成本 900 元,厂部组织管理领用甲材料 0.8 吨,成本 80 元。

(3)12 月 31 日,计算应付职工工资 170 000 元。其中,A 产品生产工人工资 50 000 元;B 产品生产工人工资 70 000 元;车间管理人员工资 20 000 元;厂部管理人员工资 30 000元。

(4)12 月 31 日,按上述工资费用的 14% 计提职工福利费。

(5) 12 月 31 日,计提固定资产折旧 4 500 元。其中,车间固定资产折旧 3 000 元;厂部固定资产折旧 1 500 元。

(6)12 月 31 日,本月电费消耗情况汇总如下:A 产品消耗 5 000 元,B 产品消耗 5 300元;车间组织管理消耗 2 540 元;厂部组织管理消耗 3 100 元。以上电费及购电进项增值税额 2 709.8 元用银行存款支付。

(7)30 日,汇总本月发生的制造费用并按 A、B 产品生产工人工资比例进行分配。

(8)30 日,本月生产的 A、B 产品已全部完工。其中,完工 A 产品 983 件,完工 B 产品 750 件,结转其完工成本。

要求:根据上述资料,编制会计分录,并登记生产成本总账及明细账并汇总计算产品成本。

习题三

目的:练习成本和费用的核算。

资料:某企业 2017 年 12 月份发生下列业务:

(1)根据本月发料单汇总:

	甲材料	乙材料
A 产品生产用料	15 000 元	6 000 元
B 产品生产用料	26 000 元	4 000 元
车间一般耗用	500 元	
行政部门耗用	300 元	

(2)从银行提现金 36 000 元,备发工资。

(3)用现金发放工资 36 000 元。

(4)月末分配结转本月工资。其中生产 A 产品工人工资 20 000 元,B 产品工人工资 10 000 元,车间技术人员工资 2 000 元,行政管理人员工资 4 000 元。

(5)按工资总额的 14% 计提福利费。

(6)企业本月用电情况如下:生产 A 产品用电 2 500 元,生产 B 产品用电 1 000 元,车间照明用电 500 元,行政部门用电 1 000 元,增值税率 17%。银行存款支付。

(7)计提本月车间用固定资产折旧 1 200 元,行政部门用固定资产折旧 900 元。

(8)用银行存款支付本季度短期借款利息 910 元。

(9)结转本月制造费用,按生产工人工资比例在 A、B 两种产品间分摊。

(10)本月生产的 A、B 两种产品均已完工,验收入库,结转其实际生产成本。

(11)企业职工张三出差归来,报销差旅费 800 元,原来预借差旅费 1 000 元。

要求:根据上述业务编制会计分录。

习题四

目的:练习产品销售过程的核算。

资料:兴源工厂 2017 年 12 月发生如下经济业务:

(1)企业销售 A、B 产品。其中,销售 A 产品 500 件,单位售价 250 元,计 125 000 元,增值税额 21 250 元;销售 B 产品 1 000 件,单位售价 350 元,计 350 000 元,增值税额 59 500 元。以上款项均已收存银行。

(2)结转已售产品的实际生产成本,A 产品每台 105 元,B 产品每台 80 元。

(3)根据国家税收制度,按销售收入的 10% 的税率计算本期应交消费税,按消费税的 5% 计算城乡维护建设税,3% 计算教育费附加。

要求:根据上述资料,编制会计分录。

习题五

目的:练习利润形成和分配的核算。

资料:兴源工厂2017年12月有关收入、利润形成的业务如下:

(1)12月10日企业将多余的一批甲材料出售,取得收入5 000元,该批材料的成本为4 600元。

(2)12月15日,被投资企业宣告分派现金股利,根据持股比例企业应得5 300元。

(3)12月12日,转让材料收入30 000元,存入银行。该材料账面成本25 000元。

(4)12月15日,取得罚款收入12 300元的现金。

(5)企业因迟交税款,按规定交滞纳金500元,现金支付。

(6)企业职工刘六因违反公司制度,罚款200元。

(7)12月18日,企业销售A、B产品。其中,销售A产品500件,单位售价600元;销售B产品1000件,单位售价500元。增值税率17%,款项均未收存银行。

(8)12月20日,用银行存款支付产品销售费用15 000元。

(9)12月22日,将无法支付的应付款68 000元转作营业外收入。

(10)12月31日,结转本月已销A产品500件,B产品1000件的生产成本。A产品单位生产成本150元,B产品单位生产成本200元。

(11)12月31日,将相关损益类账户的发生额结转至"本年利润"账户。

(12)12月31日,按利润总额的25%计算应交纳所得税。

(13)12月31日,按税后利润的10%提取法定盈余公积金、5%提取任意盈余公积金、30%计算应付利润。

(14)年末进行利润结转。

要求:根据上述资料,编制会计分录。

第六章

账户的分类

本章要点

学习本章应理解账户分类的含义、意义及分类的方法，重点掌握账户按会计要素分类、按用途和结构分类的方法。

第一节 账户分类的意义与基本分类的标志

一、账户分类的含义

账户分类就是采用不同标志将账户划分为不同类别的方法。在不同的分类方法下账户的性质是不同的。在某一种方法下属于同类别的账户,在另外一种方法下则完全有可能被划分为不同的类别。例如,前面学到"本年利润"和"利润分配"账户都属于所有者权益类账户,就是从账户所反映的经济内容的角度对账户分类的方法。但是,如果按账户的用途与结构进行分类的方法,这两个账户则不属于同一类别。一个是资本账户,另一个是财务成果账户。可见,所谓账户分类就是采用不同标志将账户划分为不同类别的方法。

二、账户分类的意义

(一)全面认识各账户在整体账户体系中的作用

在会计核算上设置的每一个账户都有其特定的核算内容、用途和结构,从其侧面反映经济内容的发生及其所引起的会计要素的增减变化和结果。会计主体所设置的所有账户构成了一个严密、完整的账户体系,为了从账户体系整体的高度,而不是仅仅从单个账户的角度了解账户的作用,就需要采用不同的标志将账户分类。

(二)有利于掌握各账户在提供会计核算指标上的规律

任何一个账户都有一定的账户结构,至于哪一方记增加,哪一方记减少是由账户的性质和记账方法决定的。但作为反映同一类经济内容的一类账户来说它们的结构多数情况下是相同的。例如,资产类账户一般是借方登记增加额,贷方登记减少额,余额一般应在借方。

(三)便于正确地设置和运用账户

设置会计科目与账户是会计核算方法中的第一步,只有在了解了各个账户特性的基础上,掌握各种账户的共性、一般规律、账户间的内在联系与区别才能正确地设置和运用账户,进而利用账户这一重要载体提供系统、完整和有用的会计信息。

三、账户分类的标志

账户按不同的分类标志进行分类实质上就是从不同的角度去寻找账户的共性。账户分类的标志有:按会计要素分类;按用途和结构分类;按统驭关系分类;按余额方向分类等。

(一)账户按会计要素分类

账户按会计要素分类就是按会计对象分类。因为会计要素决定了账户的经济内容,它说明账户要核算什么、监督什么、提供什么样的会计指标,只有了解了这些内容,才能运用好这些账户。所以,账户按会计要素分类是账户最基本、最主要的分类,是账户分类的基础,详细内容见本章第二节。

（二）账户按用途和结构分类

账户的用途是指设置和运用账户的目的，通过账户的记录提供核算指标；账户的结构是指在账户中怎样记录经济业务，即账户的借方和贷方登记的内容，余额的方向及其表示的含义。这种分类是对按会计要素分类的补充，详细内容见本章第三节。

（三）账户按统驭关系分类

账户的统驭关系是指账户之间存在着统驭与从属、控制与被控制的关系。账户按统驭关系分类可分为总分类账户和明细分类账户两类。总分类账户是提供总括资料的账户，如“固定资产”“原材料”“应收账款”“生产成本”等账户。各个企业要结合自己的业务特点和国家统一会计制度的规定设置总分类账户。总分类账户在记录经济业务时，使用价值量度提供货币指标。

明细分类账户是提供详细核算资料的账户，如在“原材料”总账户下按保管地点（仓库）、材料的类别、品种、规格设置明细分类账户，以提供详细、具体的核算资料。各个企业应根据自己的经济业务的具体内容自行制定明细分类账户的名称、核算内容和使用方法。有的采用价值量度进行核算，有的还应使用实物量度进行核算。

明细分类账户根据管理上的需要还可增设二级账户。二级账户提供的资料较总分类账户详细。如在“原材料”总账户下可按原材料及主要材料、辅助材料、燃料、包装材料、修理用备件等设二级账户。在二级账户下再按每一材料品种、规格设明细分类账户。

总分类账户提供总括的核算资料；明细分类账户提供明细的核算资料。

总分类账户统驭和控制所属明细分类账户，明细分类账户是总分类账户的从属和被控制账户。

（四）账户按余额方向分类

账户按期末余额方向分类，可分为有余额账户和无余额账户两类。有余额账户又可以分为借方余额账户和贷方余额账户。

通常情况下资产类账户一般为借方余额账户，负债类和所有者权益类账户一般为贷方余额账户。一些抵减账户如“累计折旧”和“坏账准备”等除外。在会计实务中，将期末有余额的账户称为实账户，实账户的期末余额代表着企业的财务状况，其余额列入资产负债表。

期末无余额账户是指在期末结账时，将本期汇集的借（贷）方发生额分别从贷（借）方转出，结转后期末没有余额的账户。在会计实务中将期末没有余额的损益类账户称为虚账户，虚账户的发生额反映企业的损益情况，其合计数将在利润表中得以反映。

（五）账户按与会计报表的关系分类

会计报表是反映企、事业单位等的财务状况和经营成果的总结性书面文件。不同类别的账户所提供的会计核算资料是编制不同会计报表的主要依据，根据账户与会计报表的关系，可将账户分为资产负债表账户和利润表账户两类。

资产负债表是反映企业在经过一定时期的经营后，所取得的财务成果对企业资产、负债和所有者权益的影响的报表。资产负债表账户是提供编制资产负债表所需核算资料的账户。由于编制资产负债表所需要的会计核算资料主要来自资产、负债、所有者权益三类账户的核算资料，所以，资产负债表账户包括资产类账户、负债类账户、所有者权益类账户和成本类账户,这类账户期末一般有余额。

利润表是反映企业在一定期间的经营成果及其分配情况的报表。利润表账户是提供编制利润表所需核算资料的账户。由于编制利润表所需要的会计资料是由损益类账户提供的,这类账户的发生额反映的是已实现的收入或已消耗的成本费用,期末转至“本年利润”账户后,无余额,它是一种过渡性账户。

第二节 账户按会计要素的分类

一、账户按会计要素分类的基本含义

账户所反映的会计要素实质上是指会计账户所反映的会计对象的具体内容。账户按会计要素分类是账户分类的基础。

企业类会计主体的会计对象具体内容可归纳为资产、负债、所有者权益、收入、费用和利润六大会计要素,为了在会计上对各类会计要素的增减变化及其结果进行核算,就需要按照会计要素的组成内容,分别为每一类会计要素设置若干个账户。这样,按照核算同一类会计要素的要求而设置的各个账户就具有与所反映的会计要素相同的经济性质。

二、账户按会计要素分类的意义

(一) 明确账户所反映的经济内容

按账户反映的会计要素分类,可以明确账户所反映的经济内容。如前所述,会计中的每一个账户都是根据核算一定会计要素的特定内容而设置的,这就决定了核算这种特定的会计核算内容必须利用这个账户,而不能利用其他的账户。按账户反映的会计要素分类,明确了各个账户所反映的经济内容,有利于在会计核算中正确地使用每一个账户。

(二) 有利于正确地使用借贷记账法

按账户反映的会计要素分类,有利于正确地使用借贷记账法。借贷记账法是在会计核算中使用的基本的记账方法。在这种记账法下,按所反映的经济内容设置的每一类账户都有其相对固定的账户结构。只有了解了账户所反映的经济内容,并在此基础上掌握各类账户的基本结构,才能使用借贷记账法这种记账方法,将所发生的经济业务在有关账户中进行准确无误的登记。

(三) 为理解账户的其他分类方法奠定基础

按账户反映的会计要素分类,可以为理解账户的其他分类方法奠定基础。账户按反映的会计要素分类,是对账户进行分类的一种基本方法,也是账户按用途和结构分类、账户按其与会计报表关系分类的基础。也就是说,对账户进行分类的其他方法都是建立在该账户反映的会计要素分类基础上的。

三、账户按会计要素分类的基本内容

账户按会计要素的分类,可以分为资产类账户、负债类账户、所有者权益类账户、成本类账户、损益类账户等五大类账户。

下面,我们就具体来了解一下账户按会计要素所做的分类。

(一)资产类账户

资产类账户是用来核算和监督企业拥有控制的、能以货币计量的经济资源增减变动及结存情况的账户。资产类账户按资产的流动性,即资产的变现性和周转速度的快慢可分为反映流动资产的账户和反映非流动资产的账户。

1. 反映流动资产的账户。如“库存现金”“银行存款”“其他货币资金”“应收账款”“应收票据”“预付账款”“其他应收款” “在途物资”“材料采购”“原材料”“库存商品”等账户。

2. 反映非流动资产的账户。如“固定资产”“累计折旧”“长期股权投资”“无形资产”等账户。

资产类账户的特点:这类账户一般都有余额,且在借方。

(二)负债类账户

负债类账户是用来核算和监督企业承担的、能以货币计量的、需以资产或劳务偿付的债务的增减变化及其实有数额情况的账户。负债类账户按负债的偿还期限的长短可分为反映流动负债的账户和反映非流动负债的账户。

1. 反映流动负债的账户。如“短期借款”“应付票据”“应付职工薪酬”“应交税费”等账户。

2. 反映非流动负债的账户。如“长期借款”“应付债券”“长期应付款”等账户。

负债类账户的特点是:这类账户一般都有余额,且在贷方。

(三)所有者权益类账户

所有者权益类账户是用来核算和监督企业投资人对企业净资产所有权增减变动及其结存情况的账户。所有者权益类账户按所有者权益在企业产生和形成的原因可分为反映所有者原始投资的账户和反映经营积累的账户。

1. 反映所有者原始投资的账户。如“股本”账户、“资本公积”账户等。

2. 反映经营积累的账户。如“盈余公积”“利润分配——未分配利润”等账户。

所有者权益类账户的特点是:这类账户一般都有余额,且在贷方。

(四)成本类账户

成本类账户是用来归集费用、计算成本的账户。按照生产经营过程的阶段划分,用来归集费用、计算成本的账户又可以分为以下三类:

1. 在供应过程中用来归集购入材料价款和采购费用,计算材料采购成本的账户。如“材料采购”账户。

2. 在生产过程中用来归集制造产品的生产费用,计算产品生产成本的账户。如“制造费用”和“生产成本”账户。

3. 固定资产购建过程中用来归集购建过程中的费用支出,计算固定资产实际购建成本的账户,如“在建工程”账户。

成本类账户的特点是:成本类账户和资产类账户有着密切的联系。资产一经耗用就转化为费用成本;成本类账户的期末借方余额属于企业的资产。如“材料采购”账户的借方余额为在途材料,“生产成本”账户的借方余额为在产品,它们都是企业的流动资产。从这种意义上来说,成本类账户也是资产类账户,分类时,有的账户如“材料采购”账户,既可以归入资产类账户,也可以归入成本类账户。

(五)损益类账户

损益类账户是指其在一定时期的发生额合计数要在当期期末结转到“本年利润”账户,用以计算确定一定时期内损益的账户。它主要是指那些用来反映企业收入和费用的账户。这类账户按其与损益组成内容的关系,又可以分为以下三类:

1. 用来反映营业损益的账户。如“主营业务收入”、“主营业务成本”、“销售费用”、“税金及附加”、“管理费用”和“财务费用”等账户。这里的收入和费用之间有着直接配比或期间配比的关系。

2. 用来反映营业外收支的账户。如“营业外收入”“营业外支出”账户。

3. 用来反映所得税的账户。如“所得税费用”账户。

损益类账户的特点是:这类账户期末均无余额。

根据上述内容,账户按会计要素的分类如图 6-1 所示。

- 账户
  - 资产类账户
    - 1. 反映流动资产的账户
      - 反映货币资金的账户——“库存现金”“银行存款”“其他货币资金”
      - 反映债权的账户——“应收账款”“应收票据”“预付账款”“坏账准备”“其他应收款”
      - 反映短期投资的账户——“交易性金融资产”
      - 反映存货的账户——“材料采购”“原材料”“库存商品”
    - 2. 反映非流动资产的账户{“长期股权投资”“固定资产”“在建工程”“累计折旧”“无形资产”
  - 负债类账户
    - 1. 反映流动负债的账户——“短期借款”“应付账款”“应付账款”“预收账款”“其他应付款”“应交税费”“应付职工薪酬”“应付利润”“应付股利”
    - 2. 反映非流动负债的账户——“应付债券”“长期应付款”“长期借款”
  - 所有者权益类账户
    - 1. 反映所有者原始投资的账户——“股本”“资本公积”
    - 2. 反映经营积累的账户——“盈余公积”“利润分配”
  - 成本类账户
    - 1. 反映供应过程材料采购成本的账户——“材料采购”
    - 2. 反映生产过程产品生产成本的账户——“生产成本”“制造费用”
    - 3. 反映固定资产购建过程中的购建成本的账户——“在建工程”
  - 损益类账户
    - 1. 反映营业损益的账户——“主营业务收入”“主营业务成本”“管理费用”“财务费用”“销售费用”
    - 2. 反映营业外收支的账户——“营业外收入”“营业外支出”
    - 3. 反映所得税的账户——“所得税费用”

图 6-1 账户按会计要素分类示意图

第三节　账户按用途和结构的分类

一、账户按用途和结构分类的基本含义

(一)账户的用途

账户的用途是指设置和运用账户的目的,通过账户的记录提供核算指标。如设置“固定资产”“库存商品”“原材料”等账户的目的,就是为了反映相应的实物资产,提供相应实物资产的增减变动及其余额等方面的资料。

(二)账户的结构

账户的结构是指在账户中怎样记录经济业务,以便取得各种必要的会计核算指标。比如借贷记账法下账户的借方和贷方登记的内容,如果有期末余额应当在账户的哪一方,具体表示什么内容等。

二 、账户按用途和结构分类的意义

(一)有利于了解各类账户的基本用途与结构

通常情况下反映的经济内容相同的账户,其用途和结构也是相同的。但有时候也可能具有不同的用途与结构。例如“固定资产”和“累计折旧”账户,在按会计要素分类的方法下同属于资产类账户,但这两个账户也有着截然相反的结构。因此,对账户按会计要素分类并不能替代账户按用途和结构分类,账户按用途和结构分类是对账户按会计要素分类的必要补充。

(二)有利于掌握账户提供核算指标的规律性

会计核算过程中,某些账户之所以具有与其所反映的经济内容的同类账户相反结构,很大程度上是由于这些账户在会计核算中具有比较特殊的用途。如“累计折旧”和“固定资产”同属于资产类账户,但账户的结构为什么完全相反?就是由于“固定资产”账户始终记录固定资产原始价值。这样,就需要设置一个专门的账户“累计折旧”反映固定资产价值减少。另外,通过这两个账户余额的比较,可以获得会计核算上所需要的“固定资产净值”这个重要指标。为了达到以上的两个目的,“累计折旧”账户就设计成了与“固定资产”账户完全相反的结构。可见,账户在提供核算指标上是有一定规律可循的。账户按用途和结构分类有利于掌握账户提供核算指标的规律性。

三、账户按用途和结构分类的具体内容

账户按用途和结构划分,可以分为以下 11 类,即盘存账户、资本账户、结算账户、收益账户、费用支出账户、成本计算账户、财务成果账户、调整账户、集合分配账户、计价对比账户、暂记账户。下面以股份有限公司常用的基本账户为例说明各类账户的特点。

(一)盘存账户

盘存账户是用来核算和监督各种财产、物资和货币资金增减变动及其实有数额的账户。这类账户包括企业主要的资产账户。例如“库存现金”“银行存款”“原材料”“库存商品”“固定资产”“无形资产”等账户。

盘存账户的结构是:借方登记各种财产物资和货币资金的增加数;贷方登记各种财产物资和货币资金的减少数;期末余额都在借方,表示各种财产物资和货币资金的结存金额。盘存账户的结构如下:

借方 盘存账户	贷方
期初余额:财产、物资或货币资金的期初实有额	
发生额:财产、物资或货币资金的增加额	发生额:财产、物资或货币资金的减少额
期末余额:财产、物资或货币资金的期末实有数额	

从账户的用途和结构上看,盘存账户具有以下三个特点:

1. 盘存账户的核算对象都具有实物或货币形态,均可通过财产清查的方法,如实地盘点、询证核对等方法,来检查实存数和账面数是否相符;

2. 盘存账户除货币资金账户外,均可进行明细分类核算,可以提供实物和货币两种指标;

3. 这类账户一般都有余额,且在借方。

(二)资本账户

资本账户是用来核算和监督企业所有者权益的账户。如“股本”“资本公积”“盈余公积”“利润分配——未分配利润”等。

资本账户的结构是:贷方登记各项投入资本、公积金的增加数;借方登记投入资本和公积金的减少数;期末余额在贷方,表示各项投入资本和公积金期末实有数。资本账户的结构如下:

借方 资本账户	贷方
	期初余额:投入资本和公积金期初实有额
发生额:投入资本和公积金本期减少额	发生额:投入资本和公积金本期增加额
	期末余额:投入资本和公积金期末实有额

资本账户的特点是:总分类账户和明细分类账户只能提供货币指标。

(三)结算账户

结算账户是用来核算和监督企业同其他单位或个人以及企业内部各单位之间债权(应收)、债务(应付)结算关系的账户。按照结算的性质又可分为债权账户、债务账户和债权债务账户三类。

1. 债权账户。该账户是用来核算企业债权的增减变动及实有数的账户。如“应收账款”“其他应收款”等都是属于债权账户。

债权账户的结构是:借方登记债权的增加额;贷方登记债权的减少额;期末余额在借方,表示债权的实有数额。债权账户的结构如下:

借方　　　　债权账户　　　　贷方

借方	贷方
期初余额：债权的期初实有额	
发生额：债权的增加额	发生额：债权的减少数
期末余额：期末尚未收回的数额	

2. 债务账户。该账户是用来核算企业债务的增减变动及实有数的账户。如“应付账款”“其他应付款”“应交税费”等都是债务账户。

债务账户的结构是：贷方登记债务的增加额；借方登记债务的减少额；期末余额在贷方，表示债务实有数额。债务账户的结构如下：

借方　　　　债务账户　　　　贷方

借方	贷方
	期初余额：债务的期初实有数额
发生额：债务的减少数	发生额：债务的增加额
	期末余额：期末尚未支付的数额

3. 债权债务账户。该账户是用来核算企业与其他单位或个人以及企业内部单位之间的一般款项往来结算情况的账户。因为相互之间的往来结算的性质会经常变动，有时是企业的债权，有时则是企业的债务。如会计制度规定，预付货款情况不多的企业，就可以把预付款项直接记入“应付账款”账户的借方，这样“应付账款”账户同时核算和监督企业应付账款和预付账款的增减变动情况，从而成为一个债权债务的账户。同样，“预收账款”不多的企业也可将预收账款直接记入“应收账款”账户的贷方。有的企业为了简化手续，设置“其他往来”等资产负债双重性质的账户。

债权债务账户结构是：借方登记债权增加数或债务减少数；贷方登记债务增加数或债权减少数；期末余额在借方的为债权，期末余额在贷方的为债务。债权债务账户的结构如下：

借方　　　　债权债务账户　　　　贷方

借方	贷方
期初余额：应收款项大于应付款项的差额	期初余额：应付款项大于应收款项的差额
发生额：应收款项的增加数或应付款项的减少数	发生额：应付款项的增加数或应收款项的减少数
期末余额：应收款项大于应付款项的差额（债权）	期末余额：应付款项大于应收款项的差额（债务）

结算账户的特点是：结算账户必须与对方对账才能核实，因此要按发生结算业务的对应单位或个人开设明细分类账户，而且，结算账户只能提供货币指标，不能提供实物指标。

（四）收益账户

收益账户是专门用来核算一定时期内所取得的各种收入和收益的账户。属于收益账户的主要有“主营业务收入”“投资收益”“其他业务收入”“营业外收入”等账户。

收益账户的结构是：贷方登记一定期间收益的增加数；借方登记转入“本年利润”账户的数额；期末一般没有余额。收益账户的结构如下：

借方	收益账户 贷方
发生额:结转到“本年利润”账户的数额	发生额:归集本期内各项收益的发生额

收益账户的特点是:期末一般没有余额,且具有明显的过渡性质,一方登记本期收益的增加数,另一方将本期登记的数额全部转入“本年利润”账户。

(五)费用支出账户

费用支出账户是专门用来核算一定时期内所发生的,应记入当期损益的各项费用、损失和支出账户。属于费用支出的账户有“主营业务成本”、“销售费用”、“管理费用”、“财务费用”、“其他业务成本”、“营业外支出”、“投资收益”(借方余额)等。

费用支出账户的结构是:借方登记一定期间费用的增加数;贷方登记转入“本年利润”账户的数额;结转后,期末一般没有余额。费用支出账户的结构如下:

借方	费用支出账户 贷方
发生额:归集本期内各项费用的发生额	发生额:结转到“本年利润”账户的数额

费用支出账户的特点是:期末一般没有余额,且具有明显的过渡性质,一方登记本期费用支出的增加数,另一方将本期登记的数额全部转入“本年利润”账户。

(六)成本计算账户

成本计算账户是用来归集经营过程中某一阶段所发生的全部费用,并据以计算、确定各个成本计算对象的实际成本的账户。属于成本计算账户的有“生产成本”、“材料采购”和“在建工程”等账户。

成本计算账户的结构是:借方登记企业经营过程中某一阶段发生的应记入成本的全部费用;贷方登记转出的已完成该阶段的成本计算对象的实际成本;期末余额都在借方,表示尚未完成某阶段的成本计算对象的实际成本。成本计算账户的结构如下:

借方	成本计算账户 贷方
期初余额:尚未完成经营过程某一阶段的成本计算对象的实际成本	
发生额:归集经营过程中某一阶段所发生的全部费用数额	发生额:结转已完成某一阶段的成本计算对象的实际成本
期末余额:尚未完成经营过程某一阶段的成本计算对象的实际成本	

成本计算账户的特点是:在总分类账户下,应按成本计算对象分别设置明细分类账户,进行明细分类核算。该账户核算的成本计算对象若全部完成某个经营阶段,期末无余额;若尚未完成某个经营阶段,期末则有余额。

(七)财务成果账户

财务成果账户是用来核算和监督企业在一定时期内全部经营活动最终成果的账户。“本年利润”是财务成果账户的典型账户。

财务成果账户的结构是:贷方登记一定时期内转入的主营业务收入、其他业务收入、营业外收入和投资收益;借方登记一定时期内转入的主营业务成本、期间费用、其他业务成本、税金及附加、营业外支出和所得税费用等。期末将借方发生额和贷方发生额进行比较,就可以得出本计算期的最终财务成果。如为贷方余额则表示实现的利润,如为借方余额则表示发生的亏损。财务成果账户的结构如下:

借方	财务成果账户(本年利润) 贷方
发生额:反映计算期的主营业务成本、期间费用、其他业务成本、税金及附加、营业外支出和所得税费用的数额	发生额:反映计算期的主营业务收入、其他业务收入、营业外收入的数额
期末余额:亏损净额(年终结转到"利润分配"账户的借方)	期末余额:利润净额(年终结转到"利润分配"账户的贷方)

财务成果账户的特点是:该类账户只反映企业一年内财务成果的形成,平时余额仅是本年累计利润总额或亏损总额。年终结转后,应无余额。

(八)调整账户

调整账户是为了调整有关账户的账面金额,以表示被调整账户的实际余额而设置的账户。在会计核算中,由于经营管理上的需要或其他原因,对某些资产或负债项目,有的需要用两种不同的数字,并设两个账户来进行记录反映。其中一个账户用来记录反映资产、负债的原始数字,另一个账户用来记录反映对原始数字的调整数字。记录反映原始数字的账户称为被调整账户;记录反映调整数字的账户称为调整账户。将原始数字同调整数字相加或相减,就可以求得某项指标的现有实存数字。由调整账户和被调整账户相互配合,既能全面、完整地反映同一个会计对象,又能满足管理上对不同指标的需要。

调整账户按其调整方式的不同,可以分为备抵调整账户、附加调整账户和备抵附加调整账户三种。

1. 备抵调整账户。备抵调整账户是用来抵减被调整账户的余额以求得被调整账户实际余额的账户,"累计折旧"账户是"固定资产"的备抵调整账户,"坏账准备"是"应收账款"的备抵调整账户。其调整方式是以被调整账户的期末余额减去调整账户的期末余额,以求得被调整账户的现有实际数额。

备抵调整账户的特点是:调整账户与被调整账户的性质是相反的,两个账户的余额方向一定也是相反的。例如"固定资产"账户的期末借方余额,表示固定资产的原始价值;"累计折旧"账户的期末贷方余额,表示固定资产的累计折旧额。两者相抵,即可求得固定资产的现有净值。其调整方式可用公式表示如下:

被调整账户余额 - 备抵调整账户余额 = 被调整账户的实际余额

【例6.1】

借方	固定资产(被调整账户)		贷方
期初余额	600 000		
发生额	100 000	发生额	200 000
期末余额	500 000		

借方	累计折旧（调整账户）	贷方
	期初余额	11 000
	发生额	1 500
	期末余额	12 500

例 6.1 中：期末固定资产原始价值　　500 000

减：累计折旧　　12 500

期末固定资产净值　　487 500

2. 附加调整账户。附加调整账户是用来增加被调整账户的余额，以求得被调整账户实际余额的账户。这类账户同备抵调整账户的调整方式恰好相反，是将被调整的期末余额与调整账户的期末余额相加，得出被调整账户的实有额。

附加调整账户的特点是：被调整的账户的性质和期末余额方向与调整账户一致。附加调整账户与被调整账户的调整方式可用公式表示如下：

被调整账户余额 + 附加调整账户余额 = 被调整账户的实际余额

【例 6.2】企业溢价发行债券，发行时按债券票面金额贷记“应付债券——面值”账户，溢价金额贷记“应付债券——利息调整”账户。“利息调整”二级账户是“面值”二级账户的附加调整账户，两者期末贷方余额之和表示该项债券的实际余额。

借方	应付债券——面值（被调整账户）	贷方
	期末余额	100 000

借方	应付债券——利息调整（调整账户）	贷方
	期末余额	10 000

例 6.2 中：债券发行总额　　100 000

加：债券溢价总额　　10 000

债券实际发行金额　　110 000

3. 备抵附加调整账户。备抵附加调整账户是同时兼有备抵调整和附加调整两种调整职能的账户。如“材料成本差异”是典型的备抵附加调整账户，当其余额与被调整账户的余额方向相同时，调整的方式与附加调整账户相同；当其余额与被调整账户的余额方向相反时，调整的方式与备抵调整账户相同。在工业企业里“材料成本差异”账户是备抵附加调整账户。

如果企业的材料核算采用计划成本方式，就必须设置“材料采购”“材料成本差异”“原材料”三个账户，来分别计算材料的实际采购成本和计划成本，以及实际采购成本同计划成本的差异额。其中，“原材料”账户为被调整账户，反映库存材料的计划成本；“材料成本差异”账户为调整账户，反映库存材料的计划成本与实际成本之间的差异。材料入库时，实际成本大于计划成本，为超支差异，记入该账户的借方；实际成本小于计划成本的差异为节约差异，记入本账户的贷方。结转发出材料时，当实际成本大于计划成本时差异记入本账户的贷方，反之记入本账户的借方。本账户期末借方金额，反映库存材料等的实际成本大于计划成本的超支差异；贷方金额反映企业库存材料等的实际成本小于计划成本的节约差异。

【例6.3】

“原材料”账户的借方余额（计划成本）	246 000
加：“材料成本差异”账户借方余额（超支数）	3 200
材料的实际成本	249 200

【例6.4】

“原材料”账户的借方余额（计划成本）	246 000
减：“材料成本差异”账户贷方余额（节约数）	3 200
材料的实际成本	242 800

调整账户的主要特点是：调整账户须依赖于被调整账户而存在；调整账户与被调整账户核算的内容相同，被调整账户反映原始数据，调整账户则反映调整数额。

（九）集合分配账户

集合分配账户是用来汇集和分配经营过程中，某一阶段所发生的有关生产费用，借以反映和监督有关生产费用的发生及分配情况的账户。设置这类账户是便于将这些费用进行分配。

集合分配账户的结构是：借方登记费用的发生额；贷方登记费用的分配额；期末一般无余额。例如“制造费用”就属于此类账户。集合分配账户的结构如下：

借方　　集合分配账户（制造费用）　　贷方

借方	贷方
发生额：汇集经营过程中某种费用的数额	发生额：分配给应负担该项费用对象的数额

集合分配账户的特点是：集合分配账户是一种过渡性账户，期末应无余额。

（十）计价对比账户

计价对比账户是指经营过程的某一阶段业务按照两种不同的计价标准进行核算对比，借以确定该阶段业务最终结果的账户。如“固定资产清理”账户。固定资产清理账户是用来核算固定资产出售、报废、毁损等业务的账户。其贷方登记清理、出售固定资产的收入数；借方登记清理固定资产的费用支出即转入清理固定资产的净值。将借、贷两方发生额相对比，就可以确定报废、毁损、出售固定资产的净收益或净损失。贷方发生额大于借方发生额的差额为清理固定资产的净收益；借方发生额大于贷方发生额的差额为清理固定资产的净损失。计价对比账户的结构如下：

借方　　计价对比账户（固定资产管理）　　贷方

借方	贷方
发生额：转入清理出售、报废、毁损的固定资产净值和清理费用	发生额：清理、出售固定资产的收入
借差：清理固定资产净损失结转	贷差：清理固定资产净收益结转

（十一）暂记账户

暂记账户是用来反映和监督要经过一定批准手续或暂时不能确定应记账户的某些业务的账户。如企业在财产清查过程中发生的各种物资的盘盈、盘亏和毁损等业务，就需要设置“暂记账户”。这类账户主要有“待处理财产损溢”账户。

“待处理财产损溢”账户借方登记财产物资的盘亏、毁损数和经批准转销的财产物资的盘盈数；贷方登记财产物资的盘盈数和经批准转销的财产物资盘亏、毁损数；期末借方余额表示尚未处理的各种财产物资的盘亏、毁损数；期末贷方余额表示尚未处理的各种财产物资的盘盈数。暂记账户的结构如下：

借方　　　　暂记账户（待处理财产损溢）　　　　贷方

借方	贷方
发生额：本期发生的材料、固定资产等的盘亏、毁损数；批准后，材料等盘盈的转销数	发生额：本期发生的材料等的盘盈数；批准后，材料、固定资产等盘亏、毁损的转销数
期末余额：期末待处理的材料、固定资产的盘亏、毁损数	期末余额：期末待处理的材料等的盘盈数

- 账户
  - 盘存账户
    - “现金”账户
    - “银行存款”账户
    - “其他货币资金”账户
    - “原材料”账户
    - “低值易耗品”账户
    - “包装物”账户
    - “库存商品”账户
    - “固定资产”账户
    - “生产成本”账户（余额部分）
    - “材料采购”账户（余额部分）
    - “在建工程”账户（余额部分）
  - 资本账户
    - “股本”或“实收资本”账户
    - “资本公积”账户
    - “盈余公积”账户
    - “利润分配”账户
  - 结算账户
    - 债权账户
      - “应收账款”账户
      - “应收票据”账户
      - “预付账款”账户
      - “其他应收款”账户
    - 债务账户
      - “预收账款”账户
      - “应付票据”账户
      - “应付账款”账户
      - “其他应付款”账户
      - “应付职工薪酬”账户
      - “应交税费”账户
      - “短期借款”账户
    - “债权债务账户”——“其他往来”账户
  - 收益账户
    - “主营业务收入”账户
    - “其他业务收入”账户
    - “营业外收入”账户
  - 费用支出账户
    - “主营业务成本”账户
    - “销售费用”账户
    - “管理费用”账户
    - “财务费用”账户
    - “营业外支出”账户
  - 成本计算账户
    - “生产成本”账户（本期发生额）
    - “材料采购”账户（本期发生额）
    - “在建工程”账户（本期发生额）
  - 财务成果账户——“本年利润”
  - 调整账户
    - 备抵调整账户——“累计折旧”账户
    - 附加调整账户
    - 备抵附加调整账户——“材料成本差异”账户
  - 集合分配账户——“制造费用”账户
  - 计价对比账户——“固定资产清理”账户
  - 暂记账户——“待处理财产损溢”账户

图 6－2　账户按用途和结构分类示意图

复习思考题

1. 为什么要对账户按照不同的标准进行分类？
2. 账户分类的标志有哪些？
3. 科学地进行账户分类的意义是什么？
4. 账户按会计要素分类，可分为哪几个大类？
5. 账户按用途和结构分类，可分为哪几个大类？
6. 调整账户应如何分类，每一分类的特点是什么？
7. 举例说明暂记账户的特点。
8. 什么是集合分配账户、计价对比账户和财务成果账户？它们的内容和登记账簿的方法如何？

练 习 题

习题一

目的：练习账户按会计要素和用途结构分类。

资料：账户名称：应收账款、应付账款、短期借款、制造费用、银行存款、应付票据、预付货款、本年利润、股本、财务费用、管理费用、库存现金、生产成本、累计折旧、盈余公积、库存商品、所得税费用、利润分配、应交税费、固定资产、主营业务收入。

要求：将上列账户名称填入下表相应栏目内。

	资产账户	负债账户	所有者权益账户	成本账户	损益账户
盘存账户					
结算账户					
资本账户					
收益账户					
费用支出账户					
调整账户					
集合分配账户					
成本计算账户					
计价对比账户					
财务成果账户					

习题二

目的:练习“原材料”账户和“材料成本差异”账户之间的调整关系。

资料:企业原材料按照计划成本组织核算,“原材料”账户期末余额为145 000元,如果:

(1)“材料成本差异”账户为借方余额3 000元;

(2)“材料成本差异”账户为贷方余额2 000元

要求:分别上述两种情况计算该企业期末余额原材料的实际成本,并分析说明上述两个账户之间的关系。

习题三

目的:练习“固定资产”账户和“累计折旧”账户之间的调整关系。

资料:企业“固定资产”账户的期末余额为256 000元,“累计折旧”账户的期末余额为70 000元。

要求:

(1)计算固定资产净值;

(2)说明固定资产账户与累计折旧账户之间的关系。

第七章

会计凭证

本章要点

会计凭证的填制和审核是会计核算的基本方法之一。会计凭证是会计核算的书面依据。原始凭证证明经济业务的发生或完成，其填制和审核保证会计信息的真实性、及时性；记账凭证是登记账簿的直接依据，其填制和审核保证会计信息的正确性。合理组织会计凭证的传递和保管是提高会计工作效率和会计信息质量的保证。

第一节　会计凭证的意义和种类

一、会计凭证的概念

会计凭证是记录经济业务、明确经济责任的书面证明，是登记账簿的依据。

企业每天都要发生很多经济业务，如材料的采购和领用，现金的收入与付出，产品的入库与出售，费用的发生等。会计主体发生的每一项经济业务都要在有关的账户中进行反映，以便提供系统、完整、全面的会计信息。为了保证账户记录的正确性、真实性，并明确经济责任，会计人员在加工处理每一笔经济业务时，应有证明经济业务已经发生的书面证明，办理会计凭证手续。即由经办人将所经手的经济业务的内容和金额在凭证上登记，证明这项经济业务已经完成，并由经办人签章，以对经济业务的真实性负责；然后，由会计人员根据凭证来审核经济业务的合法性、合理性和合规性；必要时还应经有关负责人审批。只有审核无误的凭证，才能据以登记入账。例如车间领用材料要填领料单，写明申请领用材料的名称、数量、金额和实发的数量、金额及领料车间等，然后由领料人和发料人签章，证明车间确实领到了材料。领料单经过审核无误后，作为登记材料总账和明细账的依据。所以，填制和审核会计凭证作为会计工作的第一步，是会计核算的基本环节，对于保证会计信息的有用性具有非常重要的作用。

二、会计凭证的意义

填制和审核会计凭证，对保证会计核算工作的质量，有效地进行会计监督，提供真实可靠的经济管理信息，发挥会计的监督和管理作用等方面，都具有重要意义。具体体现在以下几个方面。

第一，填制和审核会计凭证，可以及时正确地反映经济业务发生或完成情况，为记账、算账提供原始证据。

会计主体发生的每一笔经济业务，都要按发生的时间、地点、内容和完成的情况，正确、及时地填制会计凭证，记录经济业务发生、完成的实际情况。然后，对会计凭证进行严格审核，没有经过审核的会计凭证，不能作为登记账簿的依据，以防止弄虚作假、营私舞弊，确保会计记录的真实性和正确性。

第二，填制和审核凭证，可以发挥会计监督的作用，检查经济业务的合规性和合法性，确保会计主体财产的安全和合理使用。

每一会计主体发生的各项经济业务是否合规、合法和合理，在记账前必须对会计凭证进行逐笔审查。通过对会计凭证的审查，就可以查明各项经济业务是否符合国家有关财经政策、法令、准则和制度的规定，是否符合计划和预算管理的要求，是否贯彻了节约的原则，有无铺张浪费和侵害股东权益的行为，从而严肃财经纪律，防止发生违法乱纪的现象，发挥会计的监督作用，确保会计主体财产的安全完整和合理使用。

第三,填制和审核凭证,可以明确经济责任,加强经营管理上的责任制。

由于每项经济业务的发生,都要填制和取得会计凭证,在凭证中记录了完成经济业务的单位和具体内容以及有关单位和经办人员的签章,这样有利于明确有关单位和经办人员的经济责任,促使经办人员和部门对经济业务合法性、真实性负责,这不仅可以加强企业、事业、行政等单位内部管理的岗位责任制;而且,通过会计凭证的传递,经办单位和人员之间可以互相监督和牵制,便于检查、发现问题和分清责任;同时,还可以及时发现经营管理上的问题和各项管理制度上的漏洞,以便采取措施,改进工作。会计凭证作为具有法律效力的重要经济档案,具有较强的可验证性,要长期保存,以促使各方面增强责任心。

三、会计凭证的种类

每一会计主体的经济业务纷繁复杂,而每一项经济业务都必须取得或填制会计凭证,不同类型的经济业务所取得和填制的凭证各不相同、多种多样。会计凭证按其填制程序和用途的不同可分为原始凭证和记账凭证两大类。原始凭证是业务部门在经济业务发生或者完成时填制或者取得的,用以证明经济业务的真实性;记账凭证是在业务发生或者完成后由会计人员根据审核无误的原始凭证对会计事项进行的初步确认和计量,用以登记账簿。

第二节　原始凭证

一、原始凭证的概念及种类

(一)原始凭证的概念

原始凭证是在经济业务发生时取得或填制的、用来证明经济业务实际发生或完成情况的原始证据,是会计主体发生的多种多样经济业务的载体。经济业务发生时,一般将能用货币计量的内容用原始凭证记录下来。真实、正确的原始凭证提供进行会计核算的原始资料,是记账的原始依据。例如发货票、提货单、领料单、收料单、产品入库单、银行结算凭证以及各种报销单据等都属于原始凭证。凡不能证明经济业务发生或完成情况的各种业务单据不能作为原始凭证据以记账,如购料申请单、银行对账单和购销合同等。

(二)原始凭证的种类

各种各样的原始凭证按不同的标志可以分为不同的种类。

1. 原始凭证按其来源分类,可分为外来原始凭证和自制原始凭证。

外来原始凭证是在同外单位发生经济往来关系时,从外单位或个人取得的原始凭证,如购货时供货方开给的发票、银行的收款通知单、各种收款收据等都是属于外来原始凭证。它一般都是一次凭证。发票的格式见表 7-1。

表 7-1 **增值税专用发票**

开票日期：　　　年　　月　　日　　　　　　　　　　　　　　　　№：××××××

购货单位	名　称					纳税人登记号		
	地址、电话					开户银行及账号		
商品或劳务名称		规格型号	计量单位	数　量	单　价	金　额	税　率	税　额
合　计								
价税合计(大写)		拾　万　仟　佰　拾　元　角　分　¥________						
销售单位	名　称					纳税人登记号		
	地址、电话					开户银行及账号		

销货单位(章)：　　　　收款人：　　　　复核：　　　　开票人：

自制原始凭证是在经济业务发生或完成时，由本单位经办业务的部门和人员自行填制的原始凭证。如：仓库收入材料时填制的收料单，车间班组领用材料时填制的领料单，销售产品时业务部门开出的发货票，发放工资时财会部门编制的工资结算单等。

2. 原始凭证按其填制手续和次数分类，可分为一次原始凭证和累计原始凭证。

一次原始凭证是只反映一项经济业务或同时反映若干项同类性质经济业务的原始凭证，如外来原始凭证和自制原始凭证中的借款单、收料单、领料单、现金收据、银行结算单等。由于这些凭证的填制手续是一次完成的，所以称为一次凭证。一次凭证领料单的格式见表 7-2。

表 7-2 **领料单**

领料单位：　　　　　　　　　　　　　　　　　　　　　　　　编号：×××

用　　途：　　　　　　　　　　年　　月　　日　　　　　　　　仓库：

材料类别	材料编号	材料名称	规　格	计量单位	数　量		单　价	金　额
					请　领	实　发		

记账　　　　　　　　发料　　　　　　　　领料单位负责人　　　　　　　　领料

在会计实践中，为了减少原始凭证的数量，简化核算手续，并能随时将累计发生额与定额、计划数进行比较，以达到控制费用、节约支出的目的，会计人员设计了累计原始凭证。累计原始凭证是在一定时期内连续记录若干项同类经济业务，填制手续在期末才能完成的原始凭证。工业企业自制原始凭证中的“限额领料单”就是一种典型的累计凭证。“限额领料单”的格式见表 7-3。

表 7－3

××机械加工厂

限额领料单

2017 年 6 月份

仓　　库:1 号　　　　　　　　　　编　　号:×××

领料单位:一车间　　　　　　　　　计划产量:1000 台

用　　途:生产 A 产品　　　　　　　单位消耗定额:1 千克/台

材料类别	材料编号	材料名称	规　格	计量单位	单价	领料限额	全月实领	
							数　量	金　额
黑色金属	120301	圆　钢	Φ2mm	千克	1	1000	990	990

日期	请　领			实　发		代用材料			限额结余
	数　量	领料单位负责人签章	领料人签章	数　量	发料人签章	数量	单价	金额	
5	500	王 二	张 三	500	李 四				500
15	400	王 二	张 三	400	李 四				100
25	90	王 二	张 三	90	李 四				10

仓库负责人:丁　五　　　　　　　　　生产计划部门负责人:赵　六

3. 原始凭证按其格式分类,可分为通用凭证和专用凭证。

通用凭证是在全国或某一地区统一使用的具有相同格式的原始凭证。如银行统一制定的银行结算凭证、税务部门统一制定的发货票等。

专用凭证是指具有专门用途的原始凭证,如差旅费报销单、领料单等。

4. 原始凭证按其反映的经济业务的类别,可分为以下几类:

(1)款项和有价证券收付业务原始凭证。既有外来的,也有自制的,且多为一次性的凭证,如现金借据、现金收据、领款单、银行支票等。

(2)财物的收发、增减和使用业务原始凭证。可以为一次性凭证,也可以为累计凭证,如记录材料、产成品出入库的入库单、领料单、提货单等。

(3)债权债务的发生和结算业务原始凭证。

(4)资本、基金的增减业务原始凭证。

(5)收入、支出、费用、成本计算的原始凭证。记录产品生产费用的发生和分配的凭证,大都是内部自制凭证,如工资单、领料单汇总表、折旧费用分配表、制造费用分配表、产品成本计算单等。

(6)财务成果的计算、处理的原始凭证。会计期末计算并结转成本、利润等,由会计人员根据账簿记录整理制作的凭证,一般不规定固定格式,但需注明制证人和主管会计的签章。

(7)其他会计事项的原始凭证。

上述原始凭证大都是业务人员在经济业务发生或完成时取得的,证明经济业务的真实性。它们是执行凭证,也是具有法律效力的书面证明材料,如前面所提到的银行结算凭证、收料单、领料单、收据等都属于证明凭证。

证明凭证往往只记录一项经济业务，被称为单项原始凭证，外来原始凭证和自制原始凭证中的大部分凭证，如收料单、领料单、现金收付单据和发货票等都属于单项原始凭证。在会计实践中，为了提高工作效率，会计人员在会计期末会把反映会计期间内发生的若干项同类经济业务的原始凭证进行汇总，并根据编制成的汇总原始凭证登记账簿。汇总原始凭证的格式可以由会计人员根据需要设计，常用格式见表 7－4 和表 7－5的领料单汇总表。

（企业名称）

表 7－4　　领料单汇总表

年　　月

用途（借方科目）	上　旬	中　旬	下　旬	月　计
生产成本				
甲产品				
乙产品				
制造费用				
管理费用				
在建工程				
本月领料合计				

主管：（印）　　审核：（印）　　材料：（印）　　保管：（印）

（企业名称）

表 7－5　　领料单汇总表

2017 年 6 月

单位	领料用途		材料类别			
			甲材料	乙材料	丙材料	合　计
一车间	生产成本	直接材料	1 000			1 000
	制造费用	一般耗用		200	30	230
	小计		1 000	200	30	1 230
二车间	生产成本	直接材料	3 000			3 000
	制造费用	一般耗用			10	10
	小计		3 000		10	3 010
厂部	管理费用	一般耗用		500		500
		一般耗用			90	90
	小计			500	90	590
	合计		4 000	700	130	4 830

主管：（印）　　审核：（印）　　材料：（印）　　保管：（印）

除了汇总原始凭证之外，在会计核算中会计人员还时常运用一种计算原始凭证。

计算原始凭证是会计人员根据证明凭证或会计核算资料经过一定的计算而编制的原始凭证，如制造费用分配表（表 7－6）就是根据当期发生的制造费用汇总数，以及选定的分配标准和分配方法编制的。计算凭证用以计算收入、费用成本和利润，它们也是填制记账凭证的依据。

表 7－6　　**制造费用分配表**

2017 年 6 月

成本对象	分配标准（产品生产工时）	分配率（元/工时）	分配额
A 产品	2 000	72 000/3 600＝20	40 000
B 产品	1 600		32 000
合计	3 600		72 000

制证：（印）　审核：（印）　记账：（印）　会计主管：（印）

原始凭证的分类可归纳如图 7－1 所示。

原始凭证
- 按其来源分类
  - 外来原始凭证
  - 自制原始凭证
- 按其填制手续和次数分类
  - 一次凭证
  - 累计凭证
- 按其记录业务数量分类
  - 单项凭证
  - 汇总凭证
- 按其用途分类
  - 证明凭证
  - 计算凭证
- 按其格式分类
  - 通用凭证
  - 专用凭证
- 按其反映的经济业务的类别分类

图 7－1　原始凭证分类图

二、原始凭证的填制

（一）原始凭证的内容

企业所发生的经济业务是复杂多样的，不同经济业务所取得或填制的原始凭证的内容和格式也不尽相同。但无论什么样的原始凭证，都必须具备下列基本内容：

1. 凭证的名称；
2. 填制凭证的日期；
3. 填制凭证单位名称或者填制人姓名；
4. 经办人员的签名或者盖章；
5. 接受凭证单位名称；
6. 经济业务内容、数量、单价和金额。

除了以上基本内容外，原始凭证填制的内容还有以下具体要求：

从外单位取得的原始凭证，必须盖有填制单位的公章；从个人取得的原始凭证，必须有填制人员的签名或者盖章。自制原始凭证必须有经办单位领导人或者其指定的人员签名或者盖章。对外开出的原始凭证,必须加盖本单位公章。

凡填有大写和小写金额的原始凭证,大写与小写金额必须相符。购买实物的原始凭证,必须有验收证明。支付款项的原始凭证,必须有收款单位和收款人的收款证明。

一式几联的原始凭证,应当注明各联的用途,只能以一联作为报销凭证。一式几联的发票和收据,必须用双面复写纸(发票和收据本身具备复写纸功能的除外)套写,并连续编号。作废时应当加盖"作废"戳记,连同存根一起保存,不得撕毁。

发生销货退回的,除填制退货发票外,还必须有退货验收证明;退款时,必须取得对方的收款收据或者汇款银行的凭证,不得以退货发票代替收据。

经上级有关部门批准的经济业务,应当将批准文件作为原始凭证附件。如果批准文件需要单独归档的,应当在凭证上注明批准机关名称、日期和文件字号。

从外单位取得的原始凭证如有遗失,应当取得原开出单位盖有公章的证明,并注明原来凭证的号码、金额和内容等,由经办单位会计机构负责人、会计主管人员和单位领导人批准后,才能代作原始凭证。如果确实无法取得证明的,如火车、轮船、飞机票等凭证,由当事人写出详细情况,由经办单位会计机构负责人、会计主管人员和单位领导人批准后,代作原始凭证。

会计主体自行设计的原始凭证在满足基本要求的基础上,要结合自身的业务特点和管理要求,增加适当的项目和内容。

(二)原始凭证填制的要求

原始凭证是会计核算的原始依据。为了保证整个会计核算资料的真实、正确、完整、及时、清楚,提高会计工作质量,原始凭证的填制和手续必须符合一定的要求。

1. 真实性要求。这是原始凭证填制最重要的要求。原始凭证上所填制的日期、经济业务的内容、实物数量、单价和金额都必须符合经济业务发生的实际情况,不得歪曲事实、弄虚作假,一般不得匡算或估算数字,并由经办人员盖章,对凭证填制的真实性负责。

2. 完整性要求。对原始凭证中规定的项目,必须逐项填写齐全,不可遗漏和简略,票证接受单位名称不可用简称。特别要注意填列业务发生日期、开票单位签章以及有关责任人签字盖章。外来和对外的原始凭证必须加盖公章。项目填写不齐全的原始凭证,不能作为证明经济业务发生或完成的合法有效凭证。

3. 正确性要求。这是指原始凭证各项目填写应该正确无误,所记录的经济业务数量、单价和金额计算正确,大小写金额必须一致。对企业自行编制的原始凭证或原始凭证汇总表如填写错误,应将错误的文字或数字划一条红线更正,并在其上面填写正确的文字或数字,然后加盖更正人印章。对现金、银行存款收付的原始凭证,如支票、收据等,应事先编号;如发生填写错误,应采取作废注销的方法,在原始凭证上加盖"作废"戳记,并粘附在存根后面保存,不得撕毁。

4. 及时性要求。这是指每项经济业务发生或完成时应按规定由经办人员及时填制或取得原始凭证,并按规定的程序,及时传送到会计部门。会计部门接到原始凭证后应及时审核,及时编制记账凭证,并登记入账。如果不及时取得凭证,会影响经济业务的及时反映,使会计信息的使用者不能及时取得他们所需要的信息。会计核算就起不到应有的作用，而且也容易出现差错和舞弊。

5. 顺序使用。即收付款项或实物的凭证要按顺序或分类编号，在填制时按照编号的次序使用，跳号的凭证应加盖"作废"戳记，不得撕毁。

6. 明晰性要求。这是指原始凭证中的数字和文字填写必须工整、清晰，说明必须清楚，书写必须用蓝黑墨水，文字要简洁，大小写金额符合规范，若填写错误，不许刮擦、挖补和用消字灵，应按规定办法更正。

具体来讲要符合下列要求：①阿拉伯数字应当一个一个地写，不得连笔写。阿拉伯数字金额前面应当书写货币币种符号或者货币名称简写和币种符号。币种符号与阿拉伯金额数字之间不得留有空白。凡阿拉伯数字前写有币种符号的，数字后面不再写货币单位。②所有以元为单位（其他货币种类为货币基本单位，下同）的阿拉伯数字，除表示单价等情况外，一律填写到角分；无角分的，角位和分位可写"00"，或者符号"— —"；有角无分的，分位应当写"0"，不得用符号"— —"代替。③汉字大写数字金额如零、壹、贰、叁、肆、伍、陆、柒、捌、玖、拾、佰、仟、万、亿等，一律用正楷或者行书体书写，不得用0、一、二、三、四、五、六、七、八、九、十等简化字代替，不得任意自造简化字。大写金额数字到元或者角为止的，在"元"或者"角"字之后应当写"整"字或者"正"字；大写金额数字有分的，分字后面不写"整"或者"正"字。④大写金额数字前未印有货币名称的，应当加填货币名称，货币名称与金额数字之间不得留有空白。⑤阿拉伯金额数字中间有"0"时，汉字大写金额要写"零"字；阿拉伯数字金额中间连续有几个"0"时，汉字大写金额中可以只写一个"零"字；阿拉伯金额数字元位是"0"，或者数字中间连续有几个"0"、元位也是"0"但角位不是"0"时，汉字大写金额可以只写一个"零"字，也可以不写"零"字。

（三）原始凭证的填制方法

原始凭证应由填制人员根据经济业务发生或完成的实际情况，按照填制要求，在规定的凭证中填制。不同类型的经济业务，所需原始凭证不同，填制方法也不一样。有些原始凭证由经办人直接填写，有些原始凭证则由财会人员根据账簿记录、结合管理需要计算或汇总填写。

自制原始凭证主要是根据有关经济业务的发生和完成的实际情况填制的。自制原始凭证按填制手续不同可分为一次凭证和累计凭证。借款单、发货票都是一次凭证，其填制手续是一次完成的，所有应填列的项目在经济业务发生时一次填入。

限额领料单是累计凭证，它是根据生产任务和材料耗用数量计算出一个领用限额，填在限额领料单内。在限额领料单上的限额内车间可陆续向仓库领用这一材料，每次领用时在限额领料单上填写领用日期、领用数量、仓库实发数量和累计实发数量，并结出尚可领用的余额。规定领用期限结束后，在领料单上结出实际领用材料总数，作为仓库和会计部门记账的依据。限额领料单的填制方法如表7－3所示。

若同一类型的原始凭证比较多，会计部门可以按照汇总期间将它们归类汇总，编制原始凭证汇总表，如前述的领料单汇总表。领料单汇总表的具体格式和填制方法参见表7－4和表7－5所示。

计算原始凭证的填制要根据实际情况进行，如产成品成本计算单的格式、填制方法和制造费用分配表就不同，填制时按照所设计的项目一一填列。

三、原始凭证的审核

为了保证原始凭证所反映的经济业务真实、正确、完整、合法，就要充分发挥会计监督作用，对取得和自制的原始凭证进行认真严格的审核。只有经过审核的原始凭证，才能据以编制记账凭证，作为登记账簿的依据。原始凭证审核的主要内容包括合法、合理性审核，完整性审核和正确性审核。

（一）合法性和合理性审核

审核原始凭证时，首先应该审核它所记录的经济业务的内容是否符合国家的方针、政策、法令、准则、制度和其他规定等，即审核其合法性。例如，固定资产折旧计算方法是否符合财务通则的规定，前后各期是否一致；费用成本的开支标准是否符合规定等。其次，要审核原始凭证反映的经济业务内容是否符合计划、定额和合同规定；是否符合审批权限和手续；是否贯彻增产节约、增收节支的原则，即审核其合理性。例如，费用开支是否按计划预算办理，有无巧立名目滥发奖金、加班费、补助费或随意挥霍浪费等现象。对于违反法令制度和不符合规定的原始凭证，以及贪污盗窃、虚报冒领、伪造涂改的原始凭证，会计部门应拒绝受理，并及时报告领导和上级部门，严肃处理。

（二）完整性审核

完整性审核是对原始凭证所记录的经济业务内容是否完整，手续是否齐全等进行审核。如经济业务的摘要、数量、单价、金额、日期是否填写齐全，经办人员签章是否完备，外来凭证接受单位是否为本企业等。若发现填写内容不完整，签章手续不齐备，要退回原经手单位或个人补填，补办手续后方能受理。

（三）正确性审核

正确性审核是对原始凭证中有关数量、单价、金额的填写是否正确，大小写金额是否一致，文字是否清楚等进行审核。若发现数字计算有误、书写不清的原始凭证，应退还给经办人员进行更正或重新填写。发票、支票等票据如果有数字错误，必须退回重新填制，不得更改。

第三节　记账凭证

一、记账凭证的概念及其种类

（一）记账凭证的概念

记账凭证是会计部门根据审核后的原始凭证或原始凭证汇总表归类整理编制的，用来确定会计分录，作为直接记账依据的会计凭证。企业发生的各项经济业务都要取得或填制原始凭证，但来自各方面的原始凭证种类繁多，数量较大，内容格式也不统一，不便于直接记账，而且原始凭证中只记录经济业务的实际发生或完成情况，不能清楚地反映应借应贷的会计科目、记账方向和金额，直接根据原始凭证记账容易发生账簿记录差错。所以在记账前应对审核无误的原始凭证进行归类整理，按复式记账规律，填制记账凭证。在记账凭证中，确定应借、应贷账户的名称及其金额，并简单摘要经济业务的内容，把原始凭证附在记账凭证的后面，然后根据记账凭证登记账簿。这样可以防止差错，保证账簿记录的正确性。

（二）记账凭证的种类

1. 按其反映经济业务的类型分类。记账凭证按其反映的经济业务不同分为收款凭证、付款凭证和转账凭证。

收款凭证是会计人员根据现金和银行存款收款业务的原始凭证填制的，用来记录现金和银行存款收款业务的记账凭证。

付款凭证是会计人员根据现金和银行存款付款业务的原始凭证填制的，用来记录现金和银行存款付款业务的记账凭证。

转账凭证是根据与现金、银行存款收付无关的经济业务的原始凭证填制的，用来记录除现金、银行存款收付业务以外的其他经济业务的记账凭证。

以上按收款业务、付款业务和转账业务分别填制的收款凭证、付款凭证和转账凭证，统称为专用记账凭证。它们的格式分别见表 7－7、表 7－8 和表 7－9。在实际工作中，有些企业、事业单位不分收款凭证、付款凭证和转账凭证，而统一使用一种记账凭证，这种凭证称为通用记账凭证。其格式见表 7－10。有些单位按照现金、银行存款分设收付款凭证，形成银行收款凭证、银行付款凭证、现金收款凭证、现金付款凭证和转账凭证五类记账凭证。

表 7－7

（企业名称）

收款凭证

借方科目：库存现金　　2017 年 1 月 1 日　　收字第 × × 号

摘　要	贷方科目		金　额	记　账
	一级科目	二级或明细科目		
收到租金收入 200 元	其他业务收入	租金收入	200	√
合　计			200	

附件 1 张

会计主管　　记账　　出纳　　审核　　填制

表 7－8

（企业名称）

付款凭证

贷方科目：库存现金　　2017 年 1 月 1 日　　付字第 × × 号

摘　要	借方科目		金　额	记　账
	一级科目	二级或明细科目		
购买办公用品	管理费用	办公费	192	√
合　计			192	

附件 3 张

会计主管　　记账　　出纳　　审核　　填制

表 7-9

（企业名称）

转账凭证

2017 年 1 月 1 日　　　　转字第××号

摘　　要	一级科目	二级或明细科目	借方金额	贷方金额	记　账
材料入库	原材料	甲材料	11 111		√
	在途物资	甲材料		11 111	√
合　　计			11 111	11 111	

附件 1 张

会计主管　　记账　　出纳　　审核　　填制

表 7-10

（企业名称）

记账凭证

2017 年×月×日　　　　第××号

摘　　要	一级科目	二级或明细科目	借方金额	贷方金额	记　账
提取现金	库存现金		1 000		√
	银行存款			1 000	√
合　　计			1 000	1 000	

附件 1 张

会计主管　　记账　　出纳　　审核　　填制

2. 按其填制方式分类。记账凭证按其填制方式不同分为单式记账凭证和复式记账凭证。

单式记账凭证就是把一项经济业务所涉及的每一个会计科目，分别填制记账凭证，即每张记账凭证上只填制一个会计科目的记账凭证。若某一项经济业务涉及几个会计科目，就需要分别填制几张记账凭证。借方科目填制借项记账凭证，贷方科目填制贷项记账凭证，故单式记账凭证也称单项记账凭证。它们的格式分别见表 7-11、7-12、7-13。采用单式记账凭证，有利于分工记账和编制科目汇总表，但需编制的记账凭证数量多、工作量大，而且经济业务的内容分散，一张记账凭证上不能反映某一项经济业务全貌以及账户的对应关系。它主要适应于经济业务繁多复杂、会计人员较多的单位。

表 7-11

（企业名称）

借项记账凭证

对应科目：主营业务收入　　2017 年 1 月 1 日　　第 $1\frac{1}{3}$ 号

摘　　要	一级科目	二级或明细科目	金　额	记　账
销售产品价税款存入银行	银行存款		1 170	√

附件 1 张

会计主管　　记账　　复核　　出纳　　填制

表7-12

（企业名称）

贷项记账凭证

对应科目：银行存款　　2017年1月1日　　第1$\frac{2}{3}$号

摘　　要	一级科目	二级或明细科目	金　额	记　账
销售产品价税款存入银行	主营业务收入		1 000	√

附件1张

会计主管　　记账　　复核　　出纳　　填制

表7-13

（企业名称）

贷项记账凭证

对应科目：银行存款　　2017年1月1日　　第1$\frac{3}{3}$号

摘　　要	一级科目	二级或明细科目	金　额	记　账
销售产品价税款存入银行	应交税费	应交增值税	170	√

附件1张

会计主管　　记账　　复核　　出纳　　填制

复式记账凭证就是把一项经济业务所涉及的会计科目集中填列在一张凭证中的记账凭证，也就是说每一张记账凭证中应登记两个或两个以上相对应的会计科目，反映一项完整的经济内容。如上面所讲到的收款凭证、付款凭证和转账凭证都属于复式记账凭证。这种记账凭证把每一项经济业务完整地表现在一张凭证中，通过记账凭证登记的内容就可以了解该项经济业务的内容以及账户的对应关系。这样，不仅可以检查经济业务的合理性和合法性，而且也可以大大减少凭证的数量，简化核算。但复式记账凭证不便于分工记账和对会计科目的发生额进行汇总。

3.按其反映的业务数量分类。记账凭证按其反映的业务数量分类可以分为单一的记账凭证和汇总的记账凭证。前述两种分类方法列举的记账凭证均为单一的记账凭证。汇总的记账凭证按汇总方法不同可分为分类汇总凭证和全部汇总凭证。

分类汇总凭证是分别按收款凭证、付款凭证和转账凭证定期进行汇总而编制的凭证，又称作汇总记账凭证；全部汇总凭证又称作科目汇总表。各种汇总记账凭证以及科目汇总表的格式及编制方法见第十一章。根据汇总的记账凭证登记总分类账可以大大减少总账登记工作量。

记账凭证的分类可归纳如图7-2所示。

- 记账凭证
  - 按其反映经济业务的类型分类
    - 收款凭证
    - 付款凭证
    - 转账凭证
  - 按其填制方式分类
    - 单式凭证
    - 复式凭证
  - 按其反映的业务数量分类
    - 单一记账凭证
    - 汇总记账凭证

图7-2　记账凭证分类图

二、记账凭证的基本内容

记账凭证按不同标志划分为不同类型，不同种类记账凭证其格式和内容是各不相同的，但所有记账凭证都必须适应登记账簿的需要。这就要求各种记账凭证都必须具备一些共同的基本内容。其基本内容如下：

(1)填制单位名称；

(2)记账凭证名称；

(3)凭证日期和凭证编号；

(4)经济业务内容摘要；

(5)应借应贷账户名称(包括一级科目，二级科目和明细科目)和金额；

(6)过账备注(在登账后，作"√"符号或填写过入账户的页数)；

(7)所附原始凭证张数及其他附件保管地点；

(8)凭证填制、复核、记账、会计主管或其他指定人员签名或盖章。收、付款记账凭证还应有出纳人员签名和盖章。

三、记账凭证的填制

(一)记账凭证填制的要求

记账凭证是登记账簿的直接依据，为保证账簿记录的正确无误，保证会计核算的质量，必须严肃、认真填写记账凭证。填制记账凭证时除符合同原始凭证类似的要求外，还应符合以下几项要求。

1. 摘要简明。为了便于登记账簿和日后分析、检查经济业务，记账凭证摘要栏填写的内容应突出经济业务的核心和重点，文字简明扼要，含义清楚。

2. 科目运用正确，对应关系清楚。记账凭证可以根据每一张原始凭证填制，或者根据若干张同类原始凭证汇总填制，也可以根据原始凭证汇总表填制。

科目运用正确是指在记账凭证中必须按照企业会计准则中统一规定的账户名称及其内容编制会计分录，以保证核算口径一致和账簿记录的正确。对应关系清楚是指记账凭证中应借、应贷账户的对应关系明了，不宜编制有多借多贷会计分录的记账凭证。这就要求一事一证，不能把不同类型经济业务合并填制在一张记账凭证中，以防止账户对应关系混淆不清。

3. 金额平衡。记账凭证中的金额应保持平衡关系，即登记的借方金额应等于贷方金额，明细科目金额合计数等于总账科目的金额。

4. 编号正确。填制记账凭证时，应当对记账凭证进行连续编号。一笔经济业务需要填制两张以上记账凭证的，可以采用分数编号法编号。例如，一笔经济业务需填制三张记账凭证，凭证的顺序号如为6时，可编为$6\frac{1}{3}$号、$6\frac{2}{3}$号、$6\frac{3}{3}$号。每月可更换一次编号。每月末最后一张记账凭证的编号旁边加注"全"字，以免凭证散失，造成汇总对账困难。

5. 附件齐全。除结账和更正错误的记账凭证可以不附原始凭证外，其他记账凭证必须附有原始凭证。如果一张原始凭证涉及几张记账凭证,可以把原始凭证附在一张主要的记账凭证后面,并在其他记账凭证上注明附有该原始凭证的记账凭证的编号或者附原始凭证复印件。一张原始凭证所列支出需要几个单位共同负担的,应当将其他单位负担的部分,开给对方原始凭证分割单,进行结算。原始凭证分割单必须具备原始凭证的基本内容:凭证名称、填制凭证日期、填制凭证单位名称或者填制人姓名、经办人的签名或者盖章、接受凭证单位名称、经济业务内容、数量、单价、金额和费用分摊情况等。

6. 规范更正错误凭证。如果在填制记账凭证时发生错误,应当重新填制。已经登记入账的记账凭证,在当年内发现填写错误时,可以用红字填写一张与原内容相同的记账凭证,在摘要栏注明"注销某月某日某号凭证"字样,同时再用蓝字重新填制一张正确的记账凭证,注明"订正某月某日某号凭证"字样。如果会计科目没有错误,只是金额错误,也可以将正确数字与错误数字之间的差额,另编一张调整的记账凭证,调增金额用蓝字,调减金额用红字。发现以前年度记账凭证有错误的,应当用蓝字填制一张更正的记账凭证。

7. 金额栏不得留空行。记账凭证填制完经济业务事项后,如有空行,应当自金额栏最后一笔金额数字下的空行处至合计数上的空行处划线注销。

另外,实行会计电算化的单位,对于机制记账凭证,要认真审核,做到会计科目使用正确,数字准确无误。打印出的机制记账凭证要加盖制单人员、审核人员、记账人员及会计机构负责人、会计主管人员印章或者签字。

(二)记账凭证的填制方法

记账凭证必须以审核无误的原始凭证或原始凭证汇总表为填制依据,按照记账凭证填制的要求,在规定的记账凭证格式中进行填制。可根据每一张原始凭证填制一张记账凭证,或先将若干张同类经济业务的原始凭证汇总编制原始凭证汇总表,然后根据原始凭证汇总表填制记账凭证。

记账凭证按其所反映的经济业务不同分为收款凭证、付款凭证和转账凭证,因它们的格式和内容不完全相同,所以其填制方法也有所不同。

1. 收款凭证的填制。收款凭证是根据记录现金和银行存款业务的原始凭证填制的。其填制方法见表 7 – 7 所示。

收款凭证左上方"借方科目"应填制"库存现金"或"银行存款"科目。凭证上方的年、月、日应按填制凭证的日期填写;右上方凭证编号应按时间先后顺序连续填写,不得漏号、重号和错号;"摘要"栏要填列经济业务的主要内容;"贷方科目"栏填写与"库存现金"或"银行存款"相对应的科目(包括一级科目和明细科目);贷方科目的金额应填入与各该科目相对应的同一行"金额"栏内;合计行的金额表示借方科目即库存现金或银行存款的金额;"记账"栏应注明记入分类账和日记账的页数,或以"√"代替,表示已经记账;附件张数应按独立的原始凭证张数计算填列。

2. 付款凭证的填制。付款凭证是根据记录现金和银行存款付款业务的原始凭证填制的,其填制方法见表 7 – 8 所示。

付款凭证左上方的"贷方科目"应填制"库存现金"或"银行存款"科目,"借方科目”填列与“贷方科目”相对应的有关科目。其他项目的填列方法与收款凭证相同。

对于只涉及现金和银行存款之间的收付款业务，即从银行提取现金或把现金存入银行，一般只编制付款凭证，不编制收款凭证，以免重复记账。例如，从银行提取现金，只填制一张银行存款付款凭证，根据该凭证同时记入“库存现金”和“银行存款”账户。将现金存入银行则只需填制一张现金付款凭证。

收款凭证和付款凭证既是登记现金、银行存款日记账和总分类账的依据，一般也是出纳人员收付款项的依据。出纳人员必须根据会计人员或指定人员审核批准的收款凭证和付款凭证收付款项。出纳人员对于已经收讫的收款凭证和已经付讫的付款凭证及其所附的各种原始凭证，都要加盖“收讫”和“付讫”的戳记，以免重收或重付。出纳人员和有关记账人员都应根据盖有“收讫”和“付讫”的收、付款凭证登记有关账簿。

3. 转账凭证的填制。转账凭证是根据记录转账业务的原始凭证或汇总原始凭证填制的。其填制方法见表 7 –9 所示。

转账凭证中的“会计科目”栏应分别填列一级科目和明细科目，借方金额填到与各该借方科目相对应的同一行内，贷方金额填列在与贷方科目相对应的同一行内，且“借方金额”合计数与“贷方金额”合计数相等。其他项目的填列方法与收款凭证相同。

以上是专用记账凭证的填列方法。在实际工作中，小型企业、事业单位或收付款业务较少的企业、事业单位，也可采用通用记账凭证。通用记账凭证的格式和填列方法与转账凭证相似，不再赘述。

专用记账凭证和通用记账凭证都是复式记账凭证（见表 7 – 10）。在会计核算中，有的企业还采用单式记账凭证。单式记账凭证可分为借项记账凭证和贷项记账凭证，它们的格式和填制方法见表 7 – 11 和表 7 – 12 所示。

有不少企业、事业单位发生的经济业务频繁，反映同类经济业务的记账凭证为数较多，直接根据记账凭证登记总分类账，工作量很大。为了简化登记总账的工作，可以把许多记账凭证按一定的形式进行汇总，编制各种汇总的记账凭证，然后，再据以登记总分类账。

四、记账凭证的审核

（一）审核的内容

为了使记账凭证真实、正确、合理、合法地反映经济业务的内容，保证账簿记录的正确性和监督款项的收付，除了认真填制记账凭证外，还必须由专人对记账凭证进行审核。审核的主要内容有以下四个方面。

1. 审核记账凭证是否与所附的原始凭证相一致，即记账凭证是否附有原始凭证；所附原始凭证张数与记账凭证上所列原始凭证张数是否相符；所附原始凭证的经济业务内容与记账凭证所记录的内容是否一致；记账凭证所记金额是否等于原始凭证所反映的金额。

2. 审核记账凭证的有关项目是否填列齐全，有关人员签章是否齐全。

3. 审核记账凭证上填写的总分类科目、明细分类科目及应借应贷的对应关系是否正确，内容是否符合会计准则的规定。

4. 审核记账凭证中所反映的数字和金额是否正确。

（二）审核后的处理

审核中如发现记账凭证填制的错误，应查明原因，重新填制记账凭证或采用更正方法予以更正（更正方法将在第八章介绍）。审核无误的记账凭证应及时办理会计手续，登记入账。只有审核无误的记账凭证才能作为记账的依据。

第四节　会计凭证的传递和保管

一、会计凭证的传递

会计凭证的传递是指会计凭证从取得或填制到记账以后装订成册、归档保管为止，在本单位内部各有关部门和人员之间传递程序和传递时间。

（一）会计凭证传递的意义

正确制定会计凭证的传递程序，合理安排传递时间，对于及时利用会计凭证反映经济业务的情况，合理组织经济活动，加强经济责任制，实行会计监管，具有重要意义。

1. 通过会计凭证的传递，能及时地反映各项经济业务的完成情况。这是因为，明确会计凭证的传递线路和时间，就能够把有关经济业务完成情况及时地传递到有关单位和人员，以保证会计凭证按时送到财务会计部门，及时记账、结账，并按上级规定编制会计报表。

2. 通过会计凭证的传递，促使经办业务的人员和部门互相配合，及时、正确地办理凭证手续，从而加强经济业务管理的责任制。

3. 通过会计凭证的传递，能正确组织经济活动，发挥会计监督的作用。任何单位所发生的各项经济业务，以及本单位与各方面的经济联系，都要借助于凭证加以记录和证明。因此，按规定的程序和时间组织凭证的传递，就能把本单位各有关部门和个人的活动紧密联系起来，协调各方面的经济关系，搞好分工协作，使正常的经济活动得以顺利进行。同时凭证的传递实际上还起着一种互相牵制、互相监督的作用。它可以督促经办业务的有关部门和个人，及时地、正确地完成各项经济业务，并按规定办理好凭证手续，以利于加强岗位责任制，加强会计监督，改善经营管理。

例如，购买实物的原始凭证，必须有验收证明。实物购入以后，要按照规定办理验收手续，这有利于明确经济责任，保证账实相符，防止盲目采购，避免物资短缺和流失。实物验收工作应由有关人员负责办理，会计人员通过有关的原始凭证进行监督检查。需要入库的实物，必须填写入库验收单，由仓库保管人员按照采购计划或供货合同验证后，在入库验收单上如实填写实收数额，并签名或盖章。不需要入库的实物，由经办人员在凭证上签名或盖章以后，必须交由实物保管人员或使用人员进行验收，并由实物保管人员或使用人员在凭证上签名或盖章。经过购买人以外的第三者查证核实以后,会计人员才能据以报销付款并作进一步的会计处理。

(二)会计凭证传递的组织

各企业所发生的经济业务不同,内部机构组织和人员分工不同,会计凭证的传递也不相同。但是任何单位对于经常发生的、需要有关部门共同办理的主要经济业务都要合理正确地组织会计凭证的传递。为此,应注意考虑以下三个问题。

1. 要结合本单位业务的特点、内部机构组织和人员分工情况,恰当规定会计凭证流经的必要环节,避免不必要的环节,以提高工作效率;同时又符合会计内部控制制度的要求,各个环节之间对同一会计事项的处理相互印证。

2. 结合经营管理的需要,适当规定会计凭证的份数、格式,做到既满足会计核算的要求,又兼顾其他管理的需要。

3. 正确确定会计凭证在各个环节停留的时间,保证凭证及时传递。

会计凭证传递制度是经营管理的一项重要制度。会计部门应当会同其他有关部门在调查研究的基础上共同制定。只有科学合理地传递会计凭证,才能充分发挥会计凭证在提供经济信息和加强经济管理方面的作用。

例如,企业销售产品收款业务的有关凭证传递程序如图 7－3 所示:

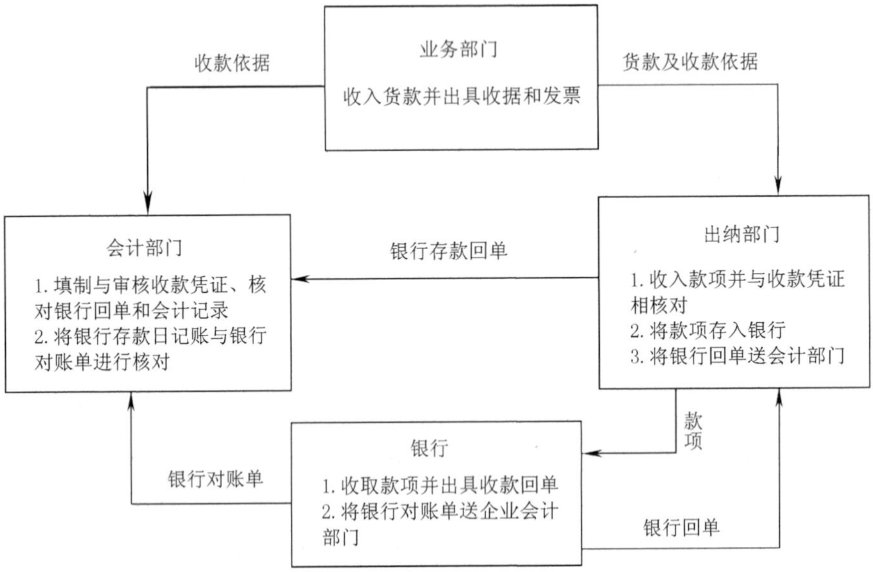

图 7－3　收款业务凭证传递程序

二、会计凭证的保管

会计凭证是重要的经济资料和会计档案,任何单位在完成经济业务手续和记账以后,必须按规定的立卷归档制度,形成会计档案资料,妥善保管,以便于日后随时查阅。

会计部门在记账后,应定期对各种会计凭证加以整理,将各种记账凭证按照编号顺序,连同所附原始凭证,加具封面和封底,装订成册,并在装订线上加贴封签,在封面上写明单位名称、年度和月份、记账凭证种类、起讫日期、起讫号数，以及记账凭证和原始凭证的张数，并在封签处加盖会计主管的骑缝图章。一般每月装订一次，装订好的凭证按年分月妥善保管归档。

会计凭证装订前的准备工作：①分类整理，按顺序排列，检查日数、编号是否齐全；②按凭证汇总日期归集（如按上、中、下旬汇总归集），确定装订成册的本数；③摘除凭证内的金属物（如订书钉、大头针、回形针），对大的张页或附件要折叠成同记账凭证大小，且要避开装订线，以便翻阅保持数字完整；④整理检查凭证顺序号，如有颠倒要重新排列，发现缺号要查明原因。再检查附件有否漏缺，领料单、入库单、工资、奖金发放单是否随附齐全；⑤记账凭证上有关人员（如财务主管、复核、记账、制单等）的印章是否齐全。

对数量过多的原始凭证，如收、发料单等可以单独装订保管，在封面上注明，同时在记账凭证中注明“附件另订”及原始凭证名称和编号。对于各种重要的原始凭证，如合同、契约、存出保证金收据、提货单及涉外文件应另编目录，单独保管，并在有关记账凭证和原始凭证中予以说明。

装订成册的会计凭证，每本封面上填写好凭证种类、起止号码、凭证张数、会计主管人员和装订人员签章；在封面上编好卷号，按编号顺序入柜，并要在显露处标明凭证种类编号，以便于调阅。

装订成册的会计凭证应指定专人负责保管，防止凭证错、乱和丢失。年终，应移交会计档案室归档。需要查阅时，应办理查阅手续。原始凭证不得外借，其他单位如因特殊原因需要使用原始凭证时，经本单位会计机构负责人、会计主管人员批准，可以复制。向外单位提供的原始凭证复制件，应当在专设的登记簿上登记，并由提供人员和收取人员共同签名或者盖章。

会计凭证的保管期限和销毁手续，必须严格执行会计法规中《会计档案管理办法》的有关规定。2016 年 1 月 1 日开始实施的《会计档案管理办法》规定：会计凭证保管期限为 30 年。保管期满，由单位档案管理机构牵头，组织单位会计、审计、纪检监查等机构人员共同对会计档案进行鉴定，并形成鉴定意见书。对无保留价值的会计凭证，由单位档案管理机构负责组织销毁工作，并与会计机构共同派员监销。保管期满未结清的债权、债务会计凭证和涉及其他未了事项的会计凭证不得销毁，重新划定保管期限。

复习思考题

1. 什么叫原始凭证？原始凭证的作用是什么？

2. 为什么要编制记账凭证？它与原始凭证的关系是怎么样的？

3. 如何对记账凭证进行分类？记账凭证分类的依据有哪些？它们之间的关系是怎样的？

4. 原始凭证应具备哪些基本内容？如何审核原始凭证？
5. 记账凭证应具备哪些基本内容？如何审核记账凭证？
6. 编制累计原始凭证的作用是什么？常用的累计原始凭证有哪些？
7. 什么是会计凭证的传递保管？如何进行会计凭证的传递保管？
8. 会计凭证销毁时应注意哪些问题？

练习题

习题一

目的：借款及报销业务中原始凭证、记账凭证相关的会计处理练习。

资料：郑州市AA公司材料采购员丁丁2017年6月5日拟去北京市BB公司采购办公用品，经处长王林签章同意，预借差旅费现金8 000元。丁丁填制一张借款单，出纳员凌岭付给丁丁现金8 000元。经财务稽核人员方凤审核后，借款单交会计万万编制现金付款凭证。

6月12日，丁丁完成采购业务回来，经审核，实际支出差旅费及补助7 980元，交回剩余现金20元。

要求：填制差旅费借款单，编制借款和报销的记账凭证。

习题二

目的：练习记账凭证的分类编制。

资料：东方机械厂2017年9月部分业务如下：

(1)1日 收到投资方追加的投资款100万元，已经存入银行。

(2)2日 购入一台不需要安装的设备，买价100 000元，增值税17 000元，款项未付。

(3)3日 购入甲材料100kg，单价300元，增值税税率17%，款项已付。

(4)4日 支付甲材料运杂费1 000元，材料验收入库。

(5)5日 支付购设备价税款的一半。

(6)6日 王林出差借支差旅费3 000元。

(7)7日 张迪领取困难补助1 000元。

(8)8日 分配本月工资费用：生产工人工资8 000元，车间管理人员工资2 000，厂部管理人员工资2 000元。

(9)9日 提取现金准备发放工资。

(10)9日 发放工资。

(11)10日 按照工资总额的14%计提职工福利费。

(12)11日 生产用机器设备小修理费用100元，以现金支付。

(13)12日 以转账支票支付所属技工学校经费5 000元。

(14)13日 王林报销差旅费2 500元，余款退回现金。

(15)14日 以转账支票预付下季度财产保险费6 000元。

(16)15日 职工李军报销医药费600元，以现金付讫。

(17)16 日 以银行存款支付本月电话费 1 000 元。

(18)17 日 以银行存款交纳企业所得税 18 000 元。

(19)17 日 从银行取得短期借款 60 000 元,存入存款账户。

(20)18 日 购入乙材料 10kg,单价 80 元,价税款均未支付。

(21)19 日 以银行存款 1 000 元支付罚款。

(22)20 日 以银行存款支付贷款手续费 300 元。

(23)21 日 用银行存款支付本季度短期借款利息 6 500 元。

(24)22 日 经厂部研究决定,对违反纪律的张三罚款 300 元。

(25)23 日 用银行存款支付广告费 3 000 元。

(26)24 日 预收 C 产品货款 50 000 元存入银行。

(27)26 日 销售 A 产品 1 000 件,售价共计 60 000 元价税款均未收到。

(28)27 日 出售废品收入现金 85 元。

(29)30 日 支付本月水电费 3 500 元。其中,车间用电 2 500 元,管理部门用电 1 000 元。

(30)30 日 根据发料汇总表:本月消耗材料共计 20 000 元。

(31)30 日 按规定计提固定资产折旧,其中生产车间设备折旧费 780 元,管理部门办公设备折旧费 1220 元。

(32)30 日 分配结转制造费用 5 380 元。

(33)30 日 产品部分完工,分配结转完工产品成本 30 000 元。

(34)30 日 结转已售产品的生产成本 20 000 元。

(35)30 日 核算本月税金及附加,应交税金 3 000 元,教育附加费 100 元。

(36)30 日 结转损益类账户,该企业有关账户 9 月份的期末余额如下表所示:

账户名称	借方余额	贷方余额
主营业务收入		60 000
营业外收入		200
其他业务收入		85
主营业务成本	20 000	
税金及附加	3 100	
其他业务成本		
销售费用	3 000	
管理费用	7 800	
财务费用	6 000	
营业外支出	1 000	

(37)30 日 按应税所得额的 25% 计算结转所得税 4 600 元。

(38)30 日 提取盈余公积金。

(39)30 日 经董事会决议,拟向投资者分配利润 20 000 元。

要求:根据以上业务编制记账凭证。

第八章

会计账簿

本章要点

会计账簿的设置和登记是手工会计核算工作的中心环节,在会计核算程序中起承上启下的作用,会计账簿也是会计主体进行内部控制、明确经济责任的重要手段。合理设置会计账簿,正确登记会计账簿,对于会计工作和会计主体的日常经济管理具有十分重要的意义。

第一节 会计账簿的意义和种类

一、会计账簿的概念

会计账簿是由相互联系并具有一定格式的账页所组成，用以分类记录企业在一定时期内发生的经济业务的簿籍。合理设置账簿和正确无误地登记账簿是会计核算工作的重要环节。

对于会计主体所发生的每一笔经济业务，会计部门虽然已根据审核无误的原始凭证或原始凭证汇总表填制了记账凭证，对会计事项作了初步分类确认和计量，但是，每张记账凭证所能反应的仅仅是一笔或若干笔同类经济业务的发生情况，尚不能系统地反映某一类经济业务增减变化及其结果的完整情况。我们从会计凭证中只能了解一些零星的、分散的会计信息，找不到经营管理所需的一些分类的综合性指标。因此，就有必要将分散记载于会计凭证中的经济内容进行集中归类反映，从而提供管理所需的分类的、序时的、系统的、完整的会计信息。同时，会计信息的最终载体是会计报表，而编制会计报表不可能依据分散的会计凭证，只能依据集中归类以后的记录，这就需要设置和登记账簿。设置和登记会计账簿是会计核算的专门方法之一。

二、会计账簿的意义

会计账簿的设置和登记是日常会计核算工作的中心环节，处于承上启下的地位，对提供会计信息有着非常重要的意义。

（一）提供全面、系统、分类的会计信息

会计账簿可以为日常经济管理提供全面、系统、分类的会计信息。账簿可以汇总和分类地反映会计主体的日常经济活动情况。通过账簿记录可以反映各个会计要素的具体项目在一定时期的增减变化情况及其结果，使会计信息使用者了解本企业分类经济活动的情况，便于对经济活动进行及时的考核和控制，加强对财力、物力的管理，保证对财物的合理利用，保证企业财产材料安全，实现资本的保值增值。

（二）为会计分析提供资料

会计账簿可以为会计分析提供资料。会计账簿记录既提供总核算资料，又提供细核算资料；既可以分类地反映经济活动，又可以序时地反映经济活动。所以，根据会计账簿资料可以开展一系列的会计分析。

（三）为编制财务报告提供资料

会计账簿中的有关资料是编制财务报告的主要资料来源。例如，编制损益表可以从损益类账户的账页中取得有关当期收入、费用的资料；编制资产负债表可以从资产类、负债类和所有者权益类账户的账页中取得当期期末资产、负债、所有者权益状况的资料。所以，会计账簿的合理设置和正确登记是顺利编制财务报告的保证。

（四）为日后财务检查提供依据

会计账簿是企业重要的经济档案，保管期限长，可以为日后的查账核对工作提供全面、系统的资料，有利于加强对经济活动监督、控制和对企业财物的管理，在一定程度上可保障企业财物的安全。

综上所述，会计账簿的合理设置和正确、及时、完整、系统的登记是会计工作的一项重要内容，它对企业经济核算和管理有着举足轻重的作用。我国历史上一些企业曾经搞过以凭证代替账簿的“无账会计”、“脑袋账”。“无账会计”的结果是企业经济效益不断下降，给国家和人民带来巨大损失。这从反面说明账簿在经济管理中的作用是不容忽视的。经济愈发展，企业经济活动愈复杂，合理设置会计账簿就愈显得重要。

三、会计账簿的种类

各单位所设置的账簿应该形成能够适应需要、功能各异、结构合理的一套完整的账簿体系。为了更好地掌握和运用各种账簿，充分发挥账簿在会计主体经济管理中的作用，应该从不同的角度对账簿进行分类。会计账簿的分类图见图 8－1。

- 会计账簿
  - 按外表形式分类
    - 订本式
    - 活页式
    - 卡片式
  - 按用途分类
    - 日记账
    - 分类账
      - 总分类账
      - 明细分类账
    - 备查簿

图 8－1　会计账簿分类图

（一）按会计账簿的用途分类

会计账簿按用途分类可以分为分类账簿、日记账簿和备查账簿。

分类账簿是对全部经济业务进行反映的会计账簿。分类账簿按照提供资料的详细程度分为总分类账和明细分类账。总分类账又叫总账，它是按照总分类账户开设和登记的账簿，对企业的全部经济业务进行总括的分类反映；明细分类账户是按照明细类账户开设和登记的账簿，用来对企业某一类的经济业务进行详细分类反映。通过分类账可以了解企业管理需要的各个会计要素项目详细程度不同的增减变化情况及结果，便于实施有效的管理，实现企业的经营目标。

日记账簿是对经济业务按其发生时间的先后顺序逐日逐笔进行连续记录的账簿，又叫序时账。按其有无专门用途分为普通日记账和特种日记账。普通日记账是无专门用途，根据时间的先后顺序，对发生的全部会计事项进行全面记录的账簿。特种日记账是为集中反映某类经济业务的发生或完成情况而专门设置的账簿。通过日记账可以序时地了解到有关经济业务的发生或完成情况，还可以与分类账等进行核对，检查账簿之间所记的相同的经济内容是否相符。目前，企业中常设的日记账有现金日记账、银行存款日记账等特种日记账。

备查账簿是对某些不能在分类账和序时账中记录的经济事项进行记录的会计账簿。它是会计账簿体系中不可缺少的一部分。备查簿的设置和登记使会计信息使用者便于查考有关的辅助性资料，从而使有关部门或人员全面掌握企业拥有或控制的经济资源状况，以及其他在分类账和日记账中找不到的重要经济信息，有利于企业进行更严密、完善的经济管理。企业中常设的备查簿有租入固定资产备查簿、受托加工材料备查簿、应收票据备查簿等。

日记账和分类账是法律规定会计主体必须设置的账簿，其格式和登记方法都有相关规定；备查簿则不是必设账簿，根据需要而设，其格式也不固定。

（二）按会计账簿的外表形式分类

账簿按其外表形式，可以分为订本账、活页账和卡片账。

订本账是启用前已装订成册的会计账簿，这种账簿账页固定，账页编号固定，用之记账可以避免账页散失或被抽换，账簿所记录的经济事项比较安全可靠。但是，订本账存在一些不足之处，比如，新会计年度开始启动新账簿容易造成旧账簿留剩空白账页过多，形成浪费；开设账户如若安排不当会造成某些账户的账页过多，而另一些账户则不够登记；另外，订本账账页固定不便于分工记账。因此，目前只有比较重要的账簿才使用订本账，如现金日记账、银行存款日记账。在实际工作中，有些单位的总分类账也选用订本账。

活页账是启用前尚没有装订成册、存放于账夹中，使用后再装订成册存档保管的会计账簿。使用活页账记账，账页多少可以随需要而定，不会造成浪费，同时也便于分工记账。但活页账账页不固定，因而在使用时要加强保管，以避免账页散失和被抽换。在实际工作中，分类账多用活页账。

卡片账是由许多硬纸卡片组成的存放于卡片箱中的会计账簿。卡片账与活页账一样，启用前没有装订成册，会计期末装订成册或封扎存档保管。卡片账有活页账的优点和缺点。另外卡片账使用起来比较灵活，其格式可以随具体需要而定，有时还可以跨年度使用而无须更换。常用的有固定资产卡片账等。

第二节　会计账簿的设置与登记

一、会计账簿的设置原则

为了及时提供序时、系统地反映企业经济活动情况的会计资料，适用各种管理需要，在设置账簿时，一般应遵循以下几项原则。

（一）账簿体系的设置要兼顾国家统一规范和会计主体的具体情况

会计主体在设置账簿体系时，首先要考虑符合国家统一规定的要求，同时，又要结合本单位的业务特点及管理要求，设置功能各异、结构合理的账簿体系。例如，现金日记账、银行存款日记账和分类账是公司法和税法要求会计单位必须设置的账簿。除此之外，当一个单位有外汇收支业务时，就应设置外汇收支日记账；有代其他单位保管的财产材料时，就需要设置受托保管财物的备查簿。

（二）账簿体系的设置要适应特定账务处理程序的约束

在实际工作中，各单位可以根据其业务量的多少、业务特点等选择不同的账务处理程序，而不同的账务处理程序对账簿的种类和格式的要求不一样。例如，采用多栏式日记账账务处理程序时，日记账应采用多栏式，而其他账务处理程序下的日记账格式则不受此限制；采用日记总账账务处理程序时，总账科目要集中在一个账页上，而其他账务处理程序下的总分类账则不必如此。

（三）账簿体系的设置要便于为编制财务报告提供资料

编制财务报告是会计循环的最终环节。为编制财务报告提供资料是设置和登记账簿的主要目的之一。在设置账簿时就应考虑到期末编制财务报告的需要，使所设置的账簿的种类和内容与编制财务报告接轨。例如，为了编制主营业务收支明细表就应设置反映主营业务收支的明细分类账。

（四）账簿体系的设置要便于会计人员的内部分工

会计部门内部人员分工的合理与否直接影响会计工作的效率和质量。如果账簿体系便于分工记账，企业的经济活动就可以及时、准确地得到记录和计量，企业的经营成果就可以及时地计算出来。同时，账簿的格式不要繁琐复杂，既要便于使用，同时又要避免浪费人力、物力，账簿的格式应简明实用。

二、会计账簿的基本结构

由于账簿种类较多，格式不同，其具体内容也不一致，但一般账簿都具备以下几项基本内容。

（一）账簿封面

封面内容有账簿名称、会计单位名称以及账簿记账时期等。

（二）账簿启用交接表

启用交接表的内容有单位名称、账簿名称、账簿编号、账簿页数、启用日期、使用单位公章、经营人员、移交日期、会计负责人等。

（三）账页

每一账页的内容包括账户名称、日期栏、凭证号数栏、摘要栏、借方栏、贷方栏、余额方向栏及金额栏。

三、日记账的设置和登记

日记账分为普通日记账和特种日记账，它们的格式、登记方法和内容是不同的。

（一）普通日记账

普通日记账在会计发展过程中曾经被广泛使用。它又可分为分录簿和专栏日记账两种，其格式分别见表 8－1 和表 8－2。

表 8－1 **普通日记账**

2017 年		凭证号数	摘要	借方科目	贷方科目	金额	过账	
月	日						借方	贷方
6	1	银付 1	提取现金	库存现金	银行存款	20 000		
	1	现收 1	罚款收入	库存现金	营业外收入	30		
	1	银收 1	收到前欠货款	银行存款	应收账款	8 000		
	1	现付 1	发放工资	应付职工薪酬	库存现金	20 000		
	1	现付 2	购买办公用品	管理费用	库存现金	20		

银行存款

银收 1	8 000	银付 1	20 000

库存现金

现收 1	30	现付 1	20 000
银付 1	20 000	现付 2	20

表 8－2 **专栏日记账**

2017 年		凭证号数	摘要	库存现金		银行存款		其他账户			过账	
月	日			借方	贷方	借方	贷方	名称	借方	贷方	借方	贷方
6	1	银付 1	提取现金	20 000			20 000					
	1	现收 1	罚款收入	30				营业外收入		30		
	1	银收 1	销货收入			7 000		主营业务收入		7 000		
	1	银收 2	收到前欠货款			8 000		应收账款		8 000		
	1	现付 1	发放工资		20 000			应付职工薪酬	20 000			
	1	现付 2	购买办公用品		20			管理费用	20			
	30	合计		81 000	80 900	100 000	80 000					

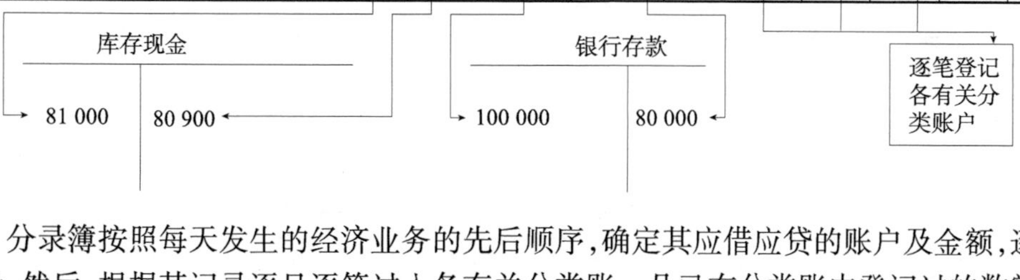

分录簿按照每天发生的经济业务的先后顺序，确定其应借应贷的账户及金额，逐笔记录，然后，根据其记录逐日逐笔过入各有关分类账。凡已在分类账中登记过的数额均要在相应的过账栏内划“√”符号，以免重记或漏记。

专栏日记账对常用会计科目设置专栏，以专栏来汇总各类经济业务的数额。设有专栏的会计科目可以根据其专栏汇总数一次过入有关分类账，其他非专栏科目仍须逐笔过入各有关分类账。

因为分录簿不能提供分类资料，专栏日记账账页过宽，使用不便，而且，一本普通日记账记录全部经济业务不便于会计部门内部分工，所以，目前的会计单位已很少设置此类日记账，转而设置特种日记账。

（二）特种日记账

特种日记账是从专栏日记账中分离出来的一种账簿。如企业经济管理中历来对货币资金管理比较重视，因而在专栏日记账中专为现金、银行存款账户设置专栏，后来，这些专栏从原日记账中分离出来，成为独立的记录现金和银行存款收付详细情况的特种日记账，即现金日记账和银行存款日记账。根据《会计基础工作规范》第五十七条规定："现金日记账和银行存款日记账必须采用订本式账簿。不得用银行对账单或者其他方法代替日记账。"日记账是一种特殊的明细分类账。除了广泛设置的现金日记账和银行存款日记账外，有些企业还设有销货日记账、购货日记账和转账日记账等。下面只介绍现金日记账和银行存款日记账的格式及其登记方法。

1. 现金日记账。现金日记账是逐日逐笔反映企业的现金收入、支出及其结存情况的会计账簿。通过设置现金日记账可以加强对企业现金收支活动的反映和控制，监督企业执行现金管理制度，促使企业现金的合理使用，保护现金资产的安全。同时，根据现金日记账中收支合计数及期末结存数登记现金总账，可以简化该账户的登记工作。

现金日记账一般由出纳人员登记，登记现金日记账的依据主要是审核无误的现金收、付款记账凭证。因为对于从银行提取现金业务只填制银行存款付款凭证，所以反映此类业务的银行存款付款凭证也是登记现金日记账的依据。进行账簿登记时一般按记账凭证号码顺序逐日逐笔登记，有关会计人员可以根据现金日记账登记总账的有关账户。

现金日记账应每天结出余额，并与库存现金数相核对，以保证账实相符。

现金日记账的格式要与企业采用的账务处理程序相适应，并能满足企业对现金的管理要求。其格式一般有三栏式和多栏式两种。

三栏式现金日记账设收入、支出、结存三个金额栏，有时还设对应科目栏，如表8－3所示。

表8－3　　现金日记账（三栏式）

2017年		凭证号数	摘要	对应科目	收入	支出	结余
月	日						
6	1		期初余额				100
	1	银付1	提取现金	银行存款	20 000		20 100
	1	现收1	罚款收入	营业外收入	30		20 130
	1	现付1	发放工资	应付职工薪酬		20 000	130

续表

2017年		凭证号数	摘要	对应科目	收入	支出	结余
月	日						
	1	现付2	购买办公用品	管理费用		20	110
	30		本期发生额及期末余额		81 000	80 900	200

多栏式现金日记账为一些重复发生的现金收支业务所涉及的账户设置专栏，或为所有与现金有对应关系的账户设置专栏。设有专栏的账户在会计期末就可以根据其专栏汇总数一次过入有关总分类账中，简化该账户总账登记工作。但收入、支出同在一本账中登记，专栏过多势必造成账页过宽，因此，在采用多栏式现金日记账时往往同时设置现金收入日记账和现金支出日记账两本账。多栏式现金收入日记账一般格式见表8-4，多栏式现金支出日记账一般格式见表8-5。

表8-4　　现金收入日记账（多栏式）

2017年		凭证号数	摘要	应贷科目				支出合计	结余
月	日			银行存款	营业外收入	……	收入合计		
6	1		期初余额						100
	1	银付1	提取现金	20 000					
	1	现收1	罚款收入		30				
	1		小计				20 030	20 020	110
	30		本期发生额及期末余额				81 000	80 900	200

表8-5　　现金支出日记账（多栏式）

2017年		凭证号数	摘要	应借科目				收入合计	结余
月	日			应付职工薪酬	管理费用	……	支出合计		
6			期初余额						100
	1	现付1	发放工资	20 000					
	1	现付2	购买办公用品		20				

续表

2017 年		凭证号数	摘要	应借科目			支出合计	收入合计	结余
月	日			应付职工薪酬	管理费用				
6	1		小计				20 020	20 030	110
			本期发生额及期末余额				80 900	81 000	200

多栏式现金收入日记账由出纳员根据审核无误的现金收款凭证，以及反映现金与银行存款之间划转业务的银行存款付款凭证逐日逐笔按凭证号码顺序登记收入栏；支出合计栏按现金支出日记账中每日算出的支出合计数登记。多栏式现金支出日记账由出纳员根据审核无误的现金付款记账凭证逐日逐笔按凭证号码顺序登记支出栏；收入栏合计数按现金收入日记账每天算出的收入合计数登记。多栏式现金收入日记账和多栏式现金支出日记账每天应结出余额，二者核对相符后与实际库存现金数核对。

2. 银行存款日记账。银行存款日记账是逐日逐笔记录企业银行存款收入、支出及结存情况的会计账簿。银行存款日记账的设置便于了解企业大部分业务的收入、支出和结存情况，便于企业与开户银行之间核对账目，同时，便于检查企业执行银行结算制度的情况。

银行存款日记账一般由出纳人员登记，登账的主要依据是审核无误的银行存款收、付款凭证。除此之外，因为对于把现金存入银行业务只填制现金付款凭证，所以反映此类业务的现金付款凭证也是登记银行存款日记账的依据。登记银行存款日记账必须逐日逐笔登记入账，登记时按记账凭证号码顺序登记。因银行存款结算凭证种类较多，为了便于与银行查对账项，加强对支票等结算凭证的管理，在银行存款日记账中专设一个“结算凭证”栏。所以登记银行存款日记账时要注意把银行结算凭证的种类、号码填写清楚，以便于和银行对账单核对。银行存款日记账应每天结出余额，以便企业有关管理人员能及时掌握本单位的支付能力和银行存款的增减变动情况，会计人员可以根据银行存款日记账登记总账的有关账户。

银行存款日记账的格式有三栏式和多栏式两种。

三栏式的银行存款日记账设有收入、支出、结余三个金额栏，有时还设对应科目栏（表 8－6）。

多栏式的银行存款日记账对银行存款收付业务涉及的会计科目设置专栏。在采用多栏式日记账时，为了防止账页过宽一般也要分设银行存款收入日记账和银行存款支出日记账两本账。银行存款日记账多栏式的格式及登记方法见表 8－7 和表 8－8。

多栏式银行存款收入日记账由出纳员根据审核无误的银行存款收款凭证，以及反映现金与银行存款之间划转业务的现金付款凭证逐日逐笔按凭证号码顺序登记收入栏;支出合计栏按银行存款支出日记账中每日算出的支出合计数登记。多栏式现金支出日记账由出纳员根据审核无误的银行存款付款记账凭证逐日逐笔按凭证号码顺序登记支出栏;收入栏合计数按现金收入日记账每天算出的收入合计数登记。

表 8 – 6 银行存款日记账(三栏式)

2017 年		凭证号数	摘要	结算凭证		对应科目	收入	支出	结余
月	日			种类	号数				
6	1		期初余额						50 000
	1	银付 1	提取现金	现金支票	119	库存现金		20 000	30 000
	1	银收 1	销售收入			主营业务收入	7 000		37 000
	1	银收 2	收到前欠款	转账支票	888	应收账款	8 000		45 000
	30		本期发生额及期末余额				100 000	80 000	70 000

表 8 – 7 银行存款收入日记账(多栏式)

2017 年		凭证号数	摘　要	结算凭证		应贷科目				支出合计	结余
月	日			种类	号数	库存现金	主营业务收入	应收账款	合计		
6	1		期初余额								50 000
	1	银收 1	销货收入				7 000				
	1	银收 2	收到前欠款	转账支票	888			8 000			
			小计						15 000	20 000	45 000
			本期发生额及期末余额						100 000	80 000	30 000

表 8－8　　银行存款支出日记账(多栏式)

2017 年		凭证号数	摘　要	结算凭证		应借科目			收入合计	结余
月	日			种类	号数	库存现金	应收账款	合计		
6	1		期初余额							50 000
	1	银付 1	提取现金	现金支票	119	20 000				
			小计					20 000	15 000	45 000
	30		本期发生额及期末余额					100 000	80 000	70 000

四、总分类账的设置和登记

总分类账是按照总分类账户开设和登记的账簿,对企业的全部经济业务进行总括的分类反映。同时,它也是编制会计报表的主要依据。所以，每一会计主体都必须设置总分类账。

在总分类账内,应由专职会计人员按照总分类账户的编号顺序开设户头,分设独立的账页,预留每个账户所需要的页数,每个账户预留页数的多少,应视该账户记录的经济业务的估计次数来确定。总分类账簿应由专职会计人员负责登记,其登记方法有逐笔登记和汇总登记两大类,登记的直接依据有记账凭证、汇总记账凭证、科目汇总表、日记账等。由于总分类账簿的登记依据和登记方法受账务处理程序的制约,因此,在不同的账务处理程序下有不同的总分类账的格式和登记方法(详见第十一章介绍)。总账一般采用借、贷、余三栏式账页,其一般格式和登记方法见表 8－9 所示。

表 8－9　　三栏式总账

账户名称:库存现金　　第×××页

2017 年		凭证号数	摘　要	对应科目	借　方	贷　方	余　额
月	日						
6	1		期初余额				100
	1	银付 1	提取现金	银行存款	20 000		20 100
	1	现收 1	罚款收入	营业外收入	30		20 130
	1	现付 1	发放工资	应付职工薪酬		20 000	130
	1	现付 2	购买办公用品	管理费用		20	110

续表

2017年		凭证号数	摘 要	对应科目	借 方	贷 方	余 额
月	日						
	30		本期发生额及期末余额		81 000	80 900	200

除了三栏式总账以外，还有多栏式总账。多栏式总账的格式有多种，一般常见的是日记总账。即在设置总账时，把总账账页按会计科目分成若干专栏，将企业发生的全部经济业务既序时又分类地逐笔登记入账。这种日记总账既有日记账的作用，又有分类账的作用。但是，如果总分类账户较多时，则会发生账页过宽等问题。因此，一般在经济业务不复杂、设置会计科目少的小单位才使用日记总账。日记总账的格式和登记方法见表8－10。

表8－10　　多栏式总账

2017年		凭证号数	摘 要	库存现金		银行存款		应收账款			
月	日			借方	贷方	借方	贷方	借方	贷方		
6	1		期初余额	100		8 000		—			
	1	银付1	提取现金	2 000			2 000				
	30		本期发生额	8 000	7 300	89 000	91 000				
			期末余额	800		6 000					

五、明细分类账的设置和登记

明细分类账是按照二级账户或明细分类账户开设的分类账。它对各有关会计要素项目进行较为详细的分类反映，是对总分类账的必要补充说明，同时，还可以为编制会计报表提供所需的详细资料。各会计主体应根据管理的需要为准设置明细分类账，不能过于详细。一般会计主体必须设置往来明细分类账、存货明细分类账、固定资产明细分类账、收入明细分类账、费用明细分类账、应交税费明细分类账等。

明细分类账由有关会计人员根据记账凭证、原始凭证或原始凭证汇总表进行登记。在一般情况下，明细分类账应逐笔登记，如固定资产明细分类账、应收账款明细分类账等；对于大量重复发生的经济业务，如发料投入生产等也可以逐日汇总；有的明细分类账可以3－5天定期汇总登记。

明细分类账户的格式一般有数量金额式、三栏式和多栏式三种，不同格式的明细分类账分别满足不同的管理和核算需要。

数量金额式明细分类账一般用于反映存货收、发、存的详细情况，如库存商品明细分类账、原材料明细分类账（表8－11）等，既提供货币指标，又提供数量指标，满足实物管理中对实物数量指标的需要；多栏式明细分类账一般用于反映费用、成本、收入情况，如生产成本明细分类账（表8－12）、材料采购明细分类账（表8－13、表8－14），它们详细反映了费用成本的构成情况，充分满足对费用和成本分析、控制的需要；三栏式明细分类账一般用于反映债权、债务结算情况，如应收账款明细分类账、应付账款明细分类账等（表8－15），反映债权债务的发生和结算情况，满足会计主体对信用管理的需要。

表8－11 **原材料明细分类账**

二级科目：金属材料　　　　计量单位：kg

材料名称：钢材　　　　最高储备：

材料规格：　　　　最低储备：

2017年		摘要	收入			发出			结存		
月	日		数量	单价	金额	数量	单价	金额	数量	单价	金额
6	1	月初余额							100	1	100
	6	车间领用				60	1	60	40	1	40
	10	购入	80	1.3	104				120	1.2	144
	12	车间领用				100	1.2	120	20	1.2	24
6	30	本月合计									

表8－12 **生产成本明细分类账**

产品名称：A产品

2017年		凭证		摘要	借方				
月	日	种类	号数		直接材料	直接人工	其他直接费用	制造费用	合计
6	1			期初余额	1 000	50	500	88	1 638

续表

2017 年		凭　证		摘　要	借　　方				
月	日	种类	号数		直接材料	直接人工	其他直接费用	制造费用	合计
	30			本期发生额	8 000 [7 800]	5 000 [4 200]	2 000 [1 800]	1 600 [1 200]	16 600 [15 000]
	30			期末余额	200	800	200	488	2 638

表 8 – 13　　　　**材料采购明细分类账**

材料名称:甲材料

2017 年		凭　证		摘　要	借　　方			贷方
月	日	种类	号数		买价	运杂费	合计	
6	1			月初余额	—	—	—	—
	8	转	1	购入 100kg	1 000		1 000	
	12	现付	1	运杂费		50	50	
	12	转	2	材料入库				1 050
	28	银付	3	购入 100kg,未入库	990		990	
	30			本期发生额	1 990	50	2 040	1 050
	30			期末余额			990	

表 8 – 14　　　　**材料采购明细分类账**

材料名称:乙材料

2017 年		凭　证		摘　要	借　　方			贷方
月	日	种类	号数		买价	运杂费	合计	
6	1			月初余额	—	—	—	—
	15	银付	1	购入 250kg	10 000	1 000	11 000	
	15	转	3	材料入库				11 000
	30			本期发生额	10 000	1 000	11 000	11 000
	30			期末余额	—	—	—	

表 8－15　　应付账款明细分类账

客户名称:BB 公司　　第 × × 页

2017 年		凭证号数	摘　要	对应科目	借方	贷方	余额
月	日						
6	8	转字 1	购料	在途物资 应交税金		1 000 170	 1170
	18	银付 2	支付欠款	银行存款	1 170		0
	30		本期发生额 及期末余额		1 170	1 170	0

六、总分类账和明细分类账的平行登记

(一)总分类账和明细分类账的关系

总分类账是按照总分类账户开设的分类账,提供会计主体财务状况和经营成果的全面、系统的分类资料,只提供货币指标。明细分类账是按照二级账户或明细分类账户开设的分类账。它对各有关会计要素项目进行较为详细的分类反映,除了货币指标外,还提供实物量度指标,为日常管理和编制会计报表提供更加详细的资料。明细分类账对总分类账进行必要的补充说明,总分类账对明细分类账起统驭作用。

总分类账和明细分类账登记的依据是相同的,根据同一会计凭证对同样的会计事项进行确认和计量,这就客观要求总分类账和明细分类账进行平行登记。

(二)总分类账和明细分类账的平行登记

总分类账和明细分类账的平行登记就是对同一会计事项在总分类账和明细分类账中进行的同方向、同金额、同时间的登记。

1. 同方向:是指对于同一会计事项在总分类账簿中的记账方向和在明细分类账簿中的记账方向是一致的。也就是说,如果在总分类账簿中的记账方向是借方(贷方),那么,在明细分类账簿中的记账方向必定也是借方(贷方)。

2. 同金额:是指对于同一会计事项在总分类账簿中的登记金额和在明细分类账簿中的登记金额是一致的,即在总分类账簿中的记账金额和在其控制的所有明细分类账簿中的登记金额之和必定是相等的。

3. 同时间:是指对于同一会计事项在总分类账簿中入账的会计期间和在明细分类账簿中入账的会计期间是一致的,即总分类账不管是逐笔登记还是汇总登记,其所记录会计事项的入账期间和其控制的明细分类账的入账期间是同一月份。

总分类账和明细分类账的平行登记的方法见例题。

【例 8.1】AA 公司 2017 年 6 月 8 日有如下业务(材料收发业务按计划成本核算,并且实际成本和计划成本相等):

(1)6 月 8 日　AA 公司从 BB 公司购入甲材料 100kg,买价 1 000 元,价税合计 1 170 元,款项未付。

(2)6 月 12 日　现金支付上述业务购料运杂费 50 元,材料验收入库。

(3)6 月 15 日 AA 公司从 CC 公司购入乙材料 250kg,买价 10 000 元,税款 1700 元,运杂费 1 000 元。所有款项均已支付,材料验收入库。

(4)6 月 18 日 向 BB 公司支付 6 月 8 日购料款。

(5)6 月 28 日 AA 公司从 DD 公司购入甲材料 100kg,买价 990 元,价税合计 1 158. 30元。款项已经支付,材料尚在运输途中。

会计分录:

(1)转字 1:

借:在途物资——甲材料	1 000	
应交税费——应交增值税(进项税额)	170	
贷:应付账款——BB 公司		1 170

(2)现付 1:

借:在途物资——甲材料	50	
贷:库存现金		50

转字 2:

借:原材料——甲材料	1 050	
贷:在途物资——甲材料		1 050

(3)银付 1:

借:在途物资——乙材料	11 000	
应交税费——应交增值税(进项税额)	1 700	
贷:银行存款		12 700

转字 3:

借:原材料——乙材料	11 000	
贷:在途物资——乙材料		11 000

(4)银付 2:

借:应付账款——BB 公司	1 170	
贷:银行存款		1 170

(5)银付 3:

借:在途物资——甲材料	990	
应交税费——应交增值税(进项税额)	168.30	
贷:银行存款	1 158.30	

上述业务中涉及"在途物资"账户的转字 1、2、3 号记账凭证,银付 1、2、3 号记账凭证以及现付 1 号记账凭证,不仅是登记"在途物资"明细分类账的依据,同时也是登记"在途物资"总分类账的依据。根据这些记账凭证一一登记明细分类账之后,在同一会计期间内,也要在总分类账内相应进行借方或者贷方记录。

总分类账和明细分类账的核对通过编制明细分类账户本期发生额及期末余额表(表 8 - 16)进行。明细分类账户本期发生额及余额表是按照总分类账户所属的所有明细分类账户的明细分类账账页记录的本期发生额和期末余额填制的,用以和总分类账本期发生额及余额进行核对的对照表。总分类账户所属的所有明细分类账户的本期发生额合计数和期初、期末余额合计数，应该分别和总分类账的本期发生额合计数和期初、期末余额合计数相等。明细分类账户本期发生额及余额表的格式是按照汇总明细分类账本期发生额及余额的原则设计的，主要有表 8－17 、表 8－18 两种格式。

表 8－16 **在途物资总分类账**

账页：第××页

2017 年		凭　证		摘　　要	借　方	贷　方	借或贷	余　额
月	日	种类	号数					
6	1			月初余额			平	0
	8	转	1	购料	1 000		借	1 000
	12	现付	1	运杂费	50		借	1 050
	12	转	2	入库		1 050	平	0
	15	银付	1	购料	11 000		借	11 000
	15	转	3	入库		11 000	平	0
	28	银付	3	购料	990		借	990
	30			本期发生额及期末余额	13 040	12 050	借	990

表 8－17 **在途物资明细分类账户本期发生额及余额表**

材料种类	期初余额		本期发生额		期末余额	
	借方	贷方	借方	贷方	借方	贷方
甲材料	—		2 040	1 050	990	
乙材料	—		11 000	11 000	—	
合　计	—		13 040	12 050	990	

表 8－18 **原材料明细分类账户本期发生额及余额表**

材料种类	期初结存			入库			发出			期末结存		
	数量	单价	金额	数量	单价	金额	数量	单价	金额	数量	单价	金额
甲材料	—											
乙材料	—											
合　计	—											

第三节　记账规则

记账规则是指为了保证账簿记录的真实性、正确性、完整性、及时性和明确经济责任而对会计人员记账时规定的操作规程和要求。记账规则主要有以下三个方面的内容。

一、账簿启用和交接规则

启用会计账簿时,应当在账簿封面上写明单位名称和账簿名称,在账簿扉页上应当附启用表。启用表内容包括:启用日期、账簿页数、记账人员和会计机构负责人、会计主管人员姓名,并加盖名章和单位公章。记账人员或者会计机构负责人、会计主管人员调动工作时,应当注明交接日期、接办人员或者监交人员姓名,并由交接双方人员签名或者盖章。

启用订本式账簿,应当从第一页到最后一页按顺序编定页码,不得跳页、缺号。使用活页式账页,应当按账户顺序编号,并须定期装订成册,装订后再按实际使用的账页顺序编定页码,另加目录,记明每个账户的名称和页次。

为了加强管理,防止舞弊行为,应对账簿编册、编号。订本式账簿应在启用前查明账簿页数,并登记在启用交接表中;活页账在装订成册时查页、编号,并在启用交接表中记录。

二、账簿登记规则

登记账簿是一项很重要的会计工作,在手工操作的会计工作程序中居中心环节,账簿登记工作质量的好坏对会计信息的质量有决定性作用。

(一)账页的登记规则

1. 会计人员应当根据审核无误的会计凭证登记会计账簿。登记账簿的基本要求是:

(1)登记会计账簿时,应当将会计凭证日期、编号、业务内容摘要、金额和其他有关资料逐项记入账内,做到数字准确、摘要清楚、登记及时、字迹工整。登记账簿要及时。

(2)登记完毕后,要在记账凭证上签名或者盖章,并注明已经登账的符号,表示已经记账。

2. 各种账簿按页次顺序连续登记,不得跳行、隔页。如果发生跳行、隔页,应当将空行、空页划线注销,或者注明“此行空白”、“此页空白”字样,并由记账人员签名或者盖章。

每一账页登记完毕结转下页时,应当结出本页合计数及余额,写在本页最后一行和下页第一行有关栏内,并在摘要栏内注明“过次页”和“承前页”字样;也可以将本页合计数及金额只写在下页第一行有关栏内,并在摘要栏内注明“承前页”字样。

对需要结计本月发生额的账户,结计“过次页”的本页合计数应当为自本月初起至本页末止的发生额合计数;对需要结计本年累计发生额的账户,结计“过次页”的本页合计数应当为自年初起至本页末止的累计数;对既不需要结计本月发生额也不需要结计本年累计发生额的账户,可以只将每页末的余额结转次页。

3. 凡需要结出余额的账户,结出余额后,应当在“借或贷”等栏内写明“借”或者“贷”等字样。没有余额的账户,应当在“借或贷”等栏内写“平”字,并在余额栏内用

“—”或者“0”表示。

(二)账簿的书写要求

1. 账簿中书写的文字和数字上面要留有适当空格，不要写满格；一般应占格距的1/2。

2. 登记账簿要用蓝黑墨水或者碳素墨水书写，不得使用圆珠笔(银行的复写账簿除外)或者铅笔书写。

3. 下列情况，可以用红色墨水记账：

(1)按照红字冲账的记账凭证，冲销错误记录；

(2)在不设借贷等栏的多栏式账页中，登记减少数；

(3)在三栏式账户的余额栏前，如未印明余额方向的，在余额栏内登记负数余额；

(4)根据国家统一会计制度的规定可以用红字登记的其他会计记录。

例如，财政部会计司编辑的《会计制度补充规定及问题解答(第一辑)》，在解答“应交税费——应交增值税”明细分类账户的设置方法时，对使用红色墨水登记的情况作了一系列较为详尽的说明：在“进项税额”专栏中用红字登记退回所购货物应冲销的进项税额；在“已交税费”专栏中用红字登记退回多交的增值税额；在“销项税额”专栏中用红字登记退回销售货物应冲销的销项税额，以及在“出口退税”专栏中用红字登记出口货物办理退税后发生退货或者退关而补交已退的税款。

三、错账更正规则

在账簿登记过程中，因为种种原因会造成一些记账错误。这些错账有些是根据错误的记账凭证登记形成的，有的则是登记账簿过程中形成的(凭证无误)。在记账或者结账时如果发现有了差错应及时分析错误的性质和原因，并针对错误的不同情况给予更正。

(一)错账的种类

错账的种类可以根据错账形成原因和错账后果进行分类，详见图8－2。

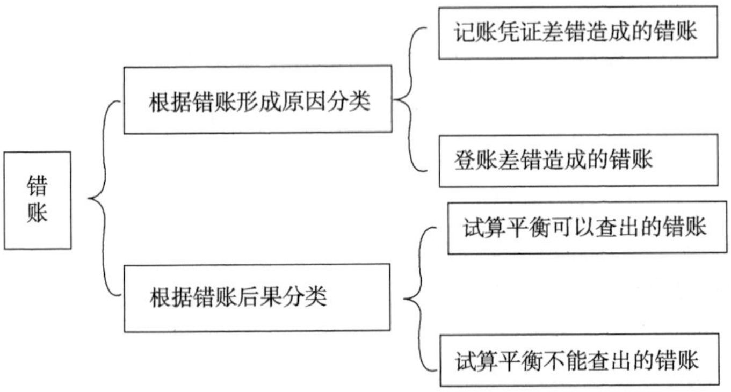

图8－2 错账分类图

会计人员应当根据不同的错账后果运用相应的查错方法找出错账，针对不同的错账原因采用相应的方法更正错账。

（二）错账的查找方法

有些错账是试算平衡可以查出的。这类错账影响借贷平衡关系，在期末编制试算平衡表时容易发现，其形成原因较为复杂。有的是因为过账时借贷某一方账户的数字登记颠倒，如应借计 89 却误写为 98，应贷记 35 却误写为 53 等；有的是因为过账时借贷某一方账户的数字错位，如将借记 100.10 误写为借记 10.01，将贷记 50.00 误记为贷 5 000.00等；有的差错是因为过账时借贷某一方账户发生记账方向错误，如将应借记“原材料”账户的 3 000.00 元误记入该账户贷方；有的差错是属于计算错误，如发生额合计错误或余额计算错误等等。此类差错形成后，会引起借贷发生额或借贷余额之间有一差数，在查找差错原因时，可抓住差数进行分析，并运用一定的方法找出差错所在。

有些错账是试算平衡不能查出的。这类错账不影响借贷平衡关系，因此在试算平衡时不容易发现，一般只有通过全面对账才能发现。例如，重复登记或者漏登某项业务。

总之，差错的原因是多方面的，有时还会出现多种差错一起出现的局面。因此，在查找错账原因时，一定要认真分析，找到差错的源头。

一般地讲，有的差错出现后较易确定发生错账的范围，这时就可以在确定的范围内采用一定的方法定向查找，这种检查方法叫个别检查法，具体方法有差数法、倍除法和除九法等，主要适用于第一类差错的查找，并且在仅仅出现第一类某种差错时查找效果更佳。有的差错出现后则不易确定其所在范围，这时，一般要全面查找，叫全面检查法，具体方法有顺查法和逆查法，在差错情况复杂时可以同时运用这两种方法。

1. 个别检查法。

（1）差数法。如果试算平衡表中借贷发生额合计数之差恰好等于某笔经济业务的发生额或发生额的尾数，就有可能是发生了重记或漏记一方发生额或发生额尾数的错误。例如，试算平衡表中借贷发生额合计数之差为 700.00，纵观账簿记录，如果发现只有某一笔经济业务的发生额为 700.00，则有可能是该笔经济业务所涉及的某个方向的账户重记或漏记造成的。如果账簿中没有发生额为 700.00 的经济业务，却只有一笔后尾数为 700.00 的经济业务，如发放工资 4 700.00，则有可能是过账时借贷某一方将 4 700.00 误记为 4 000.00 。这种利用借贷之差找差错的方法叫差数法。当期账目中只有一项差错时，利用差数法寻找差错的原因会比较快捷，但是，如果当期账目中不止一项差错，则用其他查错方法较好。

（2）倍除法。如果试算平衡时借贷合计数之差是偶数，除 2 后的商数等于某笔经济业务的发生额，就有可能是借贷某一方过账时记反了方向。如在试算平衡时发现借贷之差为一偶数 4 000.00，同时没有发现发生额 4 000.00 的经济业务，却只有一笔发生额 2 000.00 的经 济业务。假定在当期账目中只有一项差错，就很有可能是登记该项业务时方向有错。如果 4 000.00 为借方大于贷方之差，则是应贷记时却借记了 2 000.00；如果 4 000.00 为贷方大于借方之差，则是应借记时贷记了 2 000.00。这种利用借贷之偶数差额除 2 得到的商数寻找差错的方法叫倍除法。

(3)除九法。如果试算平衡时,借贷合计数之差额能被九除尽,则有可能是100以内的数字位置颠倒造成的差错,如89误写为98;也有可能是数字错位造成的,如890误写为89或8 900等。

如果是100以内数字位置颠倒造成的差错,则除了借贷之差额能用9除尽外,组成这个数的两个数字之差还与差额除以9的商相等。例如89误写为98,98与89之差为9,差额9与商数9之商为1,而组成89和98的两个数字8和9之差也等于1。又如,63误写为36,则二者之差为27,27除以9之商为3,组成63和36的两个数字6和3之差也等于3。相邻数字颠倒形成的差错有一定的规律性,可见表8-19。该表列示了所有可能发生的颠倒错误。如果差错额是表8-19中差数扩大或缩小的倍数,则应用此表时,表中的相关数字也应扩大或缩小相应的倍数。

从表8-19中可以看出,符合差数能被9除尽,两个数字之差等于差额除以9之商条件的数有许多,如差额等于63,两个数字之差等于7的数字有70和7、81和18、92和29。所以,在查找差错时要结合实际情况,尽快排除非差错因素,找出真正的差错所在。

表8-19　　邻位数字颠倒便查表

大的数颠倒为小的数									差数	小的数颠倒为大的数								
89	78	67	56	45	34	23	12	01	9	10	21	32	43	54	65	76	87	98
	79	68	57	46	35	24	13	02	18	20	31	42	53	64	75	86	97	
		69	58	47	36	25	14	03	27	30	41	52	63	74	85	96		
			59	48	37	26	15	04	36	40	51	62	73	84	95			
				49	38	27	16	05	45	50	61	72	83	94				
					39	28	17	06	54	60	71	82	93					
						29	18	07	63	70	81	92						
							19	08	72	80	91							
								09	81	90								

如果是数字错位造成的差错,则差额除以9,99,999,…即为正确数字或正确数字的1/10,1/100,1/1000,…。例如,81误写为810,则差额729除以9之商数为81是正确数字;反之,则商数81是810的1/10。

以上利用借贷之差额除以9所得的商数寻找差错的方法叫除九法。

2.全面检查法。

(1)顺查法。这是按照会计记账的程序,从会计凭证查起,最后查会计报表的方法。其程序见图8-3。

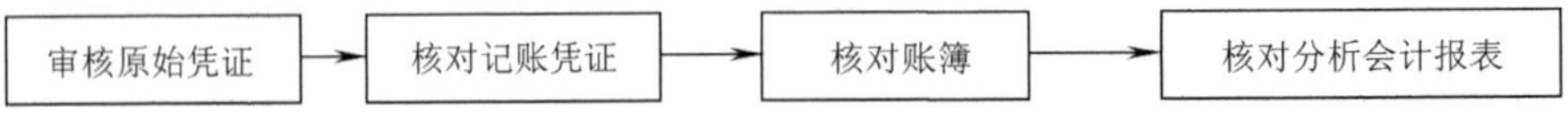

图8-3　顺查法程序图

顺查时,一般要一一翻阅原始凭证，工作量较大。但当账目差错较多，或差错不影响借贷平衡关系时，运用顺查法查账是查实 问题所必需使用的方法。查错时，对于已经查对过的所有账目都 要一一标上记号，分清错误的和正确的，并把错误的账目分别账页、记账日期、凭证号数、业务内容、差错情况等项目详细记录下来，以免造成混乱，重复查找。

(2)逆查法,又称倒查法。它是按照会计记账程序相反的顺序进行查账的方法。查账顺序见图 8－4。

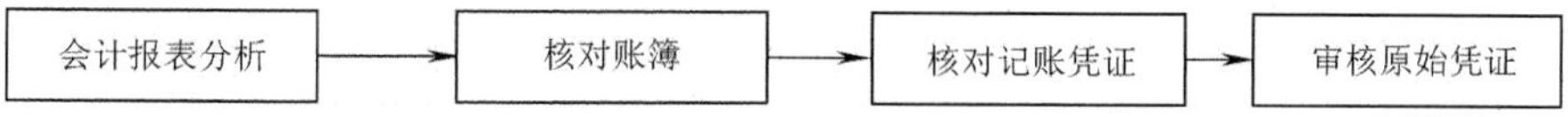

图8－4　逆查法程序图

逆查法从报表开始审查易于发现问题，省时省力，效果较好。因为一般情况下，差错中过账造成的差错较多，通过账账核对即可找出错账的原因。但如果账账核对后仍找不出原因，就需按逆序查下去，直到查出错处为止。

综上所述，查账是一件费时、费力的工作，因此，平时记账时应细致工作，防患于未然。

(三)错账的更正方法

对于账簿记录出现的差错，不能随意涂改和刮擦，而应按照统一规定的更正方法进行更改。对于不同原因造成的错账,在更正时应采用不同的方法。错账的更正方法有划线更正法、红字冲销法和补充登记法三种。记账凭证差错造成的错账必须用后两种方法更正。

1. 划线更正法。划线更正法是用红线把错误记录划掉，表示注销，然后把正确的文字或数字写在错账的正上方，并加盖更改人私章以明确记账责任的一种错账更正方法。

划线更正法适用于期末结账前发现的账簿文字、数字笔误或 数字计算错误，以及非因记账凭证中应借、应贷账户或金额错误 而发生的过账错误。

例如，结转本月购入材料的实际采购成本。记账凭证上正确 金额为 6 903. 70，而账簿中记录为 6 905. 10 。这时，应在 6 905. 10 上划一条红线，以示注销，然后把 6 903. 70 写在其正上方，并加盖更改人私章 。

需要注意的是，划线时要把全部数字划去，不能只划个别错误的数字，同时，划线更正后应保持原数字清晰可辨。

2. 红字冲销法。红字冲销法又称红字更正法，它是先用红字金额填写一张与错误的记账凭证完全一样的凭证，并据之过账，以冲销原有的记录，然后再用蓝字填写一张正确的记账凭证，并据之登记有关账簿的错账更正方法。

红字冲销法一般适用于期末结账前发现的由于记账凭证中会计科目错误及登记的错误金额大于正确金额而造成的账簿记录错误。用红字冲销法更正这些错误可以保持正确的科目对应关系及经济业务发生额,如实反映业务内容。

【例 8.2】本月车间办公费 100 元，填制记账凭证时误记为“ 管理费用 ”，并已登记入账。

原分录如下：

借：管理费用　　100

　贷：库存现金　　100

①用红字金额填制一张与原记录一样的记账凭证，分录如下：

借：管理费用　　[100]

　贷：库存现金　　[100]

注：口表示红字。

②用蓝字填制一张正确的记账凭证。分录如下：

借：制造费用　　100

　贷：库存现金　　100

更正错账的凭证填制后要据以过账。过账后有关总分类账户的记录见图 8－5。

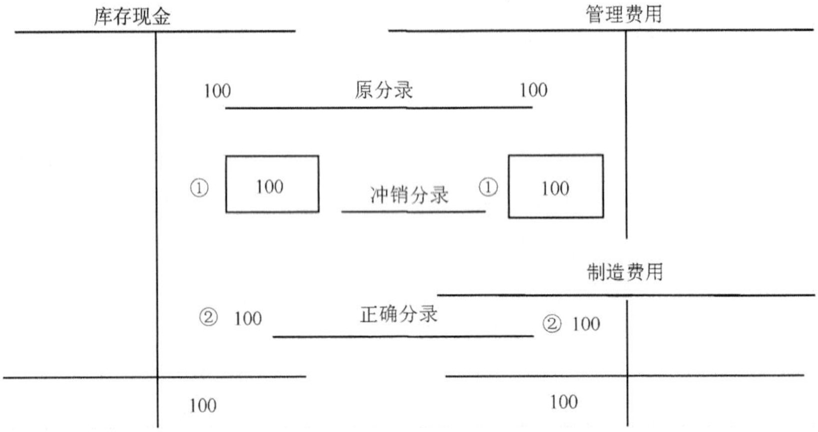

图 8－5　红字冲销法一

如果出现差错的记账凭证中会计科目正确，仅仅是所记金额大于应记金额，并已过账，则用红字凭证冲销多记差额数即可。

【例 8.3】本月厂部水电费共付 898 元。记账凭证中误记为 989 元，并已入账。

原分录如下：

借：管理费用　　989

　贷：库存现金　　989

更正时，用红字填制一张记账凭证，冲销多记的 91 元即可，分录如下：

借：管理费用　　[91]

　贷：库存现金　　[91]

填制更正凭证后应据以过账，更正分录过账后，账簿中相关会计账户的发生额为 898 元，与实际情况取得一致，见图 8－6。

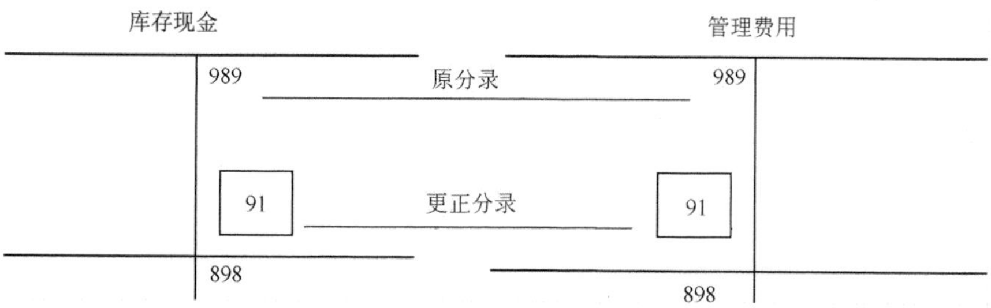

图 8－6　红字冲销法二

3. 补充登记法。补充登记法是按应记金额和错记金额之差用蓝字填写一张会计科目与原记账凭证相同的记账凭证，并据以过账，以补充少记金额的一种错账更正方法。如果结账前发现原有记账凭证中科目正确，但所填金额小于应记金额时，可以用补充登记法进行更正。

【例 8.4】购入办公用品一批，发票价格为 183 元，填制记账凭证时金额误记为 138 元，并已入账。原分录如下：

借:管理费用　　138

　贷:库存现金　　138

更正分录如下：

借:管理费用　　45

　贷:库存现金　　45

填制更正凭证并据以过账后，在“管理费用”和“库存现金”总分类账中就记录了正确的业务发生额 183 元。

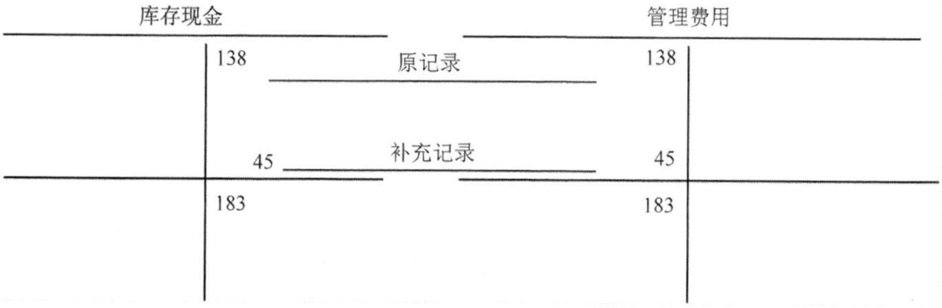

图 8－7　补充登记法

正确地运用错账的更正方法更正错账，会保持有关账户之间的对应关系，客观地反映曾经发生过的经济事项，使账簿资料真实、可靠、可查对。

第四节　对账和结账

一、对账

会计工作要求"锱铢必较，分文不漏"，但是，在实际工作中，由于自然或人为的原因，往往会造成账账不符或账实不符。如在实物收发时，由于度量衡不准确而造成的账实不符；在实物保管中，由于自然灾害、犯罪分子破坏等原因而造成的账实不符；由于会计人员的原因而造成的账簿记录、计算差错等。为了保证会计资料的真实性、准确性，应该经常对账，尤其在结账之前必须对账。

对账内容包括账证核对、账账核对和账实核对。

（一）账证核对

账证核对指各种账簿记录与会计凭证核对。账证核对主要在日常登记账簿时逐笔核对。如果在期末对账时发现差错，也需要查对有关会计凭证。

（二）账账核对

账账核对指企业内部各种账簿记录之间有关数据相互核对。账账核对工作一般在结账过程中进行，会计部门内部对账主要有以下几项内容，在其核对相符的基础上才能与其他部门和单位核对相关账目。

1. 总分类账的核对。全部总分类账户的本期借方发生额合计数与贷方发生额合计数相互核对，借方余额合计数与贷方余额合计数进行核对。核对工作一般应通过编制总分类账户本期发生额及余额表来进行，如果两组数字不相等，则应查明原因，直至相等为止。

2. 明细分类账的核对。各明细分类账发生额之和应与其所属的总分类账户的发生额相等，且方向一致；各明细分类账的余额之和应与其所属的总分类账的余额相等，且方向一致。明细分类账与其所属的总分类账的核对工作一般通过编制明细分类账户发生额及余额表进行。核对时，把表中所有明细分类账户的发生额合计数、余额合计数分别与其所属的总分类账户发生额及余额核对。

3. 日记账的核对。现金、银行存款日记账中的发生额及余额应与总分类账中的现金、银行存款的发生额及余额进行核对。

（三）账实核对

账实核对指账簿记录和实际数字核对。账实核对工作主要在资产清查时进行，有些内容则在日常进行。主要包括：

1. 现金日记账现金账存数与库存现金数额核对。为做到日清月结，应每天核对一次。

2. 银行存款日记账与银行定期送来的对账单进行核对。

3. 财产材料的账存数与实存数进行核对。如材料明细分类账与材料实际库存数核对。

4. 债权、债务账与往来单位或个人进行核对。

账实核对的内容主要是资产清查，其清查方法将在第九章详细介绍。

二、结账

结账就是在将本期发生的经济业务全部入账的基础上，在会计期末结算出各账户的本期发生额合计数及期末余额，对该期的经济活动进行总结。及时结账有利于了解会计期间内资产、负债、所有者权益的增减变化及变化结果，有利于正确及时地确定当期的经营成果，为考察企业经营业绩提供依据；同时，根据结账后的账簿资料，可以为提供最终的会计信息，即为会计报表的编制提供依据。

结账前应做好准备工作，这些准备工作的内容主要有以下几项：

（1）把本期发生的全部经济业务登记入账。结账是对一定会计期间内经济活动的最后总结，因此，结账前一定要保证会计期内的全部经济业务都登记入账，不能提前结账，也不能为了某种原因将本月的经济业务记入下月发生额内。

（2）为调整账项编制记账凭证并登记入账。按照权责发生制，费用（收入）的归属期与支付（收讫）期并不完全一致，应在各归属期进行账项调整，编制记账凭证，并及时过账。

（3）编制结转分录，并登记入账。结转分录指期末时，将某一账户的余额或借贷之差额转入另一账户的会计分录。例如，会计期末，把“制造费用”账户的余额转至“生产成本”账户；把“主营业务收入”等损益类账户结转至“本年利润”账户等。

结账的具体方法，因账簿的种类和账页的格式不同而有所不同。一般方法是：结账时，应当结出每个账户的期末余额。需要结出当月发生额的，应当在摘要栏内注明“本月合计”字样，并在下面通栏划单红线。需要结出本年累计发生额的，应当在摘要栏内注明“本年累计”字样，并在下面通栏划单红线；12 月末的“本年累计”就是全年累计发生额。全年累计发生额下面应当通栏划双红线。年度终了结账时，所有总账账户都应当结出全年发生额和年末余额。年度终了，要把各账户的余额结转到下一会计年度，并在摘要栏注明“结转下年”字样；在下一会计年度新建有关会计账簿的第一行余额栏内填写上年结转的余额，并在摘要栏注明“上年结转”字样。

第五节　会计账簿的更换和保管

一、账簿的更换

账簿的更换是指在会计年度终了时，将上年度的账簿更换为次年度的新账簿。在每一会计年度结束时，应按会计制度的规定，更换总账、日记账和大部分明细分类账。一少部分明细分类账还可以继续使用，年初可以不必更换账簿，如固定资产明细分类账等。

更换账簿时，应将上年度各账户的余额直接记入新年度相应的账簿中，并在旧账簿中各账户年终余额的摘要栏内加盖“结转下年”戳记。在下一会计年度新建有关会计账簿的第一行余额栏内填写上年结转的余额，并在摘要栏注明“上年结转”字样。

各种会计账簿年度结账后，除跨年使用的账簿外，其他账簿应按时整理立卷，装订成册，专人保管，严防丢失和损坏。其基本要求是：

(1)账簿装订前，首先按账簿启用表的使用页数核对各个账户是否相符，账页数是否齐全，序号排列是否连续；然后按会计账簿封面、账簿启用表、账户目录、顺序排列的账页、会计账簿封底的顺序装订。

(2)活页账簿装订要求：

①保留已使用过的账页，将账页数填写齐全，去除空白页和撤掉账夹，用质好的牛皮纸做封面、封底，装订成册。

②多栏式活页账、三栏式活页账、数量金额式活页账等不得混装，应按同类业务、同类账页装订在一起。

③在每本账的封面上填写好账目的种类、卷号，会计主管人员和装订人(经办人)签章。

二、账簿的保管

会计账簿是会计主体的重要经济档案，在经营管理中具有重要作用。因此，每一个会计主体都应按照国家有关规定，对会计账簿进行完善的管理。

账簿日常保管应由各自分管的记账人员负责，未经单位领导和主管会计或其他有权人员批准，不许非经管人员翻阅、查看、摘抄和复制。除非司法介入、审计或者特殊需要，一般不允许任何人携带会计账簿外出。

此外，账簿交接时，应该明确责任，防止交接手续不清和可能发生的舞弊行为，保证账簿的安全和会计资料的完整。在账簿交接保管时，应将该账簿的页数、记账人员姓名、启用日期、交接日期等填列在账簿的扉页上，并由有关各方签字盖章。

年终装订归档的会计账簿应按照规定期限保管。2016 年 1 月 1 日开始实施的《会计档案管理办法》中规定：除固定资产卡片账必须在固定资产报废清理后保管 5 年外，其他会计账簿保管期限均为 30 年。

保管期满后，要按照会计档案管理办法的规定，由单位档案管理机构负责组织会计档案销毁工作，并与会计机构共同派员监销。

复习思考题

1. 什么是账簿？为什么要设置账簿？账簿的作用是什么？

2. 设置账簿的原则是什么？

3. 账簿应具备的基本内容有哪些？

4. 账簿按外表形式分为几类？按外表形式分类的各类账簿的优缺点是什么？各适用于什么样的情况？

5. 账簿按其用途不同可以分为几类？按用途分类的各类账簿之间的相互关系是怎样的？

6. 什么是序时账？序时账可分为几类？它们各适用于什么样的账页格式？不同的账页格式的优缺点是什么？

7. 什么是分类账？按账簿反映的详细程度不同，分类账可分为哪些账簿？它们的设置依据是什么？它们之间的相互关系是什么？

8. 什么是备查簿？在会计核算中它起什么样的作用？它在什么情况下使用？

9. 明细分类账一般可能有哪些账页格式？不同的账页格式各适用于什么样的情况？

10. 试述各类账簿的登记方法。

11. 错账更正方法有几种？不同的错账更正方法各适用于什么情况下形成的错账？

12. 什么是对账？为什么要进行对账？对账的内容和方法有哪些？

13. 什么是结账？为什么要进行结账？如何对结账进行分类？如何进行结账？

14. 为什么要归档保管账簿？试述不同账簿资料的保管期限。

练 习 题

习题一

练习目的：掌握日记账的登记。

资料：见第七章练习二。

要求：根据资料登记三栏式现金日记账和银行存款日记账（现金日记账期初余额5 000元，银行存款期初余额83 000元）。

习题二

练习目的：掌握分类账的登记方法。

资料1：某企业有关账户2017年8月的期末余额资料如下：

账户名称	余额（借方）	账户名称	余额（贷方）
库存现金	5 000	短期借款	35 000
银行存款	89 000	应付账款	50 000
应收账款	40 000	应交税费	18 000
原材料	60 000	应付职工薪酬	50 000
库存商品	75 000	长期借款	130 000

续表

账户名称	余额(借方)	账户名称	余额(贷方)
固定资产	530 200	实收资本	350 000
利润分配	40 000	本年利润	70 000
生产成本	5 000	坏账准备	1 200
		累计折旧	140 000

资料2:东方机械厂2017年9月会计凭证见第七章练习二要求填制的收款凭证、付款凭证和记账凭证。

要求:

(1)根据上述资料开设并登记总分类账。

(2)月末结账。

习题三

练习目的:掌握总分类账和明细分类账的平行登记。

资料1:东方机械厂2017年2月部分账户期初余额情况如下表所示:

单位:元

在途物资(借方)		应付账款(贷方)	
甲材料	—	东方公司	10 000
乙材料	—	南方公司	5 000
合计	—	合计	15 000

资料2:东方机械厂2017年2月部分经济业务如下:

(1)3日 从东方公司购入甲材料100kg,单价98元,增值税税率17%,款项已付。

(2)4日 支付甲材料运杂费1 000元,材料验收入库。

(3)5日 从南方公司购入乙材料200kg,单价100元,增值税税率17%,款项未付。

(4)9日 用银行存款支付乙材料运杂费1 000元,材料验收入库。

(5)13日 从新新公司购入甲材料100kg,单价96元,增值税税率17%,款项已付。

(6)14日 支付甲材料运杂费400元,材料验收入库。

(7)23日 从新新公司购入甲材料200kg,单价93元,增值税税率17%,款项已付。

(8)24日 支付5日乙材料货款。

(9)28日 从小规模企业购入丙材料2kg,单价8元,款项已付,材料验收入库。

要求:

(1)根据上述资料填制会计凭证,并登记“材料采购”总分类账和明细分类账。

(2)编制材料采购账户明细分类账本期发生额及余额表,并与总分类账中的本期发生额和余额进行核对。

习题四

练习目的:掌握错账更正方法。

资料：东方机械厂 2017 年 2 月末结账前发现下列错账：

(1)2 月 5 日，王力购买办公用品 208 元，以现金付讫。记账凭证中记录为：

借：管理费用——办公费　　208

　贷：库存现金　　208

现金日记账登记为 209。

(2)2 月 19 日，开出现金支票支付广告费 5 000 元。记账凭证记录为：

借：管理费用　　5 000

　贷：库存现金　　5 000

并已经登记入账。

(3)2 月 28 日，支付本月财产保险费 3 160 元。记账凭证记录为：

借：管理费用　　3 600

　贷：银行存款　　3 600

并已经登记入账。

(4)2 月 28 日，支付本月电话费 2 550 元。记账凭证记录为：

借：管理费用　　2 500

　贷：银行存款　　2 500

并已经登记入账。

要求：分析以上资料，更正有关错账。

第九章

财产清查

本章要点

本章主要阐述了财产清查的意义、种类、程序、方法及其清查结果的账务处理。本章学习的重点是要掌握财产清查的程序,正确地理解和把握不同财产物资的清查方法及其清查结果的账务处理。

第一节 财产清查的意义和种类

一、财产清查的意义

(一)财产清查的概念

财产清查是指通过实地盘点、核对账目来确定各项财产物资、货币资金和债权债务的实存数,并将实存数与账面结存数进行核对,借以查明账实是否相符的一种专门方法。

保证财务信息资料的真实性,是会计核算的基本要求,也是实现会计目标的基础。因此,在整个会计核算过程中,一定要按规范的程序和方法进行。对于各种财产物资,都必须通过账簿记录来反映其增减变动和结存情况。为了保证账簿记录的正确和完整,应当定期或不定期地进行账证核对和账账核对。通过账证核对和账账核对能够检查出账簿是否根据会计凭证进行了正确的登记。但是,账簿记录的正确性,还不能说明账簿记录完全真实可靠,由于种种原因都有可能使各项财产物资的账面数额与实际结存数额发生差异。因此,必须在账证核对和账账核对的基础上,定期或不定期进行账实核对,如果账实不符,应查明原因,调整账面数额,使账面数额与实际结存数额一致。造成账实不符的原因主要有:

(1)计量、检验不准确而发生了财产物资品种、数量或质量上的差错;

(2)会计人员在登记账簿时,发生漏记、错记、重记或计算上的错误;

(3)自然力的原因,使财产物资在保管的过程中发生自然损耗或升溢;

(4)在结算过程中由于存在未达账项而造成的账实不符;

(5)管理不善或工作人员的失职而发生的财产物资的残损、变质、短缺;

(6)贪污、盗窃、营私舞弊等非法行为而造成的财产损失;

(7)发生自然灾害而造成的财产损失。

上述原因都有可能使财产物资和债权债务等出现账实不符的情况。因此,必须进行财产清查,对各项财产物资和债权债务等进行定期或不定期地盘点和核对,在账实相符的基础上编制财务报告。因为只有真实的会计信息,才能起到会计核算应有的作用。

(二)财产清查的作用

1. 确保会计核算资料的真实可靠。通过财产清查,可以检查各项财产物资的实存数与其账面数是否相符,以及产生差异的原因,并及时调整账面记录,使其账实相符。从而保证会计账簿记录的真实性,为编制财务报告做好准备。

2. 促使单位健全财产物资的管理制度,确保财产物资的安全、完整。通过财产清查,可以发现财产管理制度执行情况和存在的问题,针对存在的问题,分析原因,促使企业不断改进财产物资管理,建立和健全财产物资管理的内部控制制度,提高管理水平,确保财产物资的安全、完整。

3. 挖掘财产物资潜力,提高财产物资的使用效率。在财产清查中,不仅要对财产物资进行账实核对,还要查明各种财产物资的储存和使用情况,以便分类排队,采取相应措施,积极利用和处理,提高财产物资使用效率。对储存不足的应及时补足,确保产销需要,对多余积压的财产物资应及时解决处理,防止盲目采购、盲目生产,造成积压、呆滞现象,应充分挖掘各种财产物资的使用潜力,提高其使用效率。

4. 保证财经纪律和结算制度的贯彻执行。通过对现金、银行存款及往来账款的清查,可以检查出单位有关业务人员是否遵守财经纪律和结算制度,有无贪污、盗窃、挪用公款等营私舞弊的非法行为,从而使有关人员更加自觉地维护和遵守财经纪律。在财产清查中,对于债权债务等往来结算账款,也要与对方逐一核对清楚,对于各种应收、应付账款应及时核算,已确认的坏账要按规定处理,避免长期拖欠和常年挂账,共同维护结算纪律和商业信用。

二、财产清查的种类

财产清查可以按下列不同的标志进行分类:

(一)按照财产清查对象的范围分类

财产清查按照清查的范围大小,可以划分为全面清查和局部清查两种。

1. 全面清查。全面清查就是对属于本单位或存放在本单位的所有财产物资进行全面盘点和核对。全面清查的对象主要包括:现金、银行存款等货币资金;各种应收、应付、预收、预付等往来结算款项;材料、在产品、半成品、产成品、商品等各项存货;房屋、建筑物、机器设备等各项固定资产;委托其他单位加工、保管及受其他单位委托加工、保管的财产物资等。

全面清查的内容多,范围广,投入的人力物力多,花费的时间长,一般是在年终决算之前,要进行一次全面清查,以保证年度财务报告资料的真实性;单位撤销、合并或改变隶属关系时,要进行一次全面清查,以明确经济责任;开展资产评估、清产核资等活动,需要进行全面清查,摸清家底,确定实有资金数,以便按需要组织资金的供应。

2. 局部清查,也称重点清查,就是根据管理的需要或依据有关规定,对部分重点财产物资、债权债务进行盘点和核对。局部清查相对于全面清查而言,需要投入的人力少,花费的时间短,清查的范围小,但专业性较强。一般情况下,对于流动性较大的材料物资,除年度清查外,年内还要轮流盘点或重点抽查;对于各种贵重物资,每月应清查盘点一次;对于现金,应由出纳人员当日清点核对;对于银行存款,每月要同银行核对一次;对于各种应收账款,每年至少应当核对一至两次。

(二)按照财产清查的时间分类

财产清查按照清查时间的不同,可分为定期清查和不定期(临时)清查。

1. 定期清查。定期清查就是按事先规定的时间内对财产物资、债权债务所进行的清查。一般是在年度、季度、月份终了后进行。定期清查,可以是局部清查,如每日结账时,对现金进行的账实核对;也可以是全面清查,如在年终决算之前的清查。定期清查的目的,主要是保证会计资料的真实性。

2. 不定期清查,也称临时清查,是指事先并无计划安排,而是根据实际需要临时进行的清查。同定期清查一样,不定期清查可以是全面清查,也可以只进行局部清查,具体清查的范围应视情况而定。需要进行不定期清查的主要有以下几种情况下:更换财产物资和现金的保管人员时,要对有关人员所保管的财产物资和现金进行清查,以分清经济责任;发生自然灾害等非常损失时,要对受灾损失的有关财产物资进行清查,以查明损失情况;单位撤销、合并或改变隶属关系时,为摸清家底应对本单位的各项财产物资、货币资金、债权债务进行清查。总之,不定期清查的主要目的在于分清责任,查明情况。

第二节　财产清查的程序和方法

一、财产清查的程序

财产清查的程序是指清查工作的阶段划分及其先后顺序。财产清查是一项复杂而细致的工作,涉及面比较广、工作量比较大。为了顺利完成清查任务,保证清查质量,必须有计划、有组织地按一定程序进行。不同目的的财产清查,应按不同的程序进行,一般来说,财产清查可以分为三个阶段,即准备阶段、实施阶段、分析处理阶段。

(一)准备阶段

财产清查的准备阶段工作包括组织准备和业务准备两个方面。组织准备方面的主要工作是落实清查工作的负责人,并从会计、业务、保管等部门抽调专职人员成立清查小组,研究制定清查的方案,明确本次清查的目的和要求,学习掌握清查的方法和技术等。业务准备方面的主要工作包括:会计部门在财产清查前,将有关账簿登记齐全,正确结账和对账,保证账证相符和账账相符;财产物资的保管和使用等业务部门在财产清查前将各类财产物资分类排列整齐,并加挂标签,标明财产的品种、规格和结存数量,以便清查时与账簿记录核对;准备好各种必要的度量器具,并确保其准确可靠;准备好有关清查的各种表册,如"盘存表"、"实存账存对比表"、"未达账项登记表"等,以便登记;取得银行存款和各种结算款项的对账单,以便清查核对。

(二)实施阶段

各项准备工作结束以后,清查人员应根据各类财产物资的不同特点,分别采取与之相对应的方法对其数量、质量、品种、类别、金额等予以盘点,并作好盘点记录。盘点结束,清查人员应根据盘点记录编制"盘存表"(见表9-1),并由盘点人员、保管人员及相关人员签名盖章,以便明确责任。然后,清查人员还要根据盘存表资料和有关账簿资料填制"实存账存对比表"(见表9-2),检查账实是否相符,并将对比结果填入该表。

表 9－1　　　　盘存表

单位名称：　　　　盘点地点：　　　　编号：

财产类别：　　　　存放地点：　　　　盘点时间：

编　号	名　称	计量单位	数　量	单　价	金　额	备　注

盘点人签章＿＿＿＿＿　　　　保管人签章＿＿＿＿＿

表 9－2　　　　实存账存对比表

年　月　日

单位名称：

<table>
<tr><td rowspan="3">编号</td><td rowspan="3">类别及名称</td><td rowspan="3">计量单位</td><td rowspan="3">单价</td><td colspan="2">实　存</td><td colspan="2">账　存</td><td colspan="4">对比结果</td><td rowspan="3">备注</td></tr>
<tr><td rowspan="2">数量</td><td rowspan="2">金额</td><td rowspan="2">数量</td><td rowspan="2">金额</td><td colspan="2">盘盈</td><td colspan="2">盘亏</td></tr>
<tr><td>数量</td><td>金额</td><td>数量</td><td>金额</td></tr>
<tr><td></td><td></td><td></td><td></td><td></td><td></td><td></td><td></td><td></td><td></td><td></td><td></td><td></td></tr>
<tr><td></td><td></td><td></td><td></td><td></td><td></td><td></td><td></td><td></td><td></td><td></td><td></td><td></td></tr>
</table>

单位负责人签章＿＿＿＿＿　　　　填表人签章＿＿＿＿＿

（三）分析处理阶段

该阶段的工作内容主要包括两个方面：一是对清查所确定的差异进行分析并上报。对财产清查所确定的实存数与账存数的差异，要认真分析其性质和原因，明确经济责任，提出改进的意见和措施，并按规定程序上报有关部门和领导。二是进行账务处理。对盘盈、盘亏的财产，按规定报请有关部门批准后，分别做出相应的账务处理，同时调整相应的账簿记录。

二、财产清查的方法

（一）财产物资的盘存制度

财产物资的盘存制度，又称财产物资的盘存方法。按照确定财产物资账面结存数量的依据不同，财产物资的盘存制度可分为"永续盘存制"和"实地盘存制"两种。在不同的盘存制度下，财产物资在账簿中的记录方法和清查的目的是不同的。

1. 永续盘存制，也称账面盘存制。它是指平时对各项财产物资的增减变动都必须根据会计凭证在明细账中进行连续登记，并随时在账面上结出其结存数量的一种盘存方法。采用这种方法，需按财产物资的项目设置数量金额式明细账并详细记录，以便及时地反映各项财产物资的收入、发出和结存的情况。其优点是有利于加强对财产物资的管理,不足之处是日常的账簿登记、核算工作量较大。为保证账实相符,采用永续盘存制的单位,仍需对财产物资进行实地盘点以确定其实存数并与账面结存数核对。在实际工作中,大多数单位采用永续盘存制。

【例 9.1】某企业 11 月份甲材料的期初结存及购进、发出的资料如下:期初结存 100 件,单价 10 元;3 日购进 200 件,单价 11 元;10 日发出 200 件;15 日购进 300 件,单价 12 元;20 日及 25 日分别发出 200 件和 100 件。材料发出采用先进先出法进行核算。

根据上述资料,采用永续盘存制,在材料明细账上的记录见表 9－3。

通过例 9.1 可以看出,采用永续盘存制,甲材料在月份内的收入、发出和结存在账簿中都进行了逐项登记。期末账簿上的结存数量,可通过实地盘点加以核对。

2. 实地盘存制,又称实地盘存法,也叫以存计销制或以存计耗制,是指平时只在账簿记录中登记各项财产物资的增加数,不登记减少数,期末通过实物盘点来确定其结存数并据以倒挤出本期财产物资减少数的一种盘存方法。其计算公式如下:

期末结存金额 = 期末盘点数量 × 单价

本期财产物资减少(发出)数 = 期初账面结存数量 + 本期增加数量 － 期末盘点实际结存数量

【例 9.2】例 9.1 中,期末盘点,甲材料的实际结存数量为 80 件。采用实地盘存制登记甲材料明细账见表 9－4。

表 9－3 **材料明细账**

品名:甲材料 计量单位:件

××年		摘要	收入			发出			结存		
月	日		数量	单价	金额	数量	单价	金额	数量	单价	金额
11	1	期初余额							100	10	1 000
	3	购进	200	11	2 200				100 200	10 11	1 000 2 200
	10	发出				100 100	10 11	1 000 1 100	100	11	1 100
	15	购进	300	12	3 600				100 300	11 12	1 100 3 600
	20	发出				100 100	11 12	1 100 1 200	200	12	2 400
	25	发出				100	12	1 200	100	12	1 200
	30	合计	500		5 800	500		5 600	100	12	1 200

表 9－4 **材料明细账**

品名:甲材料 计量单位:件

××年		摘要	收入			发出			结存		
月	日		数量	单价	金额	数量	单价	金额	数量	单价	金额
11	1	期初余额							100	10	1 000
	3	购进	200	11	2 200						
	15	购进	300	12	3 600						

续表

××年		摘 要	收 入			发 出			结 存		
月	日		数量	单价	金额	数量	单价	金额	数量	单价	金额
	20	盘点							80	11.33	906.4
	25	发出				520		5 891.6			
	30	合计	500		5 800	520		5 891.6	80	11.33	906.4

例9.2中期末结存数80件，是通过实地盘点得出的，其单价11.33元是按期初结存及本期购进材料的加权平均计算的（也可以采用其他方法）；发出材料的数量及金额是根据上述公式计算得出的。

实地盘存制的优点是：平时工作手续简便，省去了对资产发出数及每日结存数的详细记录。其缺点是：账簿中无法随时反映财产物资的发出数和结存数，并有可能将损耗、浪费、被盗等的财产物资全部算入本期的发出（减少）额，不利于对财产物资的控制。这是一种不完善的财产物资管理方法，一般不宜采用。

（二）财产清查的基本方法

财产清查的基本方法有以下几种：

1. 实地盘点法，是通过实地逐一点数或用计量器具确定财产物资实存数量的一种清查方法，适用于一般实物资产。

2. 技术推算法，是通过技术推算确定财产物资实存数量的一种方法。对有些价值低，数量大或难以逐一清查的财产物资，可以在抽样盘点的基础上，进行技术推算，从而确定其实存数量。

3. 账面价值法，是根据财产物资的账面单位价值来确定实存金额的方法。即根据各项财产物资的实存数量乘以账面单位价值，计算出各项财产物资的实存金额。

4. 查询核实法，是依据本单位的账簿记录，与对方的账证进行核对，清查财产物资、货币资金、债权债务数量及其价值量的方法。这种方法根据查询结果进行分析，来确定有关财产物资、货币资金、债权债务的实物量和价值量，适用于债权债务出租、出借的财产物资以及外埠存款的查询核实。

（三）具体财产的清查方法

由于各种财产物资的占用形态各异，因此，对实物、货币资金、结算款项等采取的具体清查方法也不相同。

1. 库存现金的清查。库存现金的清查采用实地盘点法。由于现金的收支业务十分复杂，容易出现差错，因此出纳人员应当每天进行盘点并与现金的账面余额进行核对。除此之外，单位每月至少还应组织一次清查盘点。为了明确责任，盘点时，出纳人员必须在场，并配合清查人员逐一清点现金的实存数，与现金账的余额核对，以检查账实是否一致。在清查时应注意有无违反财经纪律、将白条抵冲现金的现象，有无挪用库存现金超过库存限额的情况，如果发现应予以纠正。盘点结束，填制“库存现金盘点报告表”，由盘点人员、出纳人员及有关负责人签名盖章，并据以编制记账凭证，调整账簿记录。现金盘点报告表的一般格式见表9－5。

表 9－5

库存现金盘点报告表

年　月　日

单位名称：

实存金额	账存金额	对比结果		备　注
		盘　盈	盘　亏	

负责人签章＿＿＿＿　　盘点人签章＿＿＿＿　　出纳员签章＿＿＿＿

2. 银行存款的清查。银行存款的清查是采用与开户银行核对账目的方法进行。在同银行核对账目之前，应检查本单位银行存款日记账的正确性和完整性，然后，与银行对账单逐笔核对。对每笔款的收、付金额、日期、凭证号码以及余额都要仔细核对，以检查账项有无记录错误。银行对账单尽管是逐笔记录了本企业银行存款的存入、支用和结存情况，但其结存余额也常常与企业的银行存款日记账的余额不一致。形成这种情况的原因大致有两个，一个是本单位与银行之间的一方或同时双方记账有错误，这在清查中即可纠正；另一个原因是未达账项造成的。

所谓未达账项，是指在开户银行和单位之间，对于同一款项的收付业务，由于凭证传递时间和记账时间的不同，发生一方已经入账而另一方尚未入账的会计事项。具体有四种类型：

（1）企业送存银行的款项，企业已登记存款的增加，银行未办妥手续尚未收讫记账；

（2）企业开出支票从银行中付出的款项，企业已登记存款的减少，银行未支付或未办理转账手续尚未付款记账；

（3）银行代企业收进的款项，银行已登记存款的增加，企业尚未收到通知未收款入账；

（4）银行代企业支付的款项，银行已登记存款的减少，企业尚未收到通知未付款记账。

单位在接到银行转来的对账单时，应尽快与银行日记账逐日逐笔核对，找出未达账项，填制“未达账项登记表”，见表 9－6。

表 9－6

未达账项登记表

年　月　日

单位名称：

未达账项种类	摘要	结算凭证种类号数	记账凭证种类号数	金额	备注
（一）银行已收，企业未收账项					
1.					
2.					
合计					
（二）银行已付，企业未付账项					
1.					
2.					
合计					

续表

未达账项种类	摘要	结算凭证种类号数	记账凭证种类号数	金额	备注
（三）企业已收，银行未收账项					
1.					
2.					
合计					
（四）企业已付，银行未付账项					
1.					
2.					
合计					

核对人签章__________　　　　出纳员签章__________

任何一种未达账项的发生，都会造成开户银行与企业账面余额的不一致。为剔除未达账项的影响，企业可编制“银行存款余额调节表”，将企业银行存款日记账余额和银行对账单余额都调整为正确数额，即将企业银行存款日记账余额和银行对账单余额分别补记一方已入账而另一方尚未入账的金额（包括增加金额和减少金额），然后验证调节后的存款余额是否一致。如果一致，可表明企业与银行的账目没有差错。否则，说明记账有误，应进一步查明原因，及时更正。

【例9.3】某企业某月末银行存款日记账余额为85 500元，银行对账单余额为97 000元。双方经逐笔核对后，找出以下未达账项：

（1）企业于月末收到某单位转账支票一张，金额为20 000元，将支票送交银行。企业已作银行存款收入入账，但银行尚未办理入账手续。

（2）企业于月末开出转账支票一张，金额为21 500元，企业已作银行存款支付入账，但持票人尚未到银行办理转账手续，银行尚未入账。

（3）企业委托银行代收的销货款12 000元，银行已收到入账，但企业尚未收到银行的收账通知，尚未入账。

（4）银行代付的水电费2 000元，已入账，但企业尚未收到付款通知，尚未入账。

根据上述资料编制“银行存款余额调节表”，其格式见表9－7。

表9－7　　银行存款余额调节表

20××年×月30日

项　目	金　额	项　目	金　额
银行存款日记账余额	85 500	银行对账单余额	97 000
加：银行已收入账 企业尚未入账	12 000	加：企业已收入账 银行尚未入账	20 000
减：银行已付入账 企业尚未入账	2 000	减：企业已付入账 银行尚未入账	21 500
调节后存款余额	95 500	调节后存款余额	95 500

表 9 －7 中调节后存款余额是清查单位在银行存款的实有数。需要注意的是，对于调节表中的未达账项均不能依据银行存款余额调节表进行账务处理。因为银行存款余额调节表不是银行存款收付业务发生的原始凭证，企业必须待银行存款收付业务结算凭证到达以后，再作账务处理。

3. 应收账款的清查。应收账款的清查应采用查询核实法，即通过信函、电询或面询等方式，同对方单位核对账目的方法。在核对前，清查单位应先将本单位应收账款账上记录核对清楚，确认准确无误后，再向对方填发对账单。对账单一式两联，一份由对方留存，另一份作为回单。对方单位如核对相符，应在回单上注明“核对相符”字样，并盖章返回；如发现数额不符，应在回单上注明不符情况或另抄对账单退回，作为进一步核对的依据。

对应收账款的清查结果，应编制“应收账款清查表”，其格式见表 9 －8。

表 9 －8　　**应收账款清查表**

年　　月　　日

总账科目：

明细科目	账面结存金额	对方核实金额	大于对方金额	小于对方金额	差异原因分析				备注
					未达账项	有争议账项	拒付账项	坏账	

清查人员签章＿＿＿＿＿　　　　记账人员签章＿＿＿＿＿

对于未达账项，双方都应编制调节表剔除未达账项，以验证往来款项是否相符，待有关原始凭证到达后再登记入账；对于坏账，应作坏账损失处理；对于有争议账项及拒付账项应及时协调解决。

4. 实物的清查。实物的清查范围包括固定资产、库存原材料、自制半成品、产成品、包装物、低值易耗品、在途物资、委托外单位加工物资、存放在外埠的材料物资以及代其他单位保管的物资。对其清查，一般采用实地盘点的方法，按照其实物的不同特点逐一点数、过秤或丈量。对于有些价值比较低、成堆存放和无法精确计量的存货，如土、石子、沙子和煤等，可采用技术推算的方法进行盘点。如前所述，清查结束要根据清查时填制的“盘存表”及账簿记录编制“实存账存对比表”。该表是重要的原始凭证，也是分析差异原因，明确经济责任的依据。

第三节 财产清查结果的账务处理

一、财产清查结果的账务处理程序

财产清查的结果要么是账存数与实存数一致,即账实相符;要么是账存数与实存数不一致,即盘盈或盘亏。如果账实相符,就不必进行账务处理,如果账实不相符,无论是盘盈还是盘亏,都需要进行账务处理,调整账存数,使账存数与实存数一致,保证账实相符。即,盘盈时,调增账存数;盘亏时,调减账存数,使其与实存数相符。

财产清查结果的账务处理程序是:

第一步:将已查明属实的财产物资盘盈、盘亏数字,根据有关原始凭证(如账存实存对比表等)编制记账凭证,据以记入有关账户,调整账面记录,使各项财产物资的实存数与账存数完全一致。

第二步:按照差异的原因和报经批准的结果,以上级有关部门审批后的处理决定文件为原始凭证,填制记账凭证,登记有关账簿。

为了核算在财产清查中所查明的各项财产物资的盘盈、盘亏及其处理情况,需设置"待处理财产损溢"账户。该账户属于资产类,借方登记发生的待处理财产物资的盘亏数和结转已批准处理的财产物资盘盈数;贷方登记发生的待处理财产物资的盘盈数及批准转销的待处理财产物资的盘亏数。该账户的期末余额可能在借方也可能在贷方,借方余额表示尚待批准处理的财产物资的盘亏数;贷方余额表示尚待批准处理的财产物资的盘盈数。该账户下设置"待处理流动资产损溢"和"待处理固定资产损溢"两个明细分类账户,分别对流动资产和固定资产损溢进行核算。

二、盘盈财产物资的账务处理

(一) 盘盈流动资产的账务处理

对于银行存款、应收账款的清查,在剔除未达账项后,如果账实仍不符,应查明情况,及时解决,属于记账有误的,应及时更正错账。下面主要介绍盘盈库存现金及存货的账务处理。

1. 库存现金盘盈的账务处理。对于盘盈的库存现金,首先应依据"现金盘点报告表",编制会计分录,借记"库存现金"科目,贷记"待处理财产损溢——待处理流动资产损溢"科目,并调增库存现金的账面数,使库存现金的账存数与实存数一致。其次是按规定程序报经上级有关部门批准后,进行处理,属于应支付给有关人员或单位的,应借记"待处理财产损溢——待处理流动资产损溢"科目,贷记"其他应付款——应付现金溢余(××个人或单位)"科目;属于无法查明原因的现金溢余,批准后,借记"待处理财产损溢——待处理流动资产损溢"科目,贷记"营业外收入——现金溢余"科目。

【例 9.4】某企业某日盘点现金时发现现金溢余 1 000 元,原因待查。

依据“库存现金盘点报告表”，编制会计分录如下：

借：库存现金　　1 000

　贷：待处理财产损溢——待处理流动资产损溢　　1 000

经查明，库存现金溢余的 1 000 元中，800 元属于少付给职工王某的款项；200 元无法查明原因，经批准作为营业外收入处理。编制会计分录如下：

借：待处理财产损溢——待处理流动资产损溢　　1 000

　贷：其他应付款——应付现金溢余（王某）　　800

　　营业外收入——现金溢余　　200

2. 存货盘盈的账务处理。对于盘盈的存货，首先应根据“账存实存对比表”编制会计分录，借记“原材料”或“库存商品”等科目，贷记“待处理财产损溢——待处理流动资产损溢”科目，并调增有关存货的账面数，使其账存数与实存数完全一致。然后根据上级部门或领导的批复意见，进行处理，一般地，盘盈的各种存货，应当冲减当期的“管理费用”。

【例 9.5】某企业在财产清查中，盘盈材料 0.5 吨，价值 2 000 元。

经批准前，根据“账存实存对比表”的记录，编制会计分录：

借：原材料　　2 000

　贷：待处理财产损溢——待处理流动资产损溢　　2 000

经查，这批盘盈材料是因计量有误所造成的，经批准冲减本月管理费用。编制会计分录如下：

借：待处理财产损溢——待处理流动资产损溢　　2 000

　贷：管理费用　　2 000

（二）固定资产盘盈的账务处理

企业在财产清查中盘盈的固定资产，作为前期差错处理。企业在财产清查中盘盈的固定资产，在按管理权限报经批准处理前应先通过“以前年度损益调整”科目核算。盘盈的固定资产，应按以下规定确定其入账价值：如果同类或类似固定资产存在活跃市场的，按同类或类似固定资产的市场价格，减去按该项资产的新旧程度估计的价值损耗后的余额，作为入账价值；如果同类或类似固定资产不存在活跃市场的，按该项固定资产的预计未来现金流量的现值，作为入账价值。企业应按上述规定确定的入账价值，借记“固定资产”科目，贷记“以前年度损益调整”科目。

【例 9.6】某公司在财产清查过程中，发现一台未入账的设备。按同类或类似商品市场价格，减去按该项资产的新旧程度估计的价值损耗后的余额为 20 000 元（假定与其计税基础不存在差异）。根据《企业会计准则第 28 号——会计政策、会计估计变更和差错更正》规定，该盘盈固定资产作为前期差错进行处理。假定该公司适用的所得税税率为 33%，按净利润的 10% 计提法定盈余公积。该公司应作如下会计处理：

1. 盘盈固定资产时：

借：固定资产　　20 000

　贷：以前年度损益调整　　20 000

2. 确定应交纳的所得税时：

借：以前年度损益调整　　6 600

贷:应交税费——应交所得税　　6 600

3. 结转为留存收益时:

借:以前年度损益调整　　13 400

贷:盈余公积——法定盈余公积　　1 340

利润分配——未分配利润　　12 060

三、盘亏财产物资的账务处理

(一)盘亏流动资产的账务处理

1. 库存现金盘亏的账务处理。对于盘亏的库存现金,应依据“库存现金盘点报告表”,编制会计分录,借记“待处理财产损溢——待处理流动资产损溢”科目,贷记“库存现金”科目。对于盘亏现金的处理,一般是属于有责任人或保险公司赔偿的部分,索赔时应记入“其他应收款”账户;属于无法查明的其他原因,根据管理权限,经批准后,作为增加管理费用处理。

【例 9.7】某企业在财产清查中,发现现金短款 2 000 元,原因待查。

依据“库存现金盘点报告表”,编制会计分录如下:

借:待处理财产损溢——待处理流动资产损溢　　2 000

贷:库存现金　　2 000

经查明,上述现金短款中 500 元属于出纳张某工作失误造成的,应由张某赔偿;其他短款无法查明原因,经批准作为管理费用处理。其会计分录为:

借:其他应收款——张某　　500

管理费用——现金短缺　　1 500

贷:待处理财产损溢——待处理流动资产损溢　　2 000

2. 存货盘亏的账务处理。对于盘亏的存货,应根据“账存实存对比表”编制会计分录,借记“待处理财产损溢——待处理流动资产损溢”科目,贷记“原材料”或“库存商品”等科目。对于盘亏存货的一般处理方法是:属于定额内的自然损耗,经批准后转作管理费用;属于管理不善造成的,应由过失人赔偿,属于保险责任范围的,应向保险公司索赔。盘亏的存货在扣除过失人、保险公司赔款和残值之后,计入管理费用;对于非常损失如自然灾害等所造成的存货毁损,扣除保险公司赔偿和残值后,计入营业外支出。

【例 9.8】某企业在财产清查中,发现仓库中实际库存的原材料短缺 8 000 元。

经批准前,根据“账存实存对比表”的记录,编制会计分录:

借:待处理财产损溢——待处理流动资产损溢　　8 000

贷:原材料　　8 000

经查明,定额内损耗为 50 元,管理员过失为 100 元,非常事故损失为 6 000 元,保险公司同意赔款 1 000 元,残料作价 850 元入库。经有关部门核准后,据此编制记账凭证,结转“待处理财产损溢”。其会计分录是:

借:管理费用　　50

其他应收款——某管理员　　100

——保险公司　　1 000

原材料 850
营业外支出 6 000
贷:待处理财产损溢——待处理流动资产损溢 8 000

(二)盘亏固定资产的账务处理

对于盘亏的固定资产,首先应依据“账存实存对比表”,按盘亏固定资产的净值,借记“待处理财产损溢”科目,按已提的折旧,借记“累计折旧”科目,按其账面原值,贷记“固定资产”科目。然后,根据情况做出处理,对于自然灾害所造成的固定资产毁损,在扣除保险公司赔款和残值收入后,经批准应列作营业外支出;责任事故所造成的固定资产毁损,应由责任人酌情赔偿损失;丢失固定资产,经批准应列作营业外支出。

【例 9.9】某企业在财产清查中,盘亏设备一台,其账面原值为 20 000 元,已提的折旧 12 000 元。

经批准前,根据“账存实存对比表”的记录,编制会计分录:

借:待处理财产损溢——待处理固定资产损溢 8 000
累计折旧 12 000
贷:固定资产 20 000

经查明属于管理不善被盗,上级部门批示,该损失由保管员赔偿 10%,其余作为营业外支出处理。根据批准文件,编制会计分录如下:

借:其他应收款——保管员 800
营业外支出 7 200
贷:待处理财产损溢——待处理固定资产损溢 8 000

复习思考题

1. 财产清查的作用是什么?
2. 财产清查的程序是什么?
3. 财产清查需要做好哪些准备工作?
4. 永续盘存制和实地盘存制有何异同?
5. 试述永续盘存制和实地盘存制的适用范围。
6. 财产清查的具体方法有哪些?
7. 简述“待处理财产损溢”账户的性质、核算内容及其结构。
8. 能否根据“银行存款余额调节表”调整银行存款账面记录?为什么?

练 习 题

习题一

资料1:某工厂2017年12月银行存款日记账26日至月末的经济业务如下:

(1)26日开出支票#0128,支付购入材料的货款1 800元。

(2)26日开出支票#0129,支付购材料运杂费200元。

(3)27日存入销货款转账支票23 000元。

(4)27日开出支票#0130,支付下年度的房租9 600元。

(5)28日收到销货转账支票10 000元。

(6)30日开出支票#0131,支付购入材料的货款1 500元。

(7)31日银行存款日记账余额33 700元。

资料2:银行对账单所列26日至月末的经济业务如下:

(1)27日存款利息收入700元。

(2)28日收到企业开出支票#0128,金额为1800元。

(3)28日收到销售款转账支票23 000元。

(4)28日银行为企业代交水费1 000元。

(5)29日收到企业开出支票#0131,金额为1 500元。

(6)30日代收外地企业汇来货款2 000元。

(7)31日银行对账单余额35 200元。

要求:根据上述资料,找出未达账项,并编制"银行存款余额调节表"。

习题二

资料1:某企业2017年末进行全面财产清查,在清查中发现下列事项:

(1)盘盈现金2 000元。

(2)盘盈A设备一台,重置完全价值10 500元,估计折旧为1 000元。

(3)盘亏B设备一台,账面原价20 000元,已提折旧10 000元。

(4)盘盈甲材料1 000千克,金额为10 000元。

(5)盘亏乙材料2 000千克,金额为26 660元。

资料2:以上各项盘盈、盘亏及损失的原因及上级领导批复处理意见如下:

(1)盘盈现金2 000元。1 300元属于少付给某单位的款项;700元无法查明原因,经批准作为营业外收入处理。

(2)盘亏的B设备,经查明属于管理不善被盗,上级部门批示,该损失由保管员赔偿500元,其余作为营业外支出处理。

(3)盘盈甲材料系收发计量差错造成,冲减管理费用。

(4)盘亏乙材料,经查明,定额内损耗为100元;管理员失职造成损失为300元;非常事故损失为1 600元,其中保险公司同意赔款500元,残料作价50元入库;其余损失经上级部门批示作为营业外支出处理。

要求:

(1)根据清查结果,编制会计分录。

(2)根据上级领导批复处理意见,编制会计分录。

第十章

财务报告

本章要点

本章主要阐述财务报告的目标、种类、编制要求、编制方法以及会计报表分析的目的和方法。本章学习的重点是掌握资产负债表和利润表的作用、结构和编制方法以及现金流量表和所有者权益(或股东权益)变动表的作用和结构。

第一节　财务报告概述

一、财务报告及其目标

财务报告，是指企业对外提供的反映企业某一特定日期的财务状况和某一会计期间的经营成果、现金流量等会计信息的文件。财务报告包括财务报表和其他应当在财务报告中披露的相关信息和资料。财务报表至少应当包括下列组成部分：①资产负债表；②利润表；③现金流量表；④所有者权益（或股东权益，下同）变动表；⑤附注。

我国财务报告的目标，是向财务报告使用者提供与企业财务状况、经营成果和现金流量等有关的会计信息，反映企业管理层受托责任的履行情况，有助于财务报告使用者做出经济决策。其主要包括以下两个方面的内容：

（一）向财务报告使用者提供决策有用的信息

企业编制财务报告的主要目的是为了满足财务报告使用者的信息需要，有助于财务报告使用者做出经济决策。因此，向财务报告使用者提供决策有用的信息是财务报告的基本目标。如果企业在财务报告中提供的会计信息与使用者的决策无关，没有使用价值，那么财务报告就失去了其编制的意义。根据向财务报告使用者提供决策有用的信息这一目标的要求，财务报告所提供的会计信息应当如实反映企业所拥有或者控制的经济资源、对经济资源的要求权以及经济资源要求权的变化情况；如实反映企业的各项收入、费用、利得和损失的金额及其变动情况；如实反映企业各项经营活动、投资活动和筹资活动等所形成的现金流入和现金流出情况等，从而有助于现在的或者潜在的投资者、债权人以及其他使用者正确、合理地评价企业的资产质量、偿债能力、盈利能力和营运效率等；有助于使用者根据相关会计信息做出理性的投资和信贷决策；有助于使用者评估与投资和信贷有关的未来现金流量的金额、时间和风险等。

（二）反映企业管理层受托责任的履行情况

在现代公司制下，企业所有权和经营权相分离，企业管理层是受委托人之托经营管理企业及其各项资产，负有受托责任，即企业管理层所经营管理的企业各项资产基本上均为投资者投入的资本（或者留存收益作为再投资）或者向债权人借入的资金所形成的，企业管理层有责任妥善保管并合理、有效地运用这些资产。尤其是企业投资者和债权人等，需要及时或者经常性地了解企业管理层保管、使用资产的情况，以便于评价企业管理层受托责任的履行情况和业绩情况，并决定是否需要调整投资或者信贷政策，是否需要加强企业内部控制和其他制度建设，是否需要更换管理层等。因此，财务报告应当反映企业管理层受托责任的履行情况，以有助于评价企业的经营管理责任和资源的有效性。

二、财务报表的组成和分类

(一)财务报表的组成

财务报表是对企业财务状况、经营成果和现金流量的结构性表述。一套完整的财务报表至少应当包括资产负债表、利润表、现金流量表、所有者权益(或股东权益)变动表以及附注。

资产负债表、利润表和现金流量表分别从不同角度反映企业的财务状况、经营成果和现金流量。资产负债表反映企业在某一特定日期所拥有的资产、需偿还的债务,以及股东(投资者)拥有的净资产情况;利润表反映企业在一定会计期间的经营成果,即利润或亏损的情况,表明企业运用所拥有的资产的获利能力;现金流量表反映企业在一定会计期间现金和现金等价物流入和流出的情况。所有者权益变动表反映构成所有者权益的各组成部分当期的增减变动情况。企业的净利润及其分配情况是所有者权益变动的组成部分,相关信息已经在所有者权益变动表及其附注中反映,企业不需要再单独编制利润分配表。附注是财务报表不可或缺的组成部分,是对在资产负债表、利润表、现金流量表和所有者权益变动表等报表中列示项目的文字描述或明细资料,以及对未能在这些报表中列示项目的说明等。

(二)财务报表的分类

财务报表可以按照不同的标准进行分类。

1. 按财务报表编报期间的不同,可以分为中期财务报表和年度财务报表。中期财务报表是以短于一个完整会计年度的报告期间为基础编制的财务报表,包括月报、季报和半年报等。中期财务报表至少应当包括资产负债表、利润表、现金流量表和附注,其中,中期资产负债表、利润表和现金流量表应当是完整报表,其格式和内容应当与年度财务报表相一致。与年度财务报表相比,中期财务报表中的附注披露可适当简略。

2. 按财务报表编报主体的不同,可以分为个别财务报表和合并财务报表。个别财务报表是由企业在自身会计核算基础上对账簿记录进行加工而编制的财务报表,它主要用以反映企业自身的财务状况、经营成果和现金流量情况。合并财务报表是以母公司和子公司组成的企业集团为会计主体,根据母公司和所属子公司的财务报表,由母公司编制的综合反映企业集团财务状况、经营成果及现金流量的财务报表。

三、财务报表列报的基本要求

(一) 企业应当以持续经营作为财务报表列报的基础

企业应当以持续经营为基础,根据实际发生的交易和事项,按照企业会计准则的规定进行确认和计量,在此基础上编制财务报表。企业不应以附注披露代替确认和计量。在编制财务报表过程中,企业管理层应当在考虑市场经营风险、企业盈利能力、偿债能力、财务弹性,以及企业管理层改变经营政策的意向等因素的基础上,对企业的持续经营能力进行评价。如果对企业的持续经营能力产生重大怀疑,应当在附注中披露导致对持续经营能力产生重大怀疑的影响因素。企业正式决定或被迫在当期或将在下一个会计期间进行清算或停止营业的,表明其处于非持续经营状态,应当采用其他基础编制财务报表，并在附注中声明财务报表未以持续经营为基础列报，并披露未以持续经营为基础的原因和财务报表的编制基础。

(二)财务报表项目的列报在各个会计期间应保持一致

财务报表项目的列报应当在各个会计期间保持一致，不得随意变更，但下列情况除外：

1. 企业会计准则要求改变财务报表项目的列报。

2. 企业经营业务的性质发生重大变化后，变更财务报表项目的列报能够提供更可靠、更相关的会计信息。

(三)企业应当考虑报表项目的重要性

重要性，是指财务报表某项目的省略或错报会影响使用者据此做出经济决策的，则该项目就具有重要性。判断项目的重要性，应当考虑该项目的性质是否属于企业日常活动、是否对企业的财务状况和经营成果具有较大影响等因素；判断项目金额大小的重要性，应当通过单项金额占资产总额、负债总额、所有者权益总额、营业收入总额、营业成本总额、净利润等直接相关项目金额的比重加以确定。

对于性质或功能不同的项目，如长期股权投资、固定资产等，应当在财务报表中单独列报，但不具有重要性的项目除外；对于性质或功能类似的项目，如库存商品、原材料等，应当予以合并，作为存货项目列报。

(四)财务报表中的资产项目和负债项目的金额、收入项目和费用项目的金额不得相互抵消，但满足抵消条件的除外

如果金融资产和金融负债同时满足下列条件，应当以相互抵消后的净额在资产负债表内列示：①企业具有抵消已确认金额的法定权利，且该种法定权利现在是可执行的。抵消的法定权利，主要是指债务人根据相关合同或规定，可以用其欠债权人的金额抵消应收同一债权人债权的权利。例如，从事证券经纪业务的证券公司，可以按照证券交易结算的相关规定，采用净额方式与证券登记公司进行结算。②企业计划以净额结算，或同时变现该金融资产和清偿该金融负债。例如，甲公司与乙公司有长期合作关系，为简化结算，甲公司和乙公司在合同中明确约定，双方往来款项定期以净额结算(在法律上有效)。这种情况满足金融资产和金融负债相互抵消的条件，应当在资产负债表中以净额列示相关的应收款项或应付款项。

下列两种情况不属于抵消，可以净额列示：①资产项目按扣除减值准备后的净额列示，不属于抵消。对资产计提减值准备，表明资产的价值已经发生减损，按扣除减值准备后的净额列示，能够反映资产给企业带来的经济利益，不属于抵消。②非日常活动产生的损益，以收入扣减费用后的净额列示，不属于抵消。非日常活动的发生具有偶然性，不是企业的经常性活动以及与经常性活动相关的其他活动。非日常活动产生的损益以收入扣减费用后的净额列示，更有利于财务报告使用者的经济决策，不属于抵消。

(五)当期财务报表的列报，至少应当提供所有列报项目上一可比会计期间的比较数据，以及与理解当期财务报表相关的说明，但另有规定的除外

财务报表项目的列报发生变更的，应当对上期比较数据按照当期的列报要求进行调整，并在附注中披露调整的原因和性质，以及调整的各项目金额。对上期比较数据进行调整不切实可行的，应当在附注中披露不能调整的原因。不切实可行，是指企业在做出所有合理努力后仍然无法采用某项规定。

(六)企业应当在财务报表的显著位置至少披露下列各项

1. 编报企业的名称；
2. 资产负债表日或财务报表涵盖的会计期间；
3. 人民币金额单位；
4. 财务报表是合并财务报表的，应当予以标明。

(七)企业至少应当按年编制财务报表

年度财务报表涵盖的期间短于一年的，应当披露年度财务报表的涵盖期间，以及短于一年的原因。

四、财务报告的报送、审批和汇总

(一)财务报告的报送

在财务报告对外报送之前，必须由企业的主管会计人员、总会计师和单位负责人分别审核，以保证报送财务报告信息的质量。其审核的内容主要是财务报告中所列的项目是否齐全；报表有关项目的金额与账簿记录是否一致；报表所列的各项数字的计算是否正确；补充资料填列是否完整，分析是否全面透彻；报表中需要加以说明的问题是否得到说明；报表与报表之间的有关数字的勾稽关系是否衔接一致。

关于报送的财务报告的格式，《企业财务报告条例》有明确规定，要求企业对报送财务报告应当依次编定页数，加具封面、装订成册，加盖公章。封面上应当注明企业的名称、组织形式、地址、报表所属年度或者月份、报出日期及企业的统一代码，并由企业责任人和主管会计工作的负责人、会计机构负责人(会计主管人员)签名并盖章，设置总会计师的企业，还应当由总会计师签名并盖章。股份有限公司、外商投资企业等的财务报告还应由注册会计师签证。

关于报送的财务报告的内容，月度、季度、半年度和年度财务报告是有区别的。企业月度、季度财务报告涵盖的内容一般应包括资产负债表、利润表及其附表；半年度和年度财务报告报送的内容除资产负债表、利润表及其附表外，还应当包括现金流量表、会计报表附注以及财务情况说明书。财务报告须经注册会计师审计的，企业应当将注册会计师及其会计事务所出具的审计报告同财务报告一并对外报送。

财务报告报送的单位，即企业应向哪些部门或单位报送财务报告。这同企业的隶属关系，经济管理和经济监督的需要有关，基层企业一般要向上级主管部门、企业集团、开户银行、财税部门以及投资人报送财务报告。企业对外报送的财务报告必须及时，但多长的时间才算及时，则须根据企业的组织形式及须对外报送的财务报告的性质(即对外报送的财务报告属于年度、半年度、季度还是月度财务报告)等因素由法律、行政法规和国家统一的会计制度加以规定。

(二)财务报告的审批

对于基层单位报送的财务报告，上级主管部门、企业集团、财税部门和金融部门，应当及时组织审核和批复。财务报告的审核包括两个方面的内容：一是审核财务报告是否存在技术方面的问题，如审核财务报告的编制是否符合会计制度的规定，报表的种类、填报的份数是否按规定报送，报表的项目填写是否齐全，补充资料和必要的编写说明是否完整，企业责任人和主管会计工作的负责人、会计机构负责人（会计主管人员）及报表的编制人员是否已经签章等。二是审核财务报告的内容。主要是审核财务报告所提供的信息是否真实可靠，查明企业编制的财务报告是否符合会计法、会计准则和国家统一的会计制度等的要求。在审核过程中如发现违反财经纪律和有关法规的情况，应及时查明原因，严肃处理。有关部门在对财务报告审核之后，要及时批复。报送财务报告的单位接到审批意见需要更正时，应认真研究，及时纠正。

（三）财务报告的汇总

为了掌握某一行业、系统或集团公司的财务状况和经营成果，各级财政部门、企业主管部门和企业集团应对所属各企业的财务报告进行汇总，编制汇总财务报告。汇总的方式有叠加汇总和合并汇总两种。叠加汇总是将不同企业编制的报表所有项目按报表表式直接加总，不做任何调整，形成部门或区域的企业汇总财务报告。在不具有产权关系（即没有投资和被投资关系）企业间进行财务报告汇总时，采用简单的叠加汇总方式。合并汇总是指企业集团或母子公司对内部往来项目或重复项目进行必要调整后，形成企业集团或母子公司汇总财务报告，具体应按财政部编制合并会计报表的有关规定执行。在以产权为纽带形成的企业集团内部或具有投资和被投资关系母子公司间进行财务报告汇总时，必须采用合并汇总方式。

各级财政部门、企业主管部门和企业集团在编制汇总财务报告以前，还必须对所属企业财务报告进行审核，经审核无误后再加以汇编。在汇编时，要注意以下几个问题：一是汇总的单位要齐全，对所属的单位的财务报告必须全面地加以汇总，不得漏编一个单位或一种报表；二是汇总指标要完整，汇编所用的报表格式与基层单位所用报表格式基本相同，表内项目和补充资料必须逐项填列；三是汇总期限要统一，汇总计算数字要正确。各级财政部门、企业主管部门和企业集团对所属单位的财务报告审核无误后，应在统一的时间内，按照上下级关系、产权关系或财务隶属关系，采取自下而上方式层层汇总上报。

第二节　资产负债表

一、资产负债表的作用

资产负债表是反映企业某一特定日期财务状况的报表，亦称财务状况表。资产负债表是静态报表，反映企业在某一特定日期资产、负债和所有者权益及其构成情况。该表是依据“资产 = 负债 + 所有者权益”的会计等式，按照一定的分类标准和排列顺序，把企业在某一特定日期的资产、负债和所有者权益项目进行排列编制而成的。

资产负债表的主要作用表现在以下几方面：

第一，可以提供某一日期资产的总额及其结构，表明企业拥有或控制的资源及其分布情况，使用者可以一目了然地从资产负债表上了解企业在某一特定日期所拥有的资产总量及其结构。

第二，可以提供某一日期的负债总额及其结构，表明企业未来需要用多少资产或劳务清偿债务以及清偿时间。

第三，可以反映所有者所拥有的权益，据以判断资本保值、增值的情况以及对负债的保障程度。

此外，资产负债表还可以提供进行财务分析的基本资料，如将流动资产与流动负债进行比较，计算出流动比率；将速动资产与流动负债进行比较，计算出速动比率等，可以表明企业的变现能力、偿债能力和资金周转能力，从而有助于报表使用者做出经济决策。

二、资产负债表的结构

资产负债表一般有三个组成部分，即表头、表体和附注。表头部分列示报表名称、报表的编制单位、编制日期和报表中所使用的货币计量单位等内容。附注是对表体中需要说明的事项按规定加以补充说明。表体是资产负债表所要反映的基本内容，主要包括资产、负债、所有者权益。

资产负债表有两种基本格式，即账户式与报告式。

账户式资产负债表是将表分左、右两方，左方列示资产项目，右方列示负债与所有者权益项目，资产负债表左方的合计数与右方的合计数相等。

报告式资产负债表是将资产负债表分为上下两部分，上部分列示资产项目，下部分列示负债和所有者权益项目，且上下两部分总计金额相等。

我国采用账户式资产负债表。其格式如表 10－2 所示。

三、资产负债表的编制

（一）资产负债表的编制方法

资产负债表中各项目的金额分别为“年初数”和“期末数”。“年初数”栏的各项数字，应根据上年末资产负债表“期末数”栏内所列数字填列。如果本年度资产负债表规定的各项目的名称和内容同上一年度不一致，应对上年末资产负债表各项目的名称和数字按照本年度的规定进行调整，填入本表“年初数”栏内。

资产负债表“期末数”栏内各项数字，应根据账簿记录填列。大多数报表项目可直接根据账户的余额填列，少部分报表项目需要根据账户的余额分析计算填列。

1. 根据总账科目的余额填列。资产负债表中的有些项目，可直接根据有关总账科目的余额填列，如“交易性金融资产”“短期借款”“应付票据”“应付职工薪酬”等项目；有些项目则需根据几个总账科目的余额计算填列，如“货币资金”项目，需根据“库存现金”“银行存款”“其他货币资金”三个总账科目余额的合计数填列。

2. 根据有关明细账科目的余额计算填列。如“应收账款”项目，应根据“应收账款”账户所属各明细科目的期末借方余额合计，减去“坏账准备”账户中有关应收账款计提的坏账准备期末余额后的金额填列,若“预收账款”账户所属有关明细账户有借方余额的,也应在本表“应收账款”项目内填列;“预收账款”项目,应根据“预收账款”账户所属各有关明细账户的期末贷方余额合计填列,若 “应收账款”账户所属明细账户有贷方余额的,也应包括在本项目内;“预付账款”项目,应根据“预付账款”账户所属各明细账户的期末借方余额合计填列 ,若“应付账款”账户所属明细账户有借方余额的,也应包括在本项目内;“应付账款”项目,应根据“应付账款”账户所属各有关明细账户的期末贷方余额合计填列,若“预付账款”账户所属有关明细账户期末有贷方余额的,应在本表“应付账款”项目内填列。

3. 根据总账科目和明细账科目的余额分析计算填列。如“长期借款”项目,需根据“长期借款”总账科目余额扣除“长期借款”科目所属的明细科目中将在资产负债表日起一年内到期,且企业不能自主地将清偿义务展期的长期借款后的金额计算填列。

4. 根据有关科目余额减去其备抵科目余额后的净额填列。如资产负债表中的“应收账款”“长期股权投资”等项目,应根据“应收账款”“长期股权投资”等科目的期末余额减去“坏账准备”“长期股权投资减值准备”等科目余额后的净额填列;“固定资产”项目,应根据“固定资产”科目的期末余额减去“累计折旧”“固定资产减值准备”科目余额后的净额填列;“无形资产”项目,应根据“无形资产”科目的期末余额,减去“累计摊销”“无形资产减值准备”科目余额后的净额填列。

5. 综合运用上述填列方法分析填列。如资产负债表中的“存货”项目,需根据“原材料”“库存商品”“委托加工物资”“周转材料”“材料采购”“在途物资”“发出商品”“材料成本差异”“生产成本”等总账科目期末余额的分析汇总数,再减去“存货跌价准备”科目余额后的金额填列。

(二)资产负债表编制举例

某企业 2017 年年末有关账户余额表如表 10 - 1 所示。另外,该企业商业承兑汇票贴现额为 3 万元,融资租入固定资产账面余额为 100 万元。

表 10 - 1　　账户余额表

单位名称:××企业　　2017 年 12 月 31 日　　单位:万元

账户名称	借方余额	账户名称	贷方余额
库存现金	0.25	短期借款	20
银行存款	70	应付票据	10
其他货币资金	30	应付账款	30
应收票据	7	其他应付款	0.5
应收账款	60	应付职工薪酬	1.5
坏账准备	-0.2	应交税费	13
预付账款	9	长期借款	210
其他应收款	1	住房周转金	40
材料采购	45	实收资本	510
原材料	45	盈余公积	60

续表

账户名称	借方余额	账户名称	贷方余额
包装物	10	利润分配(未分配利润)	22.05
低值易耗品	10		
库存商品	30		
长期股权投资	20		
固定资产	600		
累计折旧	-100		
在建工程	40		
无形资产	30		
长期待摊费用	10		
合计	917.05	合计	917.05

根据上述资料,编制该企业2017年12月31日的资产负债表(年初余额略),如表10-2所示。

表10-2　　　　资产负债表

会企01表

编制单位:××公司　　　　2017年12月31日　　　　单位:万元

资　　产	期末余额	年初余额	负债及所有者权益(或股东权益)	期末余额	年初余额
流动资产:			流动负债:		
货币资金	100.25		短期借款	20	
交易性金融资产			交易性金融负债		
应收票据	7		应付票据	10	
应收账款	59.8		应付账款	30	
预付账款	9		预收账款		
应收利息			应付职工薪酬	1.5	
应收股利			应交税费	13	
其他应收款	1		应付利息		
存货	140		应付股利		
一年内到期的非流动资产			其他应付款	0.5	
其他流动资产			一年内到期的非流动负债		
流动资产合计	317.05		其他流动负债		
非流动资产:			流动负债合计	75	
债权投资			非流动负债:		
其他债权投资			长期借款	210	
长期应收款			应付债券		

续表

资　　产	期末余额	年初余额	负债及所有者权益(或股东权益)	期末余额	年初余额
长期股权投资	20		长期应付款		
投资性房地产			专项应付款		
固定资产	500		预计负债		
在建工程	40		递延所得税负债		
			其他非流动负债	40	
			非流动负债合计	250	
生产性生物资产			负债合计	325	
油气资产			所有者权益(或股东权益):		
无形资产	30		实收资本(或股本)	510	
开发支出			资本公积		
商誉			减:库存股		
长期待摊费用	10		其他综合收益		
递延所得税资产			盈余公积	60	
其他非流动资产			未分配利润	22.05	
非流动资产合计	600		所有者权益(或股东权益)合计	592.05	
资产总计	917.05		负债和所有者权益(或股东权益)总计	917.05	

第三节　利润表

一、利润表的作用

利润表,又称损益表,是反映企业在一定会计期间经营成果的报表。它是一张动态报表,是对企业在一定时期内经营活动成果及某些特定活动所带来的利得或损失情况的综合反映。它是企业必须按月编报的主要报表之一。它所提供的信息资料,对于企业的管理人员、投资者、债权人等报表使用者具有重要的作用。具体来讲,主要表现在以下几个方面:

(一)利润表能够反映企业的经营成果

利润表把一定时期的营业收入与其同一会计期间相关的营业费用进行配比,确定企业在一定会计期间的税后净利润。它通过对企业一定时期内收入与费用的反映,揭示了企业的投入产出比例关系,表明了企业经营成果的大小和经济效益的高低。

(二)利润表是考核企业管理当局工作业绩的重要依据

利润表总括地反映了企业在一定期间内经营收支和经营成果水平,全面反映企业生产经营的收益情况及成本费用情况。因此,利润表提供的资料,是考核企业管理当局工作业绩的重要依据。

(三)利润表为预测企业未来利润发展趋势、获利能力提供了重要依据

利润表不仅反映了利润的形成过程,同时也反映了利润的构成情况,通过对不同时期利润表中的各构成因素进行比较、分析,可预测企业利润的发展趋势以及企业未来的获利能力。

二、利润表的结构

利润表所列示的项目有三大类,即收入、费用、利润。它们之间的关系是“收入 - 费用 = 利润”。由于收入、费用、利润三大项目在利润表中排列和揭示的方式不同,从而形成了不同格式的利润表。目前比较普遍的利润表格式有两种,即单步式和多步式。

(一)单步式利润表

单步式利润表是将本期所有收入加在一起,然后再把所有费用加总在一起,两者相减,通过一次计算求出当期损益。其简化的格式如表 10 - 3 所示。单步式利润表对于营业收入和一切费用支出不分彼此先后,一视同仁,不像多步式利润表中必须区分费用和支出与收入配比的先后层次,比较直观,编制方便,易于理解。但其不足之处是,没有反映企业营业性收益与非营业性收益,不利于分析利润表的结构。

表 10 - 3　　**利润表(单步式)**

编制单位:　　20 × ×年 × 月　　单位:元

项目	本期金额	上期金额
一、营业收入和收益		
主营业务收入		265 000
其他业务收入		50 000
营业外收入		10 000
投资收益		25 000
……		
营业收入和收益合计		350 000
二、营业费用和损失		
主营业务成本		185 000
税金和附加		12 000
其他业务成本		5 000
营业外支出		
投资损失		
期间费用		14 000
所得税费用		34 650
营业费用和损失合计		250 650
三、净利润		99 350

（二）多步式利润表

多步式利润表是经过多个层次的收入与费用的配比才能计算出利润的报表。它是按利润的形成过程和组成结构分别列示的，其主要优点是：便于对企业生产经营成果的分析，有利于不同企业之间的比较，有利于预测企业未来的盈利能力，克服了单步式利润表的局限。我国采用多步式利润表。其格式如表 10－4 所示。

表 10－4 **利润表（多步式）**

会工 02 表

编报单位：××公司 2016 年 单位：万元

项目	本期金额	上期金额
一、营业收入	3 000	略
减：营业成本	2 400	
税金及附加	50	
销售费用	300	
管理费用	240	
财务费用		
资产减值损失		
加：公允价值变动收益（损失以“－”号填列）		
净敞口套期收益（损失以“－”号填列）		
投资收益（损失以“－”号填列）		
其中：对联营企业和合营企业的投资收益		
资产处置收益（损失以“－”号填列）		
其他收益		
二、营业利润（亏损以“－”号填列）	10	
加：营业外收入	50	
减：营业外支出	10	
三、利润总额（亏损总额以“－”号填列）	50	
减：所得税费用	16.50	
四、净利润（净亏损以“－”号填列）	33.50	
（一）持续经营净利润（净亏损以“－”号填列）		
（二）终止经营净利润（净亏损以“－”号填列）		
五、其他综合收益的税后净额	略	
（一）以后不能重分类进损益的其他综合收益		
1. 重新计量设定受益计划净负债或净资产的变动		
2. 权益法下在被投资单位不能重分类进损益的其他综合收益中享有的份额		

续表

项目	本期金额	上期金额
……		
（二）以后将重分类进损益的其他综合收益		
1. 权益法下在被投资单位以后将重分类进损益的其他综合收益中享有的份额		
2. 其他债权投资公允价值变动损益		
3. 金融资产重分类转入损益的累计利得或损失		
4. 现金流量套期损益的有效部分		
5. 外币财务报表折算差额		
……		
六、其他综合收益	略	
七、每股收益：	略	
（一）基本每股收益		
（二）稀释每股收益		

三、利润表的编制

（一）利润表的编制方法

利润表各项目均需填列“本期金额”和“上期金额”两栏。其中“上期金额”栏内各项数字，应根据上期利润表的“本期金额”栏内所列数字填列。如果上期利润表的项目名称和内容与本年度利润表不相一致，应对上期报表项目的名称和数字按本期规定进行调整，填入本表的“上期金额”栏。“本期金额”栏内各期数字，除“基本每股收益”和“稀释每股收益”项目外，应当按照相关科目的发生额分析填列。如“营业收入”项目，根据“主营业务收入”、“其他业务收入”科目的发生额分析计算填列；“营业成本”项目，根据“主营业务成本”、“其他业务成本”科目的发生额分析计算填列。其他项目均按照各该科目的发生额分析填列。

（二）利润表编制举例

某工业企业 2017 年的有关资料如下：

主营业务收入	2 500 万元
主营业务成本	2 100 万元
税金及附加	45 万元
销售费用	220 万元
管理费用	120 万元
投资收益	10 万元
营业外收入	30 万元
营业外支出	10 万元

所得税费用　　　　　　　　　　　　　　　　14.85 万元

该企业 2016 年利润表中的有关数据如表 10－4。

根据上述资料，可以编制利润表如表 10－5 所示。

表 10－5　　　　　　　　　　**利润表**

会工 02 表

编报单位：××公司　　　　　　　　2017 年　　　　　　　　单位：万元

项目	本期金额	上期金额
一、营业收入	2 500	3 000
减：营业成本	2 100	2 400
税金及附加	45	50
销售费用	220	300
管理费用	120	240
财务费用		
资产减值损失		
加：公允价值变动收益（损失以“－”号填列）		
净敞口套期收益（损失以“－”号填列）		
投资收益（损失以“－”号填列）	10	
其中：对联营企业和合营企业的投资收益		
资产处置收益（损失以“－”号填列）		
其他收益		
二、营业利润（亏损以“－”号填列）	25	10
加：营业外收入	30	50
减：营业外支出	10	10
三、利润总额（亏损总额以“－”号填列）	45	50
减：所得税费用	14.85	16.50
四、净利润（净亏损以“－”号填列）	30.15	33.50
（一）持续经营净利润（净亏损以“－”号填列）		
（二）终止经营净利润（净亏损以“－”号填列）		
五、其他综合收益的税后净额	略	略
（一）以后不能重分类进损益的其他综合收益		
1. 重新计量设定受益计划净负债或净资产的变动		
2. 权益法下在被投资单位不能重分类进损益的其他综合收益中享有的份额		
……		

续表

项目	本期金额	上期金额
（二）以后将重分类进损益的其他综合收益		
1. 权益法下在被投资单位以后将重分类进损益的其他综合收益中享有的份额		
2. 其他债权投资公允价值变动损益		
3. 金融资产重分类转入损益的累计利得或损失		
4. 现金流量套期损益的有效部分		
5. 外币财务报表折算差额		
……		
六、综合收益总额	略	略
七、每股收益：	略	略
（一）基本每股收益		
（二）稀释每股收益		

第四节　现金流量表

一、现金流量表的作用

现金流量表是以现金为基础编制的财务状况变动表。它反映了企业在一定会计期间内现金的流入和流出，表明企业获得现金和现金等价物（以下在提及“现金”时，除非同时提及现金等价物，均包括现金和现金等价物）的能力。

现金流量表提供了一定期间的现金流入和流出信息，汇总说明企业在一定会计期间的营业活动、投资活动和筹资活动的动态情况。现金流量表的主要作用可概括为以下几点：

（一）现金流量表说明企业偿还债务及支付企业所有者的投资报酬能力

企业能否偿还到期债务，能否向投资者支付股利，不能仅以获得利润的多少作为衡量标准，利润不能代表企业真正具有的偿债和支付能力。在现实经济生活中，有的企业有盈利却没有足够的现金支付工资、股利和偿付债务，有的企业没有盈利却有足够的现金偿付能力。之所以产生这种情况，最主要的原因是会计核算采用的权责发生制、配比原则等所含的估计因素所致。现金流量表完全以现金的收支为基础，消除了由于会计核算采用的估计等所产生的获利能力和支付能力，使投资者和债权人等报表使用者真正了解企业获取现金的能力和现金的偿付能力，为其决策提供更为确切有用的信息。

（二）现金流量表说明了企业现金收支产生差异的原因

通过现金流量表，能够看出企业在一定期间内有多少现金流入企业，从何渠道流入，又有多少现金流出企业，用于何处以及现金流入与流出的差异。它反映了企业现金流入与流出的全貌。

(三)现金流量表能够评估企业未来获取现金的能力

现金流量表以现金的流入和流出反映企业在一定期间经营活动、投资和筹资活动的动态情况。现金流量表中反映的经营活动、投资和筹资活动中产生和获取的现金流量表明了其营业、投资、筹资活动产生和获取现金流量的能力。通过现金流量表及其他财务信息,可以评估企业未来获取现金的能力。

(四)现金流量表能够评估企业当期的现金与非现金投资和理财事项对企业财务状况的影响

资产负债表是一张静态报表,只能反映企业一定日期的财务状况,不能反映财务状况变动原因,也不能反映企业的投资、筹资给企业带来多少现金,又用去多少现金。利润表虽然是一张动态报表,但其只能提供企业一定期间的利润总额及其构成情况,也不能反映其理财活动给企业带来和支付现金的多少。只有现金流量表能够反映企业现金的流入和流出信息以及资产、负债、净资产的变动原因。

(五)现金流量表能够提供不涉及现金收支的投资和筹资活动信息

现金流量表不但反映了企业与现金有关的投资和筹资活动信息,对于不涉及当期现金收支,但影响企业财务状况,或可能在未来影响企业现金流量的重大投资活动、筹资活动也在报表附注中加以说明。如以固定资产偿还债务、以承担债务形式购置资产等。

二、现金流量表的结构

现金流量表的结构如表 10－6 所示。

表 10－6　　现金流量表

会企 03 表

编制单位:××公司　　20××年度　　单位:万元

项目	本期金额	上期金额
一、经营活动产生的现金流量:		
销售商品、提供劳务收到的现金	122	
收到的税费返还		
收到的其他与经营活动有关的现金		
经营活动现金流入小计	122	
购买商品、接受劳务支付的现金	11.7	
支付给职工以及为职工支付的现金	20	
支付的各项税费	27.2	
支付的其他与经营活动有关的现金	10.81	
经营活动现金流出小计	69.71	
经营活动产生现金流量净额	52.29	
二、投资活动产生的现金流量:		

续表

项目	本期金额	上期金额
收回投资所收到的现金		
取得投资收益所收到的现金	10	
处置固定资产、无形资产和其他长期资产所收回的现金净额		
处置子公司及其他营业单位收到的现金净额		
收到的其他与投资活动有关的现金		
投资活动现金流入小计	10	
购建固定资产、无形资产和其他长期资产所支付的现金	42.48	
投资所支付的现金		
取得子公司及其他营业单位支付的现金净额		
支付的其他与投资活动有关的现金		
投资活动现金流出小计	42.48	
投资活动产生的现金净额	32.48	
三、筹资活动产生的现金流量:		
吸收投资所收到的现金		
取得借款所收到的现金	20	
收到的其他与筹资活动有关的现金		
筹资活动现金流入小计	20	
偿还债务所支付的现金	115	
分配股利、利润或偿付利息所支付的现金	0.75	
支付的其他与筹资活动有关的现金		
筹资活动现金流出小计	115.75	
筹资活动产生现金净额	-95.75	
四、汇率变动对现金及现金等价物的影响		
五、现金及现金等价物净增加额	-75.94	
加:期初现金及现金等价物余额	100.25	
六、期末现金及现金等价物余额	24.31	
补充资料	本期金额	上期金额
1. 将净利润调节为经营活动现金流量:		
净利润	30.1	
加:计提的资产减值准备	0.18	
固定资产折旧	8	
无形资产摊销	5	
长期待摊费用摊销		

续表

项目	本期金额	上期金额
待摊费用减少(减:增加)		
预提费用增加(减:减少)		
处置固定资产、无形资产和其他长期资产的损失(减:收益)		
固定资产报废损失		
财务费用	2.1	
投资损失(减:收益)	-10	
递延税款贷项(减:借项)		
存货的减少(减:增加)	30.91	
经营性应收项目的减少(减:增加)	-18.4	
经营性应付项目的增加(减:减少)	4.4	
其他		
经营活动产生的现金流量净额	52.29	
2. 不涉及现金收支的投资和筹资活动:		
债务转为资本		
一年内到期的可转换公司债券		
融资租入固定资产		
3. 现金和现金等价物的净增加情况:		
现金的期末余额	24.31	
减:货币资金的期初余额	100.25	
加:现金等价物的期末余额		
减:现金等价物的期初余额		
现金及现金等价物的净增加额	-75.94	

三、现金流量表的编制

(一)现金流量表的编制原则

为了达到现金流量表编制的目的,充分发挥现金流量表的作用,企业在编制现金流量表时应当遵循以下原则:

1. 现金流量表应当提供企业经营活动、投资活动和筹资活动对现金流量的影响。

2. 现金流量一般应当以总额反映,从而全面揭示企业现金流量的方向、规模和结构。但是,对于那些代客户收取或支付的现金以及周转快、金额大、期限短的项目的现金收入和现金支出应当以净额列示。因为这些现金流量项目周转快,在企业停留的时间短,企业加以利用的余地比较小,净额更能说明其对企业支付能力、偿债能力的影响;

反之，如果以总额反映，反而会对评价企业的支付能力、偿债能力、分析企业的未来现金流量产生误导。这些项目包括银行发放的短期贷款和吸收的活期储蓄存款以及代客户收取或支付的款项等。

3. 合理划分经营活动、投资活动和筹资活动。对于某些现金收支项目或特殊项目应当根据特定情况和性质进行划分，分别归并到经营活动、投资活动和筹资活动类别中，并一贯性地遵循这一划分标准。

4. 外币现金流量应当以现金流量发生日的汇率或平均汇率折算为人民币反映。汇率变动对现金的影响，应作为调节项目，在现金流量表中单独列示。

5. 企业应采用直接法报告经营活动的现金流量，采用间接法计算经营活动的现金流量。

6. 对于不涉及当期现金收支，但影响企业财务状况或可能在未来影响企业现金流量的重大投资、筹资活动，应在报表附注中加以说明。

（二）现金流量表的编制基础

1. 现金概念。现金流量表是以现金为基础编制的，这里的现金是指企业库存现金、随时可用于支付的存款，以及现金等价物。具体包括以下几项：

（1）库存现金。库存现金是指企业持有可随时用于支付的现金限额，即会计核算中“现金”账户核算的库存现金。

（2）银行存款。银行存款是指企业存入银行或其他金融机构，随时可以用于支付的存款。

（3）其他货币资金。其他货币资金是指企业存在银行有特定用途的资金，或在中途尚未收到的资金，如外埠存款，银行汇票存款，银行本票存款和在途货币资金等。

（4）现金等价物。现金等价物是指企业持有的期限性短、流动性强、易于转换为已知金额现金、价值变动风险很小的投资。现金等价物虽然不是现金，但其支付能力与现金的差别不大，可视为现金。如，企业为保证支付能力，手持必要的现金，为了不使现金闲置，可以购买短期债券，在需要现金时，随时可以变现。

一项投资被确认为现金等价物必须同时具备四个条件：期限短、流动性强、易于转换为已知金额现金、价值变动风险很小。其中，期限性较短，一般是指从购买日起，三个月内到期。

2. 现金流量。现金流量是某一时期内企业现金流入和流出的数量。如企业销售商品、提供劳务、出售固定资产、向银行借款等取得现金，形成企业的现金流入；购买原材料、接受劳务、购建固定资产、对外投资、偿还债务等而支付的现金，形成企业的现金流出。

3. 影响现金流量的因素。企业日常经营业务是影响现金流量的重要因素，但并不是所有经营业务都影响现金流量。影响或不影响现金流量的因素主要包括以下几项：

（1）现金各项目与非现金各项目之间的增减变动，会影响现金流量净额的变动，如用现金购买固定资产、用现金对外投资、销售商品收到现金等，均涉及现金与非现金各项目的增减变动，从而使现金流入或现金流出发生变动，使现金流量净额增加或减少。

（2）现金各项目之间的增减变动，不会引起现金流量净额的变动，如将现金存入银行,从银行提取现金,用现金购买短期国库债券等,均属于现金各项目之间内部资金的转换,不会使现金流量增加或减少。

(3)非现金各项目之间的增减变动,不会影响现金流量净额的变动,如以固定资产偿还债务,以固定资产对外投资和以存货偿还债务等,均属于非现金项目之间的转换,不涉及现金收支,不会使现金流量增加或减少。

(三)现金流量表的编制方法

在编制现金流量表时,确定经营活动的现金流量有两种基本方法,即直接法和间接法。这两种方法的编制结果虽然相同,但由于编制的方法不同,报表上反映的重点和突出的信息有较大区别。

1. 直接法,即通过现金收入和现金支出的总括分类反映来自经营活动的现金流量。一般是以利润表的营业收入为起算点,调整与经营活动有关的项目的增减变动,然后计算出经营活动的现金流量。采用直接法时,有关经营活动现金流量的信息可以通过企业的会计记录取得,也可以根据以下项目对利润表中营业收入、营业成本以及其他项目进行调整取得。

(1)本期存货及经营性应收和应付项目的变动。

(2)固定资产折旧、无形资产摊销等其他非现金项目。

(3)其现金影响属于投资或筹资活动现金流量的其他项目。

2. 间接法,即以本期净利润为起算点,调整不涉及现金的收入、费用、营业外收支以及有关项目增减变动,据此计算出经营活动的现金流量。

我国《企业会计准则——现金流量表》中规定,经营活动现金流量的列报采用直接法,同时要求在现金流量表附注中披露将净利润调节为经营活动现金流量的信息,也就是用间接法来计算经营活动的现金流量。

第五节　所有者权益变动表

一、所有者权益变动表的含义

所有者权益变动表是反映构成所有者权益的各组成部分当期的增减变动情况的报表。所有者权益变动表应当全面反映一定时期所有者权益变动的情况,不仅包括所有者权益总量的增减变动,还包括所有者权益增减变动的重要结构性信息,特别是要反映直接计入所有者权益的利得和损失,让报表使用者准确理解所有者权益增减变动的根源。

二、所有者权益变动表的结构

所有者权益变动表的格式见表 10 - 7。

表 10－7

所有者权益变动表

会企 04 表

编制单位:__________ 年度:__________ 单位:元

项目	本年金额										上年金额									
	实收资本（或股本）	其他权益工具			资本公积	减:库存股	其他综合收益	盈余公积	未分配利润	所有者权益合计	实收资本（或股本）	其他权益工具			资本公积	减:库存股	其他综合收益	盈余公积	未分配利润	所有者权益合计
		优先股	永续债	其他								优先股	永续债	其他						
一、上年年末余额																				
加:会计政策变更																				
前期差错更正																				
其他																				
二、本年年初余额																				
三、本年增减变动金额(减少以“－”号填列)																				
（一）综合收益总额																				
（二）所有者投入和减少资本																				
1. 所有者投入的普通股																				
2. 其他权益工具持有者投入资本																				

续表

项目	本年金额										上年金额									
	实收资本（或股本）	其他权益工具			资本公积	减：库存股	其他综合收益	盈余公积	未分配利润	所有者权益合计	实收资本（或股本）	其他权益工具			资本公积	减：库存股	其他综合收益	盈余公积	未分配利润	所有者权益合计
		优先股	永续债	其他								优先股	永续债	其他						
3. 股份支付计入所有者权益的金额																				
4. 其他																				
（三）利润分配																				
1. 提取盈余公积																				
2. 对所有者（或股东）的分配																				
3. 其他																				
（四）所有者权益内部结转																				
1. 资本公积转增资本（或股本）																				
2. 盈余公积转增资本（或股本）																				
3. 盈余公积弥补亏损																				
4. 其他																				
四、本年年末余额																				

三、所有者权益变动表的编制

（一）“上年金额”栏的列报方法

所有者权益变动表“上年金额”栏内各项数字，应根据上年度所有者权益变动表“本年金额”栏内所列数字填列。如果上年度所有者权益变动表规定的各个项目的名称和内容同本年度不相一致，应对上年度所有者权益变动表各项目的名称和数字按本年度的规定进行调整，填入所有者权益变动表“上年金额”栏内。

（二）“本年金额”栏的列报方法

所有者权益变动表“本年金额”栏内各项数字一般应根据“实收资本（或股本）”、“资本公积”“库存股”“其他综合收益”“盈余公积”“利润分配”“库存股”“以前年度损益调整”等科目的发生额分析填列。

（三）所有者权益变动表各项目的列报说明

1.“上年年末余额”项目，反映企业上年资产负债表中“实收资本（或股本）”“资本公积”“库存股”“其他综合收益”“盈余公积”“未分配利润”的年末余额。

2.“会计政策变更”和“前期差错更正”项目，分别反映企业采用追溯调整法处理的会计政策变更的累积影响金额和采用追溯重述法处理的会计差错更正的累积影响金额。

为了体现会计政策变更和前期差错更正的影响，企业应当在上期期末所有者权益余额的基础上进行调整，得出本期期初所有者权益，根据“盈余公积”“利润分配”“以前年度损益调整”等科目的发生额分析填列。

3.“本年增减变动额”项目分别反映如下内容：

（1）“综合收益总额”项目，反映净利润和其他综合收益扣除所得税影响后的净额相加后的合计金额。

（2）“所有者投入和减少资本”项目，反映企业当年所有者投入的资本和减少的资本。其中：

“所有者投入资本”项目，反映企业接受投资者投入形成的实收资本（或股本）和资本溢价或股本溢价，并对应列在“实收资本”和“资本公积”栏。

“股份支付计入所有者权益的金额”项目，反映企业处于等待期中的权益结算的股份支付当年计入资本公积的金额，并对应列在“资本公积”栏。

（3）“利润分配”下各项目，反映当年对所有者（或股东）分配的利润（或股利）金额和按照规定提取的盈余公积金额，并对应列在“未分配利润”和“盈余公积”栏。其中：

“提取盈余公积”项目，反映企业按照规定提取的盈余公积。

“对所有者（或股东）的分配”项目，反映对所有者（或股东）分配的利润（或股利）金额。

（4）“所有者权益内部结转”下各项目，反映不影响当年所有者权益总额的所有者权益各组成部分之间当年的增减变动，包括资本公积转增资本（或股本）、盈余公积转增资本（或股本）、盈余公积弥补亏损等项金额。为了全面反映所有者权益各组成部分的增减变动情况，所有者权益内部结转也是所有者权益变动表的重要组成部分，主要指不影响所有者权益总额、所有者权益的各组成部分当期的增减变动。其中：

“资本公积转增资本（或股本）”项目，反映企业以资本公积转增资本或股本的金额。

“盈余公积转增资本（或股本）”项目，反映企业以盈余公积转增资本或股本的金额。

“盈余公积弥补亏损”项目，反映企业以盈余公积弥补亏损的金额。

第六节　附　注

一、附注概述

（一）附注的概念

附注是财务报表不可或缺的组成部分，是对在资产负债表、利润表、现金流量表和所有者权益变动表等报表中列示项目的文字描述或明细资料，以及对未能在这些报表中列示项目的说明等。

财务报表中的数字是经过分类与汇总后的结果，是对企业发生的经济业务的高度简化和浓缩的数字，如没有形成这些数字所使用的会计政策，理解这些数字所必需的披露，财务报表就不可能充分发挥效用。因此，附注与资产负债表、利润表、现金流量表、所有者权益变动表等报表具有同等的重要性，是财务报表的重要组成部分。报表使用者了解企业的财务状况、经营成果和现金流量，应当全面阅读附注。

（二）附注披露的基本要求

1. 附注披露的信息应是定量、定性信息的结合，从而能从量和质两个角度对企业经济事项完整地进行反映，也才能满足信息使用者的决策需求。

2. 附注应当按照一定的结构进行系统合理的排列和分类，有顺序地披露信息。由于附注的内容繁多，因此更应按逻辑顺序排列，分类披露，条理清晰，具有一定的组织结构，以便于使用者理解和掌握，也更好地实现财务报表的可比性。

3. 附注相关信息应当与资产负债表、利润表、现金流量表和所有者权益变动表等报表中列示的项目相互参照，以有助于使用者联系相关联的信息，并由此从整体上更好地理解财务报表。

二、附注披露的内容

附注应当按照如下顺序披露有关内容：

（1）企业的基本情况。

①企业注册地、组织形式和总部地址。

②企业的业务性质和主要经营活动，如企业所处的行业、所提供的主要产品或服务，客户的性质，销售策略，监管环境的性质等。

③母公司以及集团最终母公司的名称。

④财务报告的批准报出者和财务报告批准报出日。

(2)财务报表的编制基础。

(3)遵循企业会计准则的声明。企业应当声明编制的财务报表符合企业会计准则的要求,真实、完整地反映了企业的财务状况、经营成果和现金流量等有关信息。以此明确企业编制财务报表所依据的制度基础。如果企业编制的财务报表只是部分地遵循了企业会计准则,附注中不得做出这种表述。

(4)重要会计政策和会计估计。根据财务报表列报准则的规定,企业应当披露采用的重要会计政策和会计估计,不重要的会计政策和会计估计可以不披露。

①重要会计政策的说明。由于企业经济业务的复杂性和多样化,某些经济业务可以有多种会计处理方法,也即存在不止一种可供选择的会计政策。例如,存货的计价可以有先进先出法、加权平均法、个别计价法等;固定资产的折旧,可以有平均年限法、工作量法、双倍余额递减法、年数总和法等。企业在发生某项经济业务时,必须从允许的会计处理方法中选择适合本企业特点的会计政策,企业选择不同的会计处理方法,可能极大地影响企业的财务状况和经营成果,进而编制出不同的财务报表。为了有助于报表使用者理解,有必要对这些会计政策加以披露。

需要特别指出的是,说明会计政策时还需要披露下列两项内容:

其一,财务报表项目的计量基础。会计计量属性包括历史成本、重置成本、可变现净值、现值和公允价值,这直接显著影响报表使用者的分析,这项披露要求便于使用者了解企业财务报表中的项目是按何种计量基础予以计量的,如存货是按成本还是可变现净值计量等。

其二,会计政策的确定依据,主要是指企业在运用会计政策过程中所做的对报表中确认的项目金额最具影响的判断。例如,企业如何判断持有的金融资产是持有至到期的投资而不是交易性投资;又比如,对于拥有的持股不足50%的关联企业,企业为何判断企业拥有控制权因此将其纳入合并范围;再比如,企业如何判断与租赁资产相关的所有风险和报酬已转移给企业,从而符合融资租赁的标准;以及投资性房地产的判断标准是什么等等,这些判断对在报表中确认的项目金额具有重要影响。因此,这项披露要求有助于使用者理解企业选择和运用会计政策的背景,增加财务报表的可理解性。

②重要会计估计的说明。财务报表列报准则强调了对会计估计不确定因素的披露要求,企业应当披露会计估计中所采用的关键假设和不确定因素的确定依据,这些关键假设和不确定因素在下一会计期间内很可能导致对资产、负债账面价值进行重大调整。

在确定报表中确认的资产和负债的账面金额过程中,企业有时需要对不确定的未来事项在资产负债表日对这些资产和负债的影响加以估计。例如,固定资产可收回金额的计算需要根据其公允价值减去处置费用后的净额与预计未来现金流量的现值两者之间的较高者确定,在计算资产预计未来现金流量的现值时需要对未来现金流量进行预测,并选择适当的折现率,应当在附注中披露未来现金流量预测所采用的假设及其依据、所选择的折现率为什么是合理的等等。又如,为正在进行中的诉讼提取准备时最佳估计数的确定依据等。这些假设的变动对这些资产和负债项目金额的确定影响很大，有可能会在下一个会计年度内做出重大调整。因此，强调这一披露要求，有助于提高财务报表的可理解性。

(5)会计政策和会计估计变更以及差错更正的说明。企业应当按照《企业会计准则第28号——会计政策、会计估计变更和差错更正》及其应用指南的规定，披露会计政策和会计估计变更以及差错更正的有关情况。

(6)报表重要项目的说明。企业应当以文字和数字描述相结合，尽可能以列表形式披露报表重要项目的构成或当期增减变动情况，并且报表重要项目的明细金额合计，应当与报表项目金额相衔接。在披露顺序上，一般应当按照资产负债表、利润表、现金流量表、所有者权益变动表的顺序及其项目列示的顺序。

(7)其他需要说明的重要事项。这主要包括或有和承诺事项、资产负债表日后非调整事项、关联方关系及其交易等，具体的披露要求须遵循相关准则的规定。

第七节　会计报表的分析

一、会计报表分析的目的和内容

(一)会计报表分析的目的

会计报表分析是以会计报表为主要依据，对企业的财务状况和经营成果进行评价和剖析，反映企业在经营过程中的利弊得失、发展趋势，从而为改进企业财务管理工作和优化经济决策提供重要的财务信息。会计报表分析属于事后进行的总结分析，它是会计分析重要组成部分，其主要目的是评价与研究企业的财务状况、偿债能力、营运能力和盈利能力。会计报表分析的具体目的因报表使用者不同而有所区别。对于债权人来说，企业是否能以资产及时清偿债务，是其最关心的问题，因而他们分析的重点是企业的偿债能力。对于股东来说，他们是提供资金给企业的投资人，也是企业的风险承担者，其主要关心企业目前收益与未来预期收益如何，收益是否稳定。因为只有收益高，他们才能分得较高的股息和红利；只有收益高，股票才能升值，他们才能在股票交易中获得比较高的溢价收益。所以，他们分析的重点是企业的获利能力。企业管理者包括企业厂长(经理)、财会人员和其他职能部门的管理人员，他们主要关心企业当前的财务状况和资产的营运效率。因为他们只有通过分析评价企业的财务状况、经营成果和经济信息，才能随时掌握企业动态，才能应付不断变化的各种情况，据此做出合理决策，抓住各种投资机会，有效地筹集和运用资金。政府部门包括企业主管部门、财政和税务部门，他们主要关心企业是否落实了经营自主权；是否进入国际国内市场进行竞争；是否加快改革步伐，充分发挥市场机制的作用；是否推进技术进步，改进经营管理，提高企业经济效益；更关心企业的国有资产是否保值、增值以及盈利情况。所以，他们一般都要求全面地掌握会计报表分析的各种信息，作为代表国家指导企业经营的依据，以监督企业遵守党和国家的各项方针政策，及时掌握经济动态和全面调整行业结构。

总之，不同的信息需要者对会计报表分析的目的和要求是不尽相同的。作为企业经营管理与分析人员，最关心会计报表分析。因为企业会计报表分析既是其他信息需求者分析的基础，又是企业经营分析的重点。所以，搞好企业会计报表分析对提高企业经营分析水平和为其他分析者提供及时、准确、全面的信息资料有重要作用。

（二）会计报表分析的内容

虽然不同的信息需要者对会计报表分析的目的和要求是不尽相同的，各有不同的分析重点，但概括来讲，会计报表分析的内容可归纳为四个方面：

1. 偿债能力的分析。主要是对企业的负债与所有者权益的比例关系、流动负债与长期负债的比例关系、流动资产与非流动资产的比例关系以及经营现金净流量与流动负债的比例关系是否合理的分析。只有合理的比例关系，才能使企业有稳定的发展基础。偿债能力大小的分析是判断企业财务状况稳定与否的重要内容。

2. 营运能力的分析。营运能力的分析包括人力资源营运能力的分析和生产资料营运能力的分析。评价和分析人力资源营运能力的着眼点在于如何充分调动劳动者的积极性、能动性，从而提高其经营效率；企业拥有或控制的生产资料表现为企业的各项资产，因此，评价和分析生产资料营运能力实际上就是评价和分析企业的总资产及其各组成要素的营运能力，资产营运能力的强弱取决于周转速度，一般来说，资产的周转速度越快，其使用效率就越高，表明资产的营运能力就越强。

3. 盈利能力的分析。盈利能力就是企业资金增值的能力，它是衡量企业经营好坏的重要标志，通常体现为企业收益数额的大小与水平的高低。盈利能力分析包括盈利能力一般分析和社会贡献能力分析，其中，盈利能力的一般分析主要是通过设置销售利润率、成本利润率、资产利润率、自有资金利润率及资本保值增值率等指标，来评价企业各要素的盈利能力及资本保值增值情况。

4. 发展能力的分析。在市场经济条件下，企业必须不断发展，才能使其在激烈的市场竞争中立于不败之地。发展能力分析就是分析和评价企业扩大规模，提高市场竞争实力的潜在能力。

二、会计报表分析的常用指标

（一）短期偿债能力分析常用指标

在市场经济条件下，企业的债权人、投资者等报表使用者都很关心企业的短期偿债能力，对任何一个企业来说，若短期偿债能力欠佳，则说明企业存在着资金不足的风险，同时还可能由于偿还不了短期债务而面临破产的威胁，这就会对企业的正常经营、融资等造成负面影响。

一般情况下，企业的短期债务和到期的长期债务需要用流动资产来偿还，除非破产、清算等情况发生，企业不会用固定资产等其他资产来偿还债务。因此，我们对短期偿债能力分析主要是利用流动资产、流动负债，同时结合其他相关指标进行分析。评价企业短期偿债能力的财务指标有流动比率、速动比率等。

1. 流动比率。流动比率是企业流动资产与流动负债的比值。其计算公式为：

$$流动比率=\frac{流动资产}{流动负债}$$

根据表 10－2 中的有关数据,计算流动比率为:

$$流动比率=\frac{317.05}{75}=4.23$$

上述结果表明每 1 元流动负债有 4.23 元流动资产作为偿债保证,企业偿债能力是不错的。一般认为,流动比率达到 2 比较合理,因为在流动资产中存货的变现能力最差,除存货外的流动性较大的流动资产至少要等于流动负债,企业的短期偿债能力才有保证。但这种观点,不能从理论上加以证明,还不能成为一个统一标准。

2. 速动比率。速动比率是从流动资产中扣除存货部分,再除以流动负债的比值。与流动比率相比,速动比率是衡量企业偿债能力敏感性更强的指标。其计算公式为:

$$速动比率=\frac{流动资产-存货}{流动负债}$$

根据表 10－2 中的有关数据,计算速动比率为:

$$速动比率=\frac{317.05-140}{75}=2.36$$

计算结果表明,流动资产中扣除变现能力较弱的存货外,每元流动负债由 2.36 元流动资产作为偿债保证,与上面计算出来的流动比率结合起来,更加印证了企业的偿债能力的确是不错的。

由上式可见,与流动比率相比,速动比率分子中要扣除存货,之所以如此,首先是因为存货中可能存在一些已损失报废或滞销的产品和有关物资因而影响存货的变现能力;其次,存货中可能有部分存货已抵押给某个债权人;再次,在存货的估价中还存在着成本与市价的价格差异等诸多问题。因此,在计算企业的偿债能力时,将存货从流动资产中扣除而计算出的速动比率所反映的短期偿债能力更符合实际情况,更令人信服。

一般情况下,速动比率为 1 时比较正常,若低于 1 则认为短期偿债能力偏低。但这仅是一般的认识,在不同的行业中速动比率会有很大区别,因而目前并没有统一的标准。例如在采用大量现金销售的情况下,几乎没有应收账款,低于 1 的速动比率是很正常的。相反,一些应收账款较多的企业,速动比率可能要大于 1,这也是很正常的。

流动比率和速动比率计算出来后,要与同行业的平均比率、本企业历史的比率进行比较,才能知道比率的高低,而且这种比较往往不能说明高低的原因,要找出过高或过低的原因还需分析流动资产和流动负债所包括的内容以及经营上的因素。一般情况下,营业周期、流动资产中的应收账款和存货的周转速度等是影响流动比率和速动比率的主要因素。因此为了进一步说明这种比率,我们需要计算应收账款周转率和存货周转率两个指标。

(二)长期偿债能力分析常用指标

长期偿债能力是指企业偿还长期债务的能力。长期偿债能力的指标分析,主要是为了确定企业偿还长期债务的本金和利息的能力。反映企业长期偿债能力的指标主要有资产负债率、产权比率、有形净值债务率等。

1. 资产负债率。资产负债率是负债总额与资产总额的百分比,用公式表示为:

$$资产负债率=\frac{负债总额}{资产总额}\times100\%$$

分子中的负债总额既包括长期负债，也包括流动负债。该比率反映在总资产中有多大比例是通过借债来筹资的，同时也可以衡量企业在破产清算时对债权人利益的保证程度。该比率主要侧重于分析债务偿付安全性的物质保障程度。

该比率不能说越大越好，也不能说越小越好。从投资者的角度看，关心的是全部资本利润率是否超过借入款项的利率，即借入资本的代价，在全部资本利润率高于借款利息率时，负债比例越大越好，否则越低越好。从债权人的角度看，该比率越低越好，因为债权人最关心的是贷款的安全程度，即能否按期收回本金和利息。从经营者的角度看，必须全面考虑，在利用资产负债率制定借入资本的决策时，必须充分估计预期的利润和增加的风险。

由表 10－2 可知，负债总额为 325 万元，资产总额为 917.05 万元，则

$$资产负债率=\frac{325}{917.05}\times100\%=35.44\%$$

这一比率表明企业经营资金主要是投资者所有，企业有足够的资产来偿还债务，从而使债权人的安全程度得到保证。

2. 产权比率。产权比率是负债总额与所有者权益总额的比率，其计算公式为：

$$产权比率=\frac{负债总额}{所有者权益总额}\times100\%$$

由表 10－2 可知，负债总额是 325 万元，所有者权益总额是 592.05 万元，则

$$产权比率=\frac{325}{592.05}\times100\%=54.89\%$$

由计算结果可以看出，企业债权人提供的资本基本相当于所有者权益的一半，负债比率不高，财务结构稳定，偿债安全性良好。

该项指标反映由债权人提供的资本与所有者提供的资本的相对关系和债权人投入的资本受到所有者权益的保证程度，同时据此判断企业基本财务结构的稳定性。这一比率越低，企业的长期偿债能力越强，债权人权益的保障程度越高，所承担的风险越小，但企业不能有效地发挥负债的财务杠杆效应。因此，企业在评价该比率时，要从提高获利能力与增强偿债能力两个方面综合进行。与资产负债率相比，更侧重于揭示财务结构的稳健程度以及自有资金对偿还风险的承受能力。

3. 有形净值债务率。有形净值债务率是企业负债总额与有形净值的百分比。有形净值是股东权益（或所有者权益）减去无形资产净值后的净值，即股东具有所有权的有形资产的净值。其计算公式为：

$$有形净值债务率=\frac{负债总额}{股东权益-无形资产净值}\times100\%$$

由表 10－2 可知，负债总额为 325 万元，股东权益总额为 592.05 万元，无形资产净值为 30 万元，则

$$有形净值债务率=\frac{325}{592.05-30}\times100\%=57.82\%$$

有形净值债务率指标是产权比率指标的延伸。本指标之所以把无形资产从其分母

中扣除，是因为无形资产包括商标权、商誉、专利权以及非专利技术等，其价值不一定能用来偿还债务。所以该指标是更为谨慎、保守地反映在企业清算时债权人投入的资本受到股东权益的保障程度，从长期偿债能力来讲，该比率越低越好。

4. 利息保障倍数。利息保障倍数是指企业经营业务收益与利息费用的比率，用以衡量偿付借款利息的能力，也叫已获利息倍数。其计算公式为：

$$利息保障倍数=\frac{息税前利润}{利息费用}$$

作为债权人来讲，其向企业投资的风险测定除了利用资产负债率、产权比率以及有形净值债务率等指标外，还要利用利息保障倍数来测试债权人投入资本的风险。该指标的重点是衡量企业支付利息的能力。

公式中的"息税前利润"是指利润表中未扣除利息费和所得税之前的利润，即息税前利润 = 利润总额 + 利息费用。由于利息费用在利润表中没有单列，而是计入财务费用中，作为外部报表使用人只好用利润总额加财务费用来估计息税前利润。

公式中的"利息费用"是指企业本期发生的全部应付利息，不仅包括计入财务费用中的利息费用，还包括计入固定资产价值中的资本化利息。

若某企业某年的利润总额为 40 万元，利息费用为 20 万元，该企业的利息保障倍数为

$$利息保障倍数=\frac{40+20}{20}=3(倍)$$

利息保障倍数的大小反映企业经营收益为所需支付的负债利息的多少倍，该指标越大，说明企业偿付债务利息的能力越强，否则相反。

（三）营运能力分析常用指标

1. 应收账款周转率。同存货一样，在流动资产中应收账款有着很重要的地位。及时收回应收账款，不仅可以增强企业的短期偿债能力，也可以反映出企业资金管理的水平。应收账款周转率，是年度内应收账款转为现金的平均次数，它说明应收账款流动的速度。其计算公式为：

$$应收账款周转率=\frac{赊销净额}{平均应收账款}$$

其中赊销净额数据来自利润表，指扣除折扣和折让后的净额。

平均应收账款是指未扣除坏账准备的应收账款金额，其数据来自资产负债表，是期初应收账款余额和期末应收账款余额的平均数。

例如，假设赊销净额为 689.1 万元，假定应收账款期初数和期末数分别为 78.02 万元和 59.8 万元，则

$$应收账款周转率=\frac{689.1}{(59.8+78.02)/2}=10(次)$$

另外应收账款流动速度也可以用时间表示，即应收账款周转天数，是企业从取得应收账款的权利到收回款项．转换为现金所需要的时间。其计算公式为：

$$应收账款周转天数=360\div 应收账款周转率$$

由上述有关数字可计算为：

$$应收账款周转率=360\div 10=36(天)$$

应收账款周转次数越多，周转天数越短，说明应收账款收回速度越快，企业的偿债能力也就越强。

2. 存货周转率。存货周转率是销售成本与存货平均余额的比率，也称为存货的周转次数。若用时间表示，则称为存货周转天数。其计算公式为：

$$存货周转率=\frac{销售成本}{平均存货}$$

$$存货周转天数=360\div存货周转率$$

公式中的销售成本来自损益表，平均存货来自资产负债表中的期初存货与期末存货的平均数。

例如：假设销售成本为622.7万元，存货期初数和期末数分别为140万元和109.09万元，则

$$存货周转率=\frac{622.7}{(140+109.09)/2}=5(次)$$

$$存货周转率=360\div5=72(天)$$

存货周转率是评价企业从购入存货到投入生产直至销售收回等各环节管理状况的综合性指标，在一定程度上反映着企业流动资金利用效率。存货周转速度越快，存货占用的流动资金水平越低，流动性越强，存货转换为现金或应收账款的速度就越快，因而提高了企业的短期偿债能力。

（四）盈利能力分析常用指标

反映企业盈利能力的指标很多，通常有销售毛利率、销售净利率、成本费用利润率等。

1. 销售毛利率。销售毛利率是销售毛利占销售收入的百分比。其计算公式为：

$$销售毛利率=\frac{销售毛利}{销售收入}\times100\%=\frac{销售收入-销售成本}{销售收入}\times100\%$$

该指标表示每一元销售收入扣除销售成本后，有多少钱可以用于补偿费用和形成盈利。对一个企业来说，若没有足够大的毛利率就不可能有很好的盈利。

2. 销售净利率。销售净利率是指净利（税后利润）与销售收入的百分比，反映企业每一元收入带来的净利润的多少，表示销售收入的收益水平。其计算公式为：

$$销售净利率=\frac{净利}{销售收入}\times100\%$$

如在表10－5中，净利是30.15万元，销售收入是2 500万元，则

$$销售净利率=\frac{30.15}{2\,500}\times100\%=1.21\%$$

从上面公式可以看出，净利额与销售净利率成正比关系，而销售收入额与销售净利率成反比关系，因此要提高企业销售净利率，必须在增加销售收入额的同时，获得更多的利润。

影响销售净利率的因素很多，既有销售结构、销售成本的影响，也有市场环境、管理决策等其他因素的影响。对该指标的分析，可促使领导干部更多注意改进经营管理，降低成本，增加利润额，而不能单纯增加销售额，而且该指标剔除了投资和营业外收支的影响，反映企业经营业务本身的获利能力和竞争能力。

另外，由于每一行业、每一企业经营特点、经济环境、资本结构等不同，企业之间的

销售利润率水平也不同。在利用该指标分析企业盈利能力时，不能简单地将不同企业的销售利润率的高低作为评估标准，应根据企业的特点，结合以往会计期间的指标来进行分析评价。

3. 成本费用利润率。成本费用利润率是指企业利润总额与成本费用总额的比率。反映企业每付出单位成本费用所获得利润的能力。其计算公式为：

$$成本费用利润率=\frac{利润总额}{成本费用总额}\times 100\%$$

由表 10－5 可知，利润总额为 45 万元，成本费用总额为（2 100＋45＋220＋120）即 2 485 万元，则

$$成本费用利润率=\frac{45}{2\ 485}\times 100\%=1.81\%$$

这一指标反映了企业每 100 元成本费用可获得 1.81 元的利润。企业可将该数据与上年或同业数据相比较，分析其升降原因，以提高成本费用利润率。从计算结果可看出，该企业投入产出水平应该算不错的。

4. 资本收益率。资本收益率是净利润与实收资本平均余额的比率。其计算公式为：

$$资本收益率=\frac{净利润}{实收资本平均余额}\times 100\%$$

$$实收资本平均余额=(实收资本期初数+实收资本期末数)\div 2$$

由表 10－5 知，净利润为 30.15 万元，假定实收资本期初数和期末数均为 510 万元。则

$$资本收益率=\frac{30.15}{(510+510)/2}=5.91\%$$

该指标反映企业每 100 元实收资本能获得 5.91 元净利润，表明该企业资本运用情况不够良好。

该指标是投资者考虑对企业是否进行再投资的重要资料，用于衡量投资者投入企业的资本的获利能力，资本收益率越高，投资者投入企业的资本的获利能力越强。

三、会计报表分析的具体方法

会计报表分析的具体方法是指在搜集、整理、分析企业各种资料、数据过程中所采用的方法。根据国际惯例和我国传统，这些方法主要包括比较分析法、比率分析法、趋势分析法、因素分析法、杜邦分析法、沃尔评分法等。现分别介绍如下：

（一）比较分析法

比较分析法是通过两个或两个以上相同内容的经济指标的对比，确定增减差异的一种分析方法。它是一种横向比较分析的方法。一般说来，经济指标的横向对比主要采用以下几种形式：本期实际指标和计划指标对比；本期实际指标与同类先进企业实际指标对比；决策方案的收益与成本差量对比；本期实际指标与历史实际指标对比。

应当指出的是，运用比较法进行财务报告分析，必须注意以下几个问题：

第一，对比指标应具有可比性。比较分析法只适用于同质指标的数量对比。因此，对比经济指标的内容、计算方法、计价标准和时间单位等应相同或可比。另外，在比较

不同企业间的相同指标时，还要注意它们之间的技术经济特点和企业所处自然条件等可比性。但可比性是相对的，不是绝对的。在进行对比分析时，为了使对比指标具有可比性，可以将某些指标做必要适当的调整换算。如对比成本费用指标，可以先将随产量变化而变化的变动费用计划指标，按产量增减幅度进行调整，再同实际指标对比。

第二，对比指标在形式上一般总是相减或相除的关系。比较分析法对比确定的差异既可以是绝对数，也可以是相对数，绝对数和相对数分析可以弥补两者各自的不足。

第三，对比指标不仅要用数量差异说明，而且还要联系实际用文字分析。利用相互联系的数字对比，只能为企业经营分析提供线索和信号。真正要解决问题，必须通过实践，在充分发动群众的基础上，通过对比找出差距，算细账，挖潜力，提出改进的措施。而这些工作的最终成果则需要用文字进行综合、归纳和分析、说明。所以，完整的对比分析报告应该是数字对比和文字说明的统一。

（二）比率分析法

比率分析法是通过计算对比经济指标的比率，确定相对数差异的一种分析方法。它和比较分析法一样，都是经常使用的一种企业财务分析方法。比率分析法与比较分析法的共性在于都是采用将两数进行对比的手段来揭示经济指标之间的差异程度。两者的区别在于：一是比较分析法强调对比性，即只有同质的指标才能进行比较；而比率分析法除趋势比率要求按同质指标之间计算比率外，大多数比率是在虽不同质但相关的指标之间计算比率。二是比较分析法的结果主要是强调用绝对差异的大小表示同质指标变动的规模，辅以计算相对差异表示两同质指标变动的幅度；而比率分析法的分析结果纯粹以相对数表示，以说明两者的相互关系。

比率的形式很多，按照它们在分析中所起的作用不同，主要可以分为以下三种：

1. 相关比率。相关比率是指根据经济活动客观存在的相互依存、相互联系的关系，将两个性质不同但又相关的指标的数值相比，求出的比率。该比率便于从经营活动的客观联系中进行，便于更深入地认识企业生产经营状况，在通常情况下，也可按反映关系的不同，分以下几类：

（1）反映因果关系的比率，如资本收益率等；

（2）反映并列关系的比率，如固定资产与流动资产的比率等；

（3）反映对应关系的比率，如流动比率等；

（4）反映转化关系的比率，如存货周转率等。

2. 构成比率，也称结构比率。它是计算某项经济指标的各个组成部分占总体的比重，分析其构成内容的变化，从而掌握该项经济活动的特点与变化趋势。它是一种纵向比较分析的方法。例如，资产负债表上的每一项目都可以与总资产比较，计算出各个项目占总资产的比重，了解其对总资产的影响程度。通过计算连续各期资产负债表的结构比例，可以发现企业的哪些项目变得重要，那些项目变得不重要。构成比率也可用于利润表的分析，反映利润表上的所有项目占产品销售收入的比例，了解每一定量的销售收入中形成多少利润，成本费用占多少，税金占多少等等。

3. 趋势比率。趋势比率是将不同时期某项同类经济指标对比计算的比率。它反映了企业该项经济指标的变动趋势，从动态上研究其特征和发展变化规律。趋势比率分析的重要组成部分,与比较分析法联系最为密切。一是因为趋势比率的构成指标要求与比较分析法中不同时期比较形式相结合地运用,共同形成趋势分析法。因此,从严格意义上讲,趋势比率分析是一种用相除的形式表示的比较分析法。趋势比率分析将在趋势分析法上举例加以介绍,在此从略。

(三)趋势分析法

趋势分析法是对企业不同时期经济指标进行对比,以确定其增减差异和变动趋势的一种分析方法。从一定意义上讲,它是将比较分析法和比率分析法结合起来运用的一种分析方法。在计划经济时期,财务分析着重运用实际财务指标与计划财务指标比较,以评价企业计划完成情况,为政府部门提供信息。在社会主义市场经济新形势和新的财务体系下,《企业财务通则》采用了国际通用的财务报表体系,设计了新的财务指标体系,更注重对不同时期的财务指标的比较和财务能力的变动趋势分析,从而改变了财务信息单纯为政府部门服务的做法,进而转向为企业投资者、债权人、经营者、政府管理部门以及关心企业的有关各方面服务,满足各方面的需要。因此,有必要将比较分析法中的不同对比形式与比率分析法中的趋势比率结合起来,组合成完整的趋势分析法。趋势分析法的计算指标包括差异数、差异率和趋势比率三项。

(四)因素分析法

因素分析法是用来计算几个相互联系的因素对综合经济指标影响程度和方向的一种分析方法。在企业生产经营活动中,一些综合经济指标的变动,往往是由许多因素变动构成的。这些因素相互联系地按照同一方向或相反方向对综合经济指标的变动起着作用。因此,只有从组成综合经济指标的各种原始因素去了解对综合经济指标的影响程度和方向,才能找出影响综合经济指标完成好坏的真正原因和责任所在。在此所说的综合经济指标是指由于各项相互联系的经济因素综合作用而产生的结果性经济指标;经济因素是指反映着因素关系,可采用因素分析法把各项经济因素对综合经济指标影响的程度和方向测算和分解出来。按测算的繁简程度和表现形式不同,因素分析法可分为连环替代法和差额计算法两种。连环替代法又称连锁替代法,它是指通过逐个因素替换,计算几个相互联系的因素对综合经济指标变动影响的程度和方向的一种分析方法。它是因素分析法的一种基本形式,对说明因素分析法的基本原理具有重要作用。运用这种方法进行因素分析时,一般在测定和查明各个相互联系的因素变动对某项综合经济指标变动影响的程度和方向时,要按照各个因素影响的顺序,将其中一个因素视为可变因素,其他因素视作不变因素,逐个替代,依次计算,连环对比,联系分析,这样就可达到预期目的。

(五)杜邦分析法

杜邦分析法是根据各主要财务比率指标之间的内在联系,建立财务分析指标体系、综合分析企业财务状况的方法。由于该指标体系是由美国杜邦公司最先采用的,故称为杜邦财务分析体系。杜邦财务分析体系的特点,是将若干反映企业盈利状况、财务状况和营运状况的比率按其内在联系有机结合起来,形成一个完整的指标体系,并最终通过净资产收益率这一核心指标来综合反映。

(六)沃尔评分法

沃尔评分法也叫财务比率综合评价法。沃尔评分法的先驱之一是亚历山大·沃尔。他在20世纪初出版的《信用晴雨表研究》和《财务报表比率分析》中提出了信用能力指数的概念,把若干个财务比率用线性关系结合起来,以此评价企业的信用水平。他选择了7种财务比率,分别给定了其在总评价中的比重,总和为100分,然后确定标准比率,并与实际比率相比较,评出每项指标的得分,最后求出总评分。

复习思考题

1. 什么是财务报告?其作用有哪些?
2. 财务报告内容有哪些?
3. 编制会计报表有哪些要求?
4. 什么是资产负债表?它有何作用?
5. 资产负债表的编制方法有哪几种?
6. 什么是利润表?它有何作用?
7. 利润表是如何编制的?
8. 现金流量表有何作用?
9. 现金流量表的编制基础是什么?
10. 会计报表分析的目的是什么?
11. 会计报表分析的内容有哪些?
12. 会计报表分析的方法有哪些?

练 习 题

习题一

M公司为一般纳税人,该公司2016年12月31日的资产负债表有关资料如表10-8所示。M公司2017年年末有关账户余额表如表10-9所示。

表10-8 资产负债表

会企01表

编制单位:M公司 2016年12月31日 单位:万元

资产	期末余额	年初余额	负债及所有者权益(或股东权益)	期末余额	年初余额
流动资产:			流动负债:		
货币资金	250		短期借款	130	
交易性金融资产	40		交易性金融负债		

续表

资产	期末余额	年初余额	负债及所有者权益（或股东权益）	期末余额	年初余额
应收票据	15		应付票据	80	
应收账款	15		应付账款	50	
预付账款	1		预收账款	2	
应收利息			应付职工薪酬	2	
应收股利			应交税费	105	
其他应收款	2		应付利息		
存货	120		应付股利		
一年内到期的非流动资产			其他应付款	1	
其他流动资产			一年内到期的非流动负债		
流动资产合计	443		其他流动负债		
非流动资产：			流动负债合计	370	
债权投资			非流动负债：		
其他债权投资			长期借款	230	
长期应收款			应付债券	100	
长期股权投资	112		长期应付款		
投资性房地产			专项应付款		
固定资产	1 200		预计负债		
在建工程	85		递延所得税负债		
			其他非流动负债		
			非流动负债合计	330	
生产性生物资产			负债合计	700	
油气资产			所有者权益（或股东权益）：		
无形资产	10		实收资本（或股本）	1 000	
开发支出			资本公积		
商誉			减：库存股		
长期待摊费用			其他综合收益		
递延所得税资产			盈余公积	80	
其他非流动资产			未分配利润	70	
非流动资产合计	1 407		所有者权益（或股东权益）合计	1 150	
资产总计	1 850		负债和所有者权益（或股东权益）总计	1 850	

表 10－9　　账户余额表

单位名称:M 公司　　2017 年 12 月 31 日　　单位:万元

账户名称	借方余额	账户名称	贷方余额
库存现金	0.31	短期借款	5
银行存款	23	应付票据	10
其他货币资金	1	应付账款	30
应收票据	7	其他应付款	0.5
应收账款	80	应付职工薪酬	7.1
坏账准备	－1.98	应交税费	25.95
预付账款	9	长期借款	176
其他应收款	1	实收资本	510
材料采购	40	盈余公积	64.55
原材料	40	利润分配(未分配利润)	47.6
生产成本	30		
低值易耗品	10		
库存商品	9.09		
固定资产	689.48		
累计折旧	－108		
在建工程	11.8		
无形资产	35		
合计	876.7	合计	876.7

要求:根据上述资料编制 M 公司 2017 年末的资产负债表。

习题二

假定习题一中 M 公司 2017 年各损益类账户的累计余额如下:

主营业务收入 12 000 万元;

主营业务成本 10 000 万元;

税金及附加 200 万元;

销售费用 1 000 万元;

管理费用 400 万元;

财务费用 200 万元;

投资收益 50 万元;

营业外收入 150 万元;

营业外支出 50 万元;

所得税费用 115.5 万元。

要求:

(1) 根据上述资料编制 M 公司 2017 年的利润表。

(2) 根据习题一所编制的 M 公司 2017 年末的资产负债表及本题的 M 公司 2017 年的利润表,计算 M 公司 2017 年流动比率、速动比率、资产负债率、应收账款周转率、存货周转率、销售净利率。

第十一章

账务处理程序

本章要点

本章阐述五种主要的账务处理程序，即记账凭证账务处理程序、汇总记账凭证账务处理程序、科目汇总表账务处理程序、多栏式日记账账务处理程序和日记总账账务处理程序，并分别举例阐述了各种账务处理程序的基本流程、优缺点和适用范围。

第一节　概　述

填制会计凭证、登记会计账簿和编制财务报告都是会计核算的重要方法，它们都有特定的目的、原则和手段，这些核算方法并非孤立存在，而是相互联系的。企业发生的经济业务，必须经过设置会计账户、复式记账、审核和填制会计凭证、登记账簿等一系列会计核算的专门方法，对经济业务进行不断的归类、加工、综合，最后在账簿中形成比较系统的核算资料，再将分散在账簿中的日常核算资料，进一步归类、综合，并通过编制财务报告将其形成系统的指标体系，以便完整地、集中地、系统地反映企业的经济活动情况。为了使企业经济业务的处理工作有条不紊地进行，保证会计信息的质量和会计工作的效率，及时、准确地提供会计信息，就必须将会计凭证、账簿和报表加以科学地组织，形成一定的账务处理程序。

一、账务处理程序的概念

账务处理程序亦称"会计核算组织形式"，是指会计凭证、账簿组织和记账程序相互结合的方式。会计凭证、账簿组织是指会计主体在进行会计核算时应采用的凭证、账簿的种类和格式，以及凭证与账簿之间、各种账簿之间的相互关系。记账程序是指从填制凭证、登记账簿到编制财务报告的步骤和方法。不同的凭证、账簿组织及与之相适应的记账程序相结合，构成不同的账务处理程序。每个独立的核算单位都要按照会计准则和统一会计制度的要求，结合本单位业务性质、经营规模和管理要求等具体情况，设计适合本单位情况的账务处理程序，使会计凭证的填制、账簿的登记、会计报表的编制能够有机地结合起来，做到互相配合，互相衔接，形成一个严密的网络，以便有条不紊地做好会计核算工作。合理的账务处理程序对于保证会计核算质量、提高会计核算工作的效率、充分发挥会计在经济管理中的作用具有重要意义。

二、账务处理程序设计的基本要求

财务报告中的资料主要来源于账簿，其内容对账簿的种类、格式和记录内容又有制约作用；账簿的登记依据是会计凭证，账簿的种类、格式又决定着会计凭证的种类和格式。正是由于会计凭证、会计账簿、财务报告三者之间相互联系、相互制约的关系，表明三者之间以及各种会计凭证之间、账簿之间、报表之间的配合，决定着会计核算资料的全面性、综合性、及时性，因此，各会计主体都应当根据其实际情况设计账务处理程序，这对于科学地组织其会计核算工作，减少会计人员的工作量，节约人力和物力，提高会计工作的质量和效率都有着重要的意义。同时，科学合理的账务处理程序，也有利于实现会计工作的科学化、标准化，便于有效地开展外部和内部的会计监督、检查；并且为会计工作电算化系统流程和程序流程的设计提供依据。

设计科学、合理的账务处理程序，应符合以下基本要求：

（一）必须能满足宏观管理与微观管理的需要

为了宏观管理的需要，国家和主管部门在会计凭证的填制、会计账簿的登记、会计报告的编制和记账程序方面都有一般性要求，各单位必须遵照执行。因此，会计科目的设置，凭证、账簿的种类、格式以及编制、登记方法和记账程序的设计或选用，必须贯彻执行国家统一要求，及时正确地提供全面的、系统的会计信息。

（二）必须适应本单位经济活动的实际情况

科学、合理的账务处理程序，应与本单位经济活动的特点相适应，如行业特征、业务繁简、规模大小、管理要求等实际情况，以便有利于加强岗位责任制和实现内部控制以及会计核算的分工合作。

（三）必须能满足会计核算工作的要求

设计合理的账务处理程序，将会使会计核算的各个环节紧密衔接，手续简便，有利于高效率地完成会计核算工作，正确、及时、完整地提供会计信息，提高信息的质量。

三、账务处理程序的基本模式

我国会计核算工作在长期实践中，常用的账务处理程序主要有：记账凭证账务处理程序、汇总记账凭证账务处理程序、科目汇总表账务处理程序、多栏式日记账账务处理程序和日记总账账务处理程序。

上述各种账务处理程序既有区别，又有许多共同点。其区别主要表现在登记总分类账的依据和方法不同，其共同点表现在不同的账务处理程序通常都包括下面几个基本步骤：经济业务发生或完成后，取得或填制原始凭证；分析经济业务，填制记账凭证；根据记账凭证登记现金、银行存款日记账；根据记账凭证和原始凭证或原始凭证汇总表登记明细分类账；对账；根据分类账及其有关资料编制财务报告。

任何企业在其较为长久的存续期内，都不断地、循环往复地发生与其经营内容相关联的经济业务，并都需要按其所归属的会计期间重复地通过上述会计核算方法进行归类、加工、整理、汇总和综合，以便完整地、系统地、集中地提供该会计期间的会计信息。按照上述步骤依次完成从经济业务发生到编制财务报告的会计处理程序称为一个会计循环。各单位的经济活动年复一年地重复进行着，会计工作也就按照上述程序连续不断地、重复进行着。

第二节　记账凭证账务处理程序

一、记账凭证账务处理程序的特点

记账凭证账务处理程序是直接根据记账凭证逐笔登记总分类账的账务处理程序。它是会计核算中最基本的一种账务处理程序，也是其他账务处理程序的基础。

采用记账凭证账务处理程序时，设置的记账凭证可采用通用格式，也可采用收款凭证、付款凭证和转账凭证等专用格式；设置的账簿一般有：现金日记账、银行存款日记账、总分类账和明细分类账。现金日记账和银行存款日记账一般都采用三栏式；总分类账也采用三栏式，按每一账户开设账页；明细分类账则可根据需要采用三栏式、多栏式和数量金额式等。

在这种账务处理程序下，现金日记账和银行存款日记账的主要作用是用来序时地登记各笔现金、银行存款的收支业务，定期与总分类账进行核对，成为会计内部控制的一种手段。

二、记账凭证账务处理程序的流程

记账凭证账务处理程序的流程如图 11－1 所示。

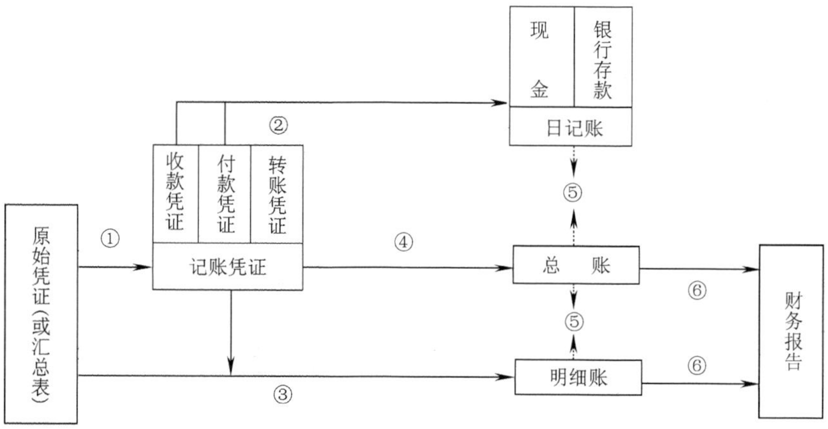

图 11－1　记账凭证账务处理程序流程图

图 11－1 具体说明如下：

①根据原始凭证或原始凭证汇总表编制记账凭证；

②根据收款凭证和付款凭证逐日逐笔地登记现金日记账和银行存款日记账；

③根据各种记账凭证及所附原始凭证、原始凭证汇总表逐笔登记明细分类账；

④根据记账凭证逐笔登记各种总分类账；

⑤月末，总账与现金、银行存款日记账和明细账的余额进行核对；

⑥月末，根据总分类账和明细分类账的记录编制财务报告。

三、记账凭证账务处理程序的举例

（一）资料

1. 豫财公司 2017 年 6 月底的资产负债表如表 11－1 所示。

表 11－1　　资产负债表(简式)

编制单位:豫财公司　　2017 年 6 月 30 日　　单位:元

资　　产		负债及所有者权益	
流动资产		流动负债	
货币资金	400 800	短期借款	700 000
应收账款	60 000	应付账款	80 000
其他应收款	4 900	其他应付款	2 000
存货	1 050 000	应付职工薪酬	12 000
流动资产合计	1 515 700	应交税费	1 700
非流动资产		流动负债合计	795 700
固定资产	1 470 000	所有者权益	
无形资产	0	实收资本	2 000 000
在建工程	120 000	资本公积	100 000
		未分配利润	210 000
非流动资产合计	1 590 000	所有者权益合计	2 310 000
资产合计	3 105 700	负债及所有者权益合计	3 105 700

注:货币资金包括现金 800 元,银行存款 400 000 元;

原材料包括:甲材料 3 000 吨,单价 200 元;乙材料 200 吨,单价 1 000 元;库存商品包括:A 产品 1 000 件,单价 150 元;B 产品 1 000 件,单价 100 元;固定资产原值 1 700 000 元,累计折旧 230 000 元。

2. 豫财公司 2017 年 7 月份发生了下列经济业务:

(1)7 月 1 日,从银行提取现金 18 000 元。

(2)7 月 1 日,公司以现金发放 6 月份职工工资 12 000 元。

(3)7 月 2 日,公司购买办公用品 200 元,以现金付讫。

(4)7 月 2 日,从新星公司购入甲材料 1 000 吨,单价 200 元,计 200 000 元,增值税进项税额 34000 元;全部款项暂欠。

(5)7 月 4 日,7 月 2 日购入的甲材料验收入库,结转其实际采购成本。

(6)7 月 4 日,公司职工王刚借差旅费 300 元。

(7)7 月 5 日,后勤处宋育报销差旅费 700 元,原借款金额为 1 000 元。

(8)7 月 5 日,公司收回华兴水泥厂所欠货款 24 000 元,已存入银行。

(9)7 月 5 日,用银行存款支付前欠新星公司购料款 234 000 元。

(10)7 月 6 日,公司从三民工厂购入乙材料 50 吨,单价 1 000 元,计 50 000 元,增值税进项税额 8 500 元;所有款项均已以银行存款支付。

(11)7 月 6 日,乙材料已验收入库,结转其实际采购成本。

(12)7 月 7 日,公司销售 A 产品 500 件给天元公司,单位价格 600 元,计 300 000 元,增值税销项税额 51000 元;货款及税款对方尚未支付。

(13)7 月 7 日,以现金支付销售 A 产品的装卸费、运输费共计 900 元。

(14)7 月 9 日,公司仓库发出甲材料 900 吨,其中 A 产品生产用 300 吨,B 产品生产用 600 吨;发出乙材料 60 吨,其中 A 产品生产用 20 吨,B 产品生产用 40 吨。

(15)7 月 11 日,公司上交 6 月份有关税费和教育费附加共计 1 700 元,其中以银行存款支付税费 1 600 元,以现金支付教育费附加 100 元。

(16)7 月 15 日,王刚出差回来,报销差旅费 350 元,公司补付其 50 元现金。

(17)7 月 15 日,以银行存款支付产品广告费 8 000 元。

(18)7 月 18 日,接银行付款通知,支付银行承兑手续费 3 000 元。

(19)7 月 19 日,公司出租给宏云工厂包装物一批,押金 500 元收到现金。

(20)7 月 19 日,接银行收款通知单,收回天元公司前欠部分货款计 100 000 元。

(21)7 月 20 日,收到钟恒公司投资一台新设备,价值 8 600 元,已投入使用。

(22)7 月 22 日,销售 A 产品 100 件给钟恒公司,单位价格 550 元,计 55 000 元,增值税销项税额 9 350 元;所有款项收存银行。

(23)7 月 24 日,将现金 2 000 元存入银行。

(24)7 月 28 日,公司取得生产周转用借款 20 000 元,已划入公司银行存款账户。

(25)7 月 31 日,分配 7 月份职工工资费用:生产 A 产品工人工资 16 000 元,生产 B 产品工人工资 8 000 元;车间管理人员工资 2 500 元;公司管理人员工资 3 000 元。并按 14% 的比例提取职工福利费。

(26)7 月 31 日,计提固定资产折旧 11 000 元。其中,车间提取 9 000 元,公司管理部门提取 2 000 元。

(27)7 月 31 日,用银行存款支付本月应负担的财产保险费用 400 元。

(28)7 月 31 日,用银行存款支付本月份发生的短期银行借款利息 700 元。

(29)7 月 31 日,公司用现金支付违约罚款 1 200 元。

(30)7 月 31 日,结转 A 产品应承担的制造费用 7 140 元,B 产品应承担的制造费用 4 710 元。

(31)7 月 31 日,全月投产的 A 产品 350 件、B 产品 1 700 件全部完工入库,计算并结转完工产品的实际生产成本。

(32)7 月 31 日,结转本月已售 A 产品 600 件的销售成本(发出存货用先进先出法计价)。

(33)7 月 31 日,按规定计算出本月应交城市维护建设税 700 元,应交教育费附加 300 元。

(34)7 月 31 日,结转有关损益类账户并计算本月利润总额。

(35)7 月 31 日,按 33% 的税率计算应交所得税。

(36)7 月 31 日,结转本月应交所得税于“本年利润”账户。

(37)7 月 31 日,将本月净收益结转于“利润分配”账户。

(二)采用记账凭证账务处理程序进行账务处理

1. 根据 7 月份的原始凭证填制记账凭证(见表 11－2 至表 11－48)。

表 11-2　　付款凭证

贷方科目:银行存款　　2017 年 7 月 1 日　　银付第 401 号

摘　要	借方科目		账页	金　额
	总账科目	明细科目		
从银行提取现金	库存现金		√	18 000
合　计				18 000

会计主管:印　记账:印　审核:印　填制:印

表 11-3　　付款凭证

贷方科目:库存现金　　2017 年 7 月 1 日　　现付第 201 号

摘　要	借方科目		账页	金　额
	总账科目	明细科目		
支付 6 月份职工工资	应付职工薪酬		√	12 000
合　计				12 000

会计主管:印　记账:印　审核:印　填制:印

表 11-4　　付款凭证

贷方科目:库存现金　　2017 年 7 月 2 日　　现付第 202 号

摘　要	借方科目		账页	金　额
	总账科目	明细科目		
购买办公用品	管理费用	办公用品	√	200
合　计				200

会计主管:印　记账:印　审核:印　填制:印

表 11-5　　转账凭证

2017 年 7 月 2 日　　转字第 501 号

摘　要	会计科目		账页	借方金额	贷方金额
	总账科目	明细科目			
购入甲材料 1 000 吨	在途物资	甲材料	√	200 000	
	应交税费	应交增值税	√	34 000	
	应付账款	新星公司	√		234 000
合　计				234 000	234 000

会计主管:印　记账:印　审核:印　填制:印

表 11－6　　**转账凭证**

2017 年 7 月 4 日　　转字第 502 号

摘　要	会计科目		账页	借方金额	贷方金额
	总账科目	明细科目			
甲材料验收入库	原材料	甲材料	√	200 000	
	在途物资	甲材料	√		200 000
合　计				200 000	200 000

会计主管:印　　记账:印　　审核:印　　填制:印

表 11－7　　**付款凭证**

贷方科目:库存现金　　2017 年 7 月 4 日　　现付第 203 号

摘　要	借方科目		账页	金　额
	总账科目	明细科目		
王刚预借差旅费	其他应收款	王　刚	√	300
合　计				300

会计主管:印　　记账:印　　审核:印　　填制:印

表 11－8　　**转账凭证**

2017 年 7 月 5 日　　转字第 503 号

摘　要	会计科目		账页	借方金额	贷方金额
	总账科目	明细科目			
宋育报销差旅费	管理费用	差旅费	√	700	
	其他应收款	宋　育	√		700
合　计				700	700

会计主管:印　　记账:印　　审核:印　　填制:印

表 11－9　　**收款凭证**

借方科目:库存现金　　2017 年 7 月 5 日　　现收第 101 号

摘　要	贷方科目		账页	金　额
	总账科目	明细科目		
宋育退回多余差旅费	其他应收款	宋　育	√	300
合　计				300

会计主管:印　　记账:印　　审核:印　　填制:印

表 11－10　　收款凭证

借方科目：银行存款　　2017 年 7 月 5 日　　银收第 301 号

摘　　要	贷方科目		账页	金　额
	总账科目	明细科目		
收回华兴水泥厂货款	应收账款	华兴水泥厂	√	24 000
合　　计				24 000

会计主管：印　　记账：印　　审核：印　　填制：印

表 11－11　　付款凭证

贷方科目：银行存款　　2017 年 7 月 5 日　　银付第 402 号

摘　　要	借方科目		账页	金　额
	总账科目	明细科目		
支付新星公司材料款	应付账款	新星公司	√	234 000
合　　计				234 000

会计主管：印　　记账：印　　审核：印　　填制：印

表 11－12　　付款凭证

贷方科目：银行存款　　2017 年 7 月 6 日　　银付第 403 号

摘　　要	借方科目		账页	金　额
	总账科目	明细科目		
购入三民工厂乙材料	在途物资	乙材料	√	50 000
	应交税费	应交增值税	√	8 500
合　　计				58 500

会计主管：印　　记账：印　　审核：印　　填制：印

表 11－13　　转账凭证

2017 年 7 月 6 日　　转字第 504 号

摘　　要	会计科目		账页	借方金额	贷方金额
	总账科目	明细科目			
乙材料验收入库	原材料	乙材料	√	50 000	
	在途物资	乙材料	√		50 000
合　　计				50 000	50 000

会计主管：印　　记账：印　　审核：印　　填制：印

表 11－14

转账凭证

2017 年 7 月 7 日 转字第 505 号

摘 要	会计科目		账页	借方金额	贷方金额
	总账科目	明细科目			
销售 A 产品 500 件	应收账款	天元公司	√	351 000	
	主营业务收入	A 产品	√		300 000
	应交税费	应交增值税	√		51 000
合 计				351 000	351 000

会计主管:印 记账:印 审核:印 填制:印

表 11－15

付款凭证

贷方科目:库存现金 2017 年 7 月 7 日 现付第 204 号

摘 要	借方科目		账页	金 额
	总账科目	明细科目		
支付 A 产品产品销售费用	销售费用	装卸、运费	√	900
合 计				900

会计主管:印 记账:印 审核:印 填制:印

表 11－16

转账凭证

2017 年 7 月 9 日 转字第 506 号

摘 要	会计科目		账页	借方金额	贷方金额
	总账科目	明细科目			
生产领用材料	生产成本	A 产品	√	80 000	
		B 产品	√	160 000	
	原材料	甲材料	√		180 000
		乙材料	√		60 000
合 计				240 000	240 000

会计主管:印 记账:印 审核:印 填制:印

表 11－17

付款凭证

贷方科目:银行存款 2017 年 7 月 11 日 银付第 404 号

摘 要	借方科目		账页	金 额
	总账科目	明细科目		
上交 6 月份税费	应交税费		√	1 600
合 计				1 600

会计主管:印 记账:印 审核:印 填制:印

表 11－18　　付款凭证

贷方科目:库存现金　　2017 年 7 月 11 日　　现付第 205 号

摘　　要	借方科目		账页	金　额
	总账科目	明细科目		
上交 6 月份教育费附加	应交税费	教育费附加	√	100
合　　计				100

会计主管:印　　记账:印　　审核:印　　填制:印

表 11－19　　转账凭证

2017 年 7 月 15 日　　转字第 507 号

摘　　要	会计科目		账页	借方金额	贷方金额
	总账科目	明细科目			
王刚报销差旅费	管理费用	差旅费	√	300	
	其他应收款	王　刚	√		300
合　　计				300	300

会计主管:印　　记账:印　　审核:印　　填制:印

表 11－20　　付款凭证

贷方科目:库存现金　　2017 年 7 月 15 日　　现付第 206 号

摘　　要	借方科目		账页	金　额
	总账科目	明细科目		
补付王刚差旅费	管理费用	差旅费	√	50
合　　计				50

会计主管:印　　记账:印　　审核:印　　填制:印

表 11－21　　付款凭证

贷方科目:银行存款　　2017 年 7 月 15 日　　银付第 405 号

摘　　要	借方科目		账页	金　额
	总账科目	明细科目		
支付公司产品广告费	销售费用	广告费	√	8 000
合　　计				8 000

会计主管:印　　记账:印　　审核:印　　填制:印

表 11－22

付款凭证

贷方科目：银行存款　　2017 年 7 月 18 日　　银付第 406 号

摘要	借方科目		账页	金额
	总账科目	明细科目		
支付银行承兑手续费	财务费用	手续费	√	3 000
合计				3 000

会计主管：印　　记账：印　　审核：印　　填制：印

表 11－23

收款凭证

借方科目：库存现金　　2017 年 7 月 19 日　　现收第 102 号

摘要	贷方科目		账页	金额
	总账科目	明细科目		
收出租包装物押金	其他应付款	宏云工厂	√	500
合计				500

会计主管：印　　记账：印　　审核：印　　填制：印

表 11－24

收款凭证

借方科目：银行存款　　2017 年 7 月 19 日　　银收第 302 号

摘要	贷方科目		账页	金额
	总账科目	明细科目		
收回天元公司货款	应收账款	天元公司	√	100 000
合计				100 000

会计主管：印　　记账：印　　审核：印　　填制：印

表 11－25

转账凭证

2017 年 7 月 20 日　　转字第 508 号

摘要	会计科目		账页	借方金额	贷方金额
	总账科目	明细科目			
接受钟恒公司投资设备	固定资产		√	8 600	
	实收资本		√		8 600
合计				8 600	8 600

会计主管：印　　记账：印　　审核：印　　填制：印

表 11－26 收款凭证

借方科目:银行存款 2017 年 7 月 22 日 银收第 303 号

摘　　要	贷方科目		账页	金　额
	总账科目	明细科目		
钟恒公司购买 A 产品	主营业务收入	A 产品	√	55 000
	应交税费	应交增值税	√	9 350
合　　计				64 350

会计主管:印 记账:印 审核:印 填制:印

表 11－27 付款凭证

贷方科目:库存现金 2017 年 7 月 24 日 现付第 207 号

摘　　要	借方科目		账页	金　额
	总账科目	明细科目		
现金存入银行	银行存款		√	2 000
合　　计				2 000

会计主管:印 记账:印 审核:印 填制:印

表 11－28 收款凭证

借方科目:银行存款 2017 年 7 月 28 日 银收第 304 号

摘　　要	贷方科目		账页	金　额
	总账科目	明细科目		
取得生产经营借款	短期借款		√	20 000
合　　计				20 000

会计主管:印 记账:印 审核:印 填制:印

表 11－29 转账凭证

2017 年 7 月 31 日 转字第 509 号

摘　　要	会计科目		账页	借方金额	贷方金额
	总账科目	明细科目			
计算职工工资总额	生产成本	A 产品	√	16 000	
		B 产品	√	8 000	
	制造费用		√	2 500	
	管理费用		√	3 000	
	应付职工薪酬		√		29 500
合　　计				29 500	29 500

会计主管:印 记账:印 审核:印 填制:印

表 11 - 30

转账凭证

2017 年 7 月 31 日　　　　转字第 510 号

摘　要	会 计 科 目		账页	借方金额	贷方金额
	总账科目	明细科目			
计提职工福利费	生产成本	A 产品	√	2 240	
		B 产品	√	1 120	
	制造费用		√	350	
	管理费用		√	420	
	应付职工薪酬		√		4 130
合　计				4 130	4 130

会计主管:印　　记账:印　　审核:印　　填制:印

表 11 - 31

转账凭证

2017 年 7 月 31 日　　　　转字第 511 号

摘　要	会 计 科 目		账页	借方金额	贷方金额
	总账科目	明细科目			
计提固定资产折旧	制造费用		√	9 000	
	管理费用		√	2 000	
	累计折旧		√		11 000
合　计				11 000	11 000

会计主管:印　　记账:印　　审核:印　　填制:印

表 11 - 32

付款凭证

贷方科目:银行存款　　2017 年 7 月 31 日　　银付字第 407 号

摘　要	借 方 科 目		账页	金　额
	总账科目	明细科目		
支付财产保险费用	管理费用	保险费用	√	400
合　计				400

会计主管:印　　记账:印　　审核:印　　填制:印

表 11 - 33

付款凭证

贷方科目:银行存款　　2017 年 7 月 31 日　　银付字第 408 号

摘　要	借 方 科 目		账页	金　额
	总账科目	明细科目		
支付本月利息费用	财务费用	利息费用	√	700
合　计				700

会计主管:印　　记账:印　　审核:印　　填制:印

表 11－34 **付款凭证**

贷方科目:库存现金　　2017 年 7 月 31 日　　现付第 208 号

摘　要	借方科目		账页	金　额
	总账科目	明细科目		
现金支付罚款	营业外支出	违约罚款	√	1 200
合　计				1 200

会计主管:印　记账:印　审核:印　填制:印

表 11－35 **转账凭证**

2017 年 7 月 31 日　　转字第 512 号

摘　要	会计科目		账页	借方金额	贷方金额
	总账科目	明细科目			
结转 A、B 产品制造费用	生产成本	A 产品	√	7 140	
		B 产品	√	4 710	
	制造费用		√		11 850
合　计				11 850	11 850

会计主管:印　记账:印　审核:印　填制:印

表 11－36 **转账凭证**

2017 年 7 月 31 日　　转字第 513 号

摘　要	会计科目		账页	借方金额	贷方金额
	总账科目	明细科目			
结转 A、B 产品生产成本	库存商品	A 产品	√	105 380	
		B 产品	√	173 830	
	生产成本	A 产品	√		105 380
		B 产品	√		173 830
合　计				279 210	279 210

会计主管:印　记账:印　审核:印　填制:印

表 11－37 **转账凭证**

2017 年 7 月 31 日　　转字第 514 号

摘　要	会计科目		账页	借方金额	贷方金额
	总账科目	明细科目			
计算本月产品销售成本	主营业务成本		√	90 000	
	库存商品	A 产品	√		90 000
合　计				90 000	90 000

会计主管:印　记账:印　审核:印　填制:印

表 11－38

转账凭证

2017 年 7 月 31 日　　转字第 515 号

摘　要	会计科目		账页	借方金额	贷方金额
	总账科目	明细科目			
计算本月城建税及教育费附加	税金及附加		√	1 000	
	应交税费	城建税	√		700
		教育费附加	√		300
合　计				1 000	1 000

会计主管：印　记账：印　审核：印　填制：印

表 11－39

转账凭证

2017 年 7 月 31 日　　转字第 516 号

摘　要	会计科目		账页	借方金额	贷方金额
	总账科目	明细科目			
结转本月产品销售收入	主营业务收入		√	355 000	
	本年利润		√		355 000
合　计				355 000	355 000

会计主管：印　记账：印　审核：印　填制：印

表 11－40

转账凭证

2017 年 7 月 31 日　　转字第 517 号

摘　要	会计科目		账页	借方金额	贷方金额
	总账科目	明细科目			
结转本月产品销售成本	本年利润		√	90 000	
	主营业务成本		√		90 000
合　计				90 000	90 000

会计主管：印　记账：印　审核：印　填制：印

表 11－41

转账凭证

2017 年 7 月 31 日　　转字第 518 号

摘　要	会计科目		账页	借方金额	贷方金额
	总账科目	明细科目			
结转本月费用	本年利润		√	7 070	
	管理费用		√		7 070
合　计				7 070	7 070

会计主管：印　记账：印　审核：印　填制：印

表 11－42 转账凭证

2017 年 7 月 31 日 转字第 519 号

摘　要	会计科目		账页	借方金额	贷方金额
	总账科目	明细科目			
结转本月费用	本年利润		√	3 700	
	财务费用		√		3 700
合　计				3 700	3 700

会计主管:印 记账:印 审核:印 填制:印

表 11－43 转账凭证

2017 年 7 月 31 日 转字第 520 号

摘　要	会计科目		账页	借方金额	贷方金额
	总账科目	明细科目			
结转本月费用	本年利润		√	8 900	
	销售费用		√		8 900
合　计				8 900	8 900

会计主管:印 记账:印 审核:印 填制:印

表 11－44 转账凭证

2017 年 7 月 31 日 转字第 521 号

摘　要	会计科目		账页	借方金额	贷方金额
	总账科目	明细科目			
结转本月税费	本年利润		√	1 000	
	税金及附加		√		1 000
合　计				1 000	1 000

会计主管:印 记账:印 审核:印 填制:印

表 11－45 转账凭证

2017 年 7 月 31 日 转字第 522 号

摘　要	会计科目		账页	借方金额	贷方金额
	总账科目	明细科目			
结转本月营业外支出	本年利润		√	1 200	
	营业外支出		√		1 200
合　计				1 200	1 200

会计主管:印 记账:印 审核:印 填制:印

表 11－46 **转账凭证**

2017 年 7 月 31 日 转字第 523 号

摘要	会计科目		账页	借方金额	贷方金额
	总账科目	明细科目			
计算本月应交所得税	所得税费用		√	80 232.9	
	应交税费	所得税	√		80 232.9
合计				80 232.9	80 232.9

会计主管：印 记账：印 审核：印 填制：印

表 11－47 **转账凭证**

2017 年 7 月 31 日 转字第 524 号

摘要	会计科目		账页	借方金额	贷方金额
	总账科目	明细科目			
结转本月应交所得税	本年利润		√	80 232.9	
	所得税费用		√		80 232.9
合计				80 232.9	80 232.9

会计主管：印 记账：印 审核：印 填制：印

表 11－48 **转账凭证**

2017 年 7 月 31 日 转字第 525 号

摘要	会计科目		账页	借方金额	贷方金额
	总账科目	明细科目			
结转本月利润	本年利润		√	162 897.1	
	利润分配	未分配利润	√		162 897.1
合计				162 897.1	162 897.1

会计主管：印 记账：印 审核：印 填制：印

2. 根据收款凭证和付款凭证登记现金日记账和银行存款日记账（见表 11－49 和表 11－50）。

表 11－49 **现金日记账**

年		凭证编号	摘要	收入	支出	余额
月	日					
7	1		月初余额			800
	1	401	从银行提取现金	18 000		18 800

续表

年		凭证编号	摘　　要	收　　入	支　　出	余　　额
月	日					
	1	201	支付6月份职工工资		12 000	6 800
	2	202	购买办公用品		200	6 600
	4	203	王刚暂借差旅费		300	6 300
	5	101	宋育退回多余差旅费	300		6 600
	7	204	支付A产品销售费用		900	5 700
	11	205	上交6月份教育费附加		100	5 600
	15	206	补付王刚差旅费		50	5 550
	19	102	收宏云工厂包装物押金	500		6 050
	24	207	现金送存银行		2 000	4 050
	31	208	现金支付企业违约罚款		1 200	2 850
			本月发生额及余额	18 800	16 750	2 850

表 11－50　　　　**银行存款日记账**

年		凭证编号	摘　　要	收　　入	支　　出	余　　额
月	日					
7	1		月初余额			400 000
	1	401	从银行提取现金		18 000	382 000
	5	301	收回华兴水泥厂货款	24 000		406 000
	5	402	支付新星公司材料款		234 000	172 000
	6	403	购入三民工厂乙材料		58 500	113 500
	11	404	上交6月份税金		1 600	111 900
	15	405	支付公司产品广告费		8 000	103 900
	18	406	付银行承兑手续费		3 000	100 900
	19	302	收回天元公司货款	100 000		200 900
	22	303	钟恒公司购买A产品	64 350		265 250
	24	207	现金送存银行	2 000		267 250
	28	304	取得生产周转用借款	20 000		287 250
	31	407	支付本月财产保险费用		400	286 850
	31	408	支付本月利息费用		700	286 150
			本月发生额及余额	210 350	324 200	286 150

3. 根据记账凭证和原始凭证登记各种明细账（以存货明细账为例见表11－51至

表11－54）。

表11－51 **原材料明细账**

材料编号：略　　　　计量单位：吨
材料类别：略　　　　最高存量：略
材料名称：甲材料　　最低存量：略

年		凭证编号	摘要	收入			发出			结存		
月	日			数量	单价	金额	数量	单价	金额	数量	单价	金额
7	1		月初金额							3 000	200	600 000
	4	502	验收入库	1 000	200	200 000				4 000	200	800 000
	9	506	A产品生产领用材料				300	200	60 000	3 700	200	740 000
	9	506	B产品生产领用材料				600	200	120 000	3 100	200	620 000
			本月发生额及余额	1 000	200	200 000	900	200	180 000	3 100	200	620 000

表11－52 **原材料明细账**

材料编号：略　　　　计量单位：吨
材料类别：略　　　　最高存量：略
材料名称：乙材料　　最低存量：略

年		凭证编号	摘要	收入			发出			结存		
月	日			数量	单价	金额	数量	单价	金额	数量	单价	金额
7	1		月初金额							200	1 000	200 000
	6	504	验收入库	50	1 000	50 000				250	1 000	250 000
	9	506	A产品生产领用材料				20	1 000	20 000	230	1 000	230 000
	9	506	B产品生产领用材料				40	1 000	40 000	190	1 000	190 000
			本月发生额及余额	50	1 000	50 000	60	1 000	60 000	190	1 000	190 000

表11－53 **库存商品明细账**

产品名称：A产品　　计量单位：件

年		凭证编号	摘要	收入			发出			结存		
月	日			数量	单价	金额	数量	单价	金额	数量	单价	金额
7	1		月初余额							1 000	150	150 000
	31	513	本月完工产成品	350	301.09	105 380				1 000 350	150 301.09	150 000 105 380
		514	月末汇总发出产品				600	150	90 000	400 350	150 301.09	60 000 105 380
			本月发生额及余额	350	301.09	105 380	600	150	90 000	400 350	150 301.09	60 000 105 380

表 11－54 **库存商品明细账**

产品名称:B 产品 计量单位:件

年		凭证编号	摘要	收入			发出			结存		
月	日			数量	单价	金额	数量	单价	金额	数量	单价	金额
7	1		月初余额							1 000	100	100 000
	31	513	本月完工产成品	1 700	102.25	173 830				1 000 1 700	100 102.25	100 000 173 830
			本月发生额及余额	1 700	102.25	173 830				1 000 1 700	100 102.25	100 000 173 830

4. 根据记账凭证直接登记总分类账(见表 11－55 至表 11－83)。

表 11－55

账户名称:库存现金 第 页

年		凭证编号	摘要	借方	贷方	借或贷	余额
月	日						
7	1		月初余额			借	800
	1	401	从银行提取现金	18 000		借	18 800
	1	201	支付 6 月份职工工资		12 000	借	6 800
	2	202	购买办公用品		200	借	6 600
	4	203	王刚暂借差旅费		300	借	6 300
	5	101	宋育退回多余差旅费	300		借	6 600
	7	204	支付 A 产品销售费用		900	借	5 700
	11	205	上交 6 月份教育费附加		100	借	5 600
	15	206	补付王刚差旅费		50	借	5 550
	19	102	收宏云工厂包装物押金	500		借	6 050
	24	207	现金送存银行		2 000	借	4 050
	31	208	现金支付企业违约罚款		1 200	借	2 850
			本月发生额及余额	18 800	16 750	借	2 850

表 11－56

账户名称:银行存款 第 页

年		凭证编号	摘要	借方	贷方	借或贷	余额
月	日						
7	1		月初余额			借	400 000
	1	401	从银行提取现金		18 000	借	382 000
	5	301	收回华兴水泥厂货款	24 000		借	406 000
	5	402	支付新星公司材料款		234 000	借	172 000

续表

年		凭证编号	摘　　要	借　方	贷　方	借或贷	余　额
月	日						
	6	403	购入三民工厂乙材料		58 500	借	113 500
	11	404	上交6月份税费		1 600	借	111 900
	15	405	支付公司产品广告费		8 000	借	103 900
	18	406	付银行承兑手续费		3 000	借	100 900
	19	302	收回天元公司货款	100 000		借	200 900
	22	303	钟恒公司购买A产品	64 350		借	265 250
	24	207	现金送存银行	2 000		借	267 250
	28	304	取得生产周转用借款	20 000		借	287 250
	31	407	支付本月财产保险费用		400	借	286 850
	31	408	支付本月利息费用		700	借	286 150
			本月发生额及余额	210 350	324 200	借	286 150

表11－57

账户名称:应收账款　　　　第　页

年		凭证编号	摘　　要	借　方	贷　方	借或贷	余　额
月	日						
7	1		月初余额			借	60 000
	5	301	收回华兴水泥厂货款		24 000	借	36 000
	7	505	售给天元公司A产品	351 000		借	387 000
	19	302	收回天元公司货款		100 000	借	287 000
			本月发生额及余额	351 000	124 000	借	287 000

表11－58

账户名称:其他应收款　　　　第　页

年		凭证编号	摘　　要	借　方	贷　方	借或贷	余　额
月	日						
7	1		月初余额			借	4 900
	4	203	王刚暂借差旅费	300		借	5 200
	5	503	宋育报销差旅费		700	借	4 500
	5	101	宋育退回剩余差旅费		300	借	4 200
	15	507	王刚报销差旅费		300	借	3 900
			本月发生额及余额	300	1 300	借	3 900

表 11-59

账户名称:在途物资　　　　第　页

年		凭证编号	摘　　要	借　方	贷　方	借或贷	余　额
月	日						
7	2	501	购入新星公司甲材料	200 000			
	4	502	甲材料验收入库		200 000	平	—
	6	403	购入三民工厂乙材料	50 000			
	6	504	乙材料验收入库		50 000	平	—
			本月发生额及余额	250 000	250 000	平	—

表 11-60

账户名称:原材料　　　　第　页

年		凭证编号	摘　　要	借　方	贷　方	借或贷	余　额
月	日						
7	1		月初余额			借	800 000
	4	502	甲材料验收入库	200 000		借	1 000 000
	6	504	乙材料验收入库	50 000		借	1 050 000
	9	506	领用甲材料		180 000	借	870 000
	9	506	领用乙材料		60 000	借	810 000
			本月发生额及余额	250 000	240 000	借	810 000

表 11-61

账户名称:制造费用　　　　第　页

年		凭证编号	摘　　要	借　方	贷　方	借或贷	余　额
月	日						
7	31	509	计算车间管理人员工资	2 500		借	2 500
	31	510	计算车间管理人员福利费	350		借	2 850
	31	511	计提固定资产折旧费	9 000		借	11 850
	31	512	结转 A 产品制造费用		7 140	借	4 710
	31	512	结转 B 产品制造费用		4 710	平	—
			本月发生额及余额	11 850	11 850	平	—

表 11-62

账户名称:生产成本　　　　第　页

年		凭证编号	摘　　要	借　方	贷　方	借或贷	余　额
月	日						
7	9	506	A 产品生产领用材料	80 000		借	80 000
	9	506	B 产品生产领用材料	160 000		借	240 000

续表

年		凭证编号	摘　要	借　方	贷　方	借或贷	余　额
月	日						
	31	509	A 产品生产工人工资	16 000		借	256 000
	31	509	B 产品生产工人工资	8 000		借	264 000
	31	510	A 产品生产工人福利费	2 240		借	266 240
	31	510	B 产品生产工人福利费	1 120		借	267 360
	31	512	结转 A 产品制造费用	7 140		借	274 500
	31	512	结转 B 产品制造费用	4 710		借	279 210
	31	513	结转 A 产品生产成本		105 380	借	173 830
	31	513	结转 B 产品生产成本		173 830	平	—
			本月发生额及余额	279 210	279 210	平	—

表 11－63

账户名称:库存商品　　　　第　页

年		凭证编号	摘　要	借　方	贷　方	借或贷	余　额
月	日						
7	1		月初余额			借	250 000
	31	513	完工入库 A 产品	105 380		借	355 380
	31	513	完工入库 B 产品	173 830		借	529 210
	31	514	汇总发出 A 产品		90 000	借	439 210
			本月发生额及余额	279 210	90 000	借	439 210

表 11－64

账户名称:固定资产　　　　第　页

年		凭证编号	摘　要	借　方	贷　方	借或贷	余　额
月	日						
7	1		月初余额			借	1 700 000
	20	508	接受三民公司投资设备	8 600		借	1 708 600
			本月发生额及余额	8 600	—	借	1 708 600

表 11－65

账户名称:累计折旧　　　　第　页

年		凭证编号	摘　要	借　方	贷　方	借或贷	余　额
月	日						
7	1		月初余额			贷	230 000
	31	511	计提固定资产折旧		11 000	贷	241 000
			本月发生额及余额	—	11 000	贷	241 000

表 11－66

账户名称:在建工程　　　　第　页

年		凭证编号	摘　　要	借　方	贷　方	借或贷	余　额
月	日						
7	1		月初余额			借	120 000
			本月发生额及余额	—	—	借	120 000

表 11－67

账户名称:短期借款　　　　第　页

年		凭证编号	摘　　要	借　方	贷　方	借或贷	余　额
月	日						
7	1		月初余额			贷	700 000
	28	304	取得生产周转用借款		20 000	贷	720 000
			本月发生额及余额	—	—	贷	720 000

表 11－68

账户名称:应付账款　　　　第　页

年		凭证编号	摘　　要	借　方	贷　方	借或贷	余　额
月	日						
7	1		月初余额			贷	80 000
	2	501	购入新星公司甲材料		234 000	贷	314 000
	5	402	支付新星公司材料款	234 000		贷	80 000
			本月发生额及余额	234 000	234 000	贷	80 000

表 11－69

账户名称:其他应付款　　　　第　页

年		凭证编号	摘　　要	借　方	贷　方	借或贷	余　额
月	日						
7	1		月初余额			贷	2 000
	19	102	收到出租包装物押金		500	贷	2 500
			本月发生额及余额	—	500	贷	2 500

表 11－70

账户名称:应付职工薪酬　　　　第　页

年		凭证编号	摘　　要	借　方	贷　方	借或贷	余　额
月	日						
7	1		月初余额			贷	12 000
	1	201	支付 6 月份职工工资	12 000		平	—

续表

年		凭证编号	摘要	借方	贷方	借或贷	余额
月	日						
	31	509	计算工资总额		29 500	贷	29 500
	31	510	提取职工福利费		4 130	贷	33 630
			本月发生额及余额	12 000	33 630	贷	33 630

表 11-71

账户名称:应交税费　　第　页

年		凭证编号	摘要	借方	贷方	借或贷	余额
月	日						
7	1		月初余额			贷	1 700
	2	501	向新星公司购入甲材料	34 000		借	32 300
	6	403	向三民工厂购入乙材料	8 500		借	40 800
	7	505	向天元公司出售 A 产品		51 000	贷	10 200
	11	404	上交 6 月份税费	1 600		贷	8 600
	11	205	上交 6 月份教育费附加	100		贷	8 500
	22	303	向钟恒公司出售 A 产品		9 350	贷	17 850
	31	515	计算本月城建税及附加		1 000	贷	18 850
	31	523	计算本月应交所得税		80 232.9	贷	99 082.9
			本月发生额及余额	44 200	141 582.9	贷	99 082.9

表 11-72

账户名称:实收资本　　第　页

年		凭证编号	摘要	借方	贷方	借或贷	余额
月	日						
7	1		月初余额			贷	2 000 000
	20	508	接受投资设备		8 600	贷	2 008 600
			本月发生额及余额	—	8 600	贷	2 008 600

表 11-73

账户名称:资本公积　　第　页

年		凭证编号	摘要	借方	贷方	借或贷	余额
月	日						
7	1		月初余额			贷	100 000
			本月发生额及余额	—	—	贷	100 000

表 11－74

账户名称:主营业务收入　　　　　　　　　　　　　　　　　　　　　　　第　页

年		凭证编号	摘　　要	借　方	贷　方	借或贷	余　额
月	日						
7	7	505	天元公司购买 A 产品		300 000	贷	300 000
	22	303	钟恒公司购买 A 产品		55 000	贷	355 000
	31	516	结转本月产品销售收入	355 000		平	—
			本月发生额及余额	355 000	355 000	平	—

表 11－75

账户名称:管理费用　　　　　　　　　　　　　　　　　　　　　　　第　页

年		凭证编号	摘　　要	借　方	贷　方	借或贷	余　额
月	日						
7	2	202	购买办公用品	200		借	200
	5	503	宋育报销差旅费	700		借	900
	15	507	王刚报销差旅费	300		借	1 200
	15	206	补付王刚差旅费	50		借	1 250
	31	509	公司管理人员工资	3 000		借	4 250
	31	510	公司管理人员福利费	420		借	4 670
	31	511	计提固定资产折旧	2 000		借	6 670
	31	407	支付本月财产保险费用	400		借	7 070
	31	518	结转本月管理费用		7 070	平	—
			本月发生额及余额	7 070	7 070	平	—

表 11－76

账户名称:财务费用　　　　　　　　　　　　　　　　　　　　　　　第　页

年		凭证编号	摘　　要	借　方	贷　方	借或贷	余　额
月	日						
7	18	406	支付银行承兑手续费	3 000		借	3 000
	31	408	支付本月利息费用	700		借	3 700
	31	519	结转本月财务费用		3 700	平	—
			本月发生额及余额	3 700	3 700	平	—

表 11－77

账户名称:销售费用　　　　　　　　　　　　　　　　　　　　　　　第　页

年		凭证编号	摘　　要	借　方	贷　方	借或贷	余　额
月	日						
7	7	204	支付 A 产品销售费用	900		借	900

续表

年		凭证编号	摘 要	借 方	贷 方	借或贷	余 额
月	日						
	15	405	支付公司产品广告费	8 000		借	8 900
	31	520	结转本月营业费用		8 900	平	—
			本月发生额及余额	8 900	8 900	平	—

表 11－78

账户名称:税金及附加　　　　第　页

年		凭证编号	摘 要	借 方	贷 方	借或贷	余 额
月	日						
7	31	515	计提本月应交城建税及				
	31		本月教育费附加	1 000		借	1 000
	31	521	结转本月营业税金及附加		1 000	平	—
			本月发生额及余额	1 000	1 000	平	—

表 11－79

账户名称:主营业务成本　　　　第　页

年		凭证编号	摘 要	借 方	贷 方	借或贷	余 额
月	日						
7	31	514	计提本月主营业务成本	90 000		借	90 000
	31	517	结转本月主营业务成本		90 000	平	—
			本月发生额及余额	90 000	90 000	平	—

表 11－80

账户名称:营业外支出　　　　第　页

年		凭证编号	摘 要	借 方	贷 方	借或贷	余 额
月	日						
7	31	208	用现金支付违约罚款	1 200		借	1 200
	31	522	结转本月营业外支出		1 200	平	—
			本月发生额及余额	1 200	1 200	平	—

表 11－81

账户名称:所得税费用　　　　第　页

年		凭证编号	摘 要	借 方	贷 方	借或贷	余 额
月	日						
7	31	523	计算本月应交所得税	80 232.9		借	80 232.9
	31	524	结转本月应交所得税		80 232.9	平	—
			本月发生额及余额	80 232.9	80 232.9	平	—

表 11 - 82

账户名称:本年利润　　第　页

年 月	日	凭证编号	摘要	借方	贷方	借或贷	余额
7	31	516	结转本月主营业务收入		355 000	贷	355 000
		517	结转本月主营业务成本	90 000			
		518	结转本月管理费用	7 070			
		519	结转本月财务费用	3 700			
		520	结转本月营业费用	8 900			
		521	结转本月营业税金及附加	1 000			
		522	结转本月营业外支出	1 200			
		524	结转本月应交所得税	80 232.9			
		525	结转本月利润	162 897.1		平	—
			本月发生额及余额	355 000	355 000	平	—

表 11 - 83

账户名称:利润分配

年 月	日	凭证编号	摘要	借方	贷方	借或贷	余额
7	1		月初余额			贷	210 000
	31	525	结转本月利润		162 897.1	贷	372 897.1
			本月发生额及余额	—	162 897.1	贷	372 897.1

5. 编制试算平衡表(见表 11 - 84)。

表 11 - 84　　**豫财公司试算平衡表**

编制单位:豫财公司　　7 月 31 日　　单位:元

账户名称	期初余额		本期发生额		期末余额	
	借方	贷方	借方	贷方	借方	贷方
库存现金	800		18 800	16 750	2 850	
银行存款	400 000		210 350	324 200	286 150	
应收账款	60 000		351 000	124 000	287 000	
其他应收款	4 900		300	1 300	3 900	
在途物资			250 000	250 000		
原材料	800 000		250 000	240 000	810 000	
制造费用			11 850	11 850		

续表

账户名称	期初余额		本期发生额		期末余额	
	借方	贷方	借方	贷方	借方	贷方
生产成本			279 210	279 210		
库存商品	250 000		279 210	90 000	439 210	
固定资产	1 700 000		8 600		1 708 600	
累计折旧		230 000		11 000		241 000
在建工程	120 000				120 000	
短期借款		700 000		20 000		720 000
应付账款		80 000	234 000	234 000		80 000
其他应付款		2 000		500		2 500
应付职工薪酬		12 000	12 000	33 630		33 630
应交税费		1 700	44 200	141 582.9		99 082.9
实收资本		2 000 000		8 600		2 008 600
资本公积		100 000				100 000
未分配利润		210 000		162 897.1		372 897.1
主营业务收入			355 000	355 000		
主营业务成本			90 000	90 000		
销售费用			8 900	8 900		
税金及附加			1 000	1 000		
管理费用			7 070	7 070		
财务费用			3 700	3 700		
营业外支出			1 200	1 200		
所得税费用			80 232.9	80 232.9		
本年利润			355 000	355 000		
合　　计	3 335 700	3 335 700	2 851 622.9	2 851 622.9	3 657 710	3 657 710

6. 编制财务会计报告（见表 11－85 和表 11－86）。

表 11－85　　　　**资产负债表**

会企 01 表

编制单位：豫财公司　　　　2017 年 7 月 31 日　　　　单位：元

资　　产	期末数	负债及所有者权益（或股东权益）	期末数
流动资产：		流动负债：	
货币资金	289 000	短期借款	720 000
交易性金融资产		交易性金融负债	

续表

资　　产	期末数	负债及所有者权益（或股东权益）	期末数
应收票据		应付票据	
应收账款	287 000	应付账款	80 000
预付款项		预收款项	
应收利息		应付职工薪酬	33 630
应收股利		应交税费	99082.9
其他应收款	3 900	应付利息	
存货	1 249 210	应付股利	
一年内到期的非流动资产		其他应付款	2 500
其他流动资产		一年内到期的非流动负债	
		其他流动负债	
流动资产合计	1 829 110	流动负债合计	935 212.9
非流动资产：		非流动负债：	
债权投资		长期借款	
其他债权投资		应付债券	
长期应收款		长期应付款	
长期股权投资		专项应付款	
投资性房地产		预计负债	
固定资产	1 467 600	递延所得税负债	
在建工程	120 000	其他非流动负债	
生产性生物资产		非流动负债合计	
油气资产		负债合计	
无形资产		所有者权益（或股东权益）：	
开发支出		实收资本（或股本）	2 008 600
商誉		资本公积	100 000
长期待摊费用		减：库存股	
递延所得税资产		其他综合收益	
其他非流动资产		盈余公积	
		未分配利润	372 897.1
非流动资产合计	1 587 600	所有者权益（或股东权益）合计	2 481 497.1
资产总计	3 416 710	负债和所有者权益（或股东权益）总计	3 416 710

表 11-86　　利润表

会企 02 表

编制单位:豫财公司　　2017 年 7 月　　单位：元

项　　目	金　额
一、营业收入	355 000
减:营业成本	90 000
税金及附加	1 000
销售费用	8 900
管理费用	7 070
财务费用	3 700
资产减值损失	
加:公允价值变动收益(损失以"-"号填列)	
投资收益(损失以"-"号填列)	
其中:对联营企业和合营企业的投资收益	
二、营业利润(亏损以"-"号填列)	244 330
加:营业外收入	
减:营业外支出	1 200
三、利润总额(亏损总额以"-"号填列)	
减:所得税费用	243 130
四、净利润(净亏损以"-"号填列)	80 232.9
五、其他综合收益的税后净额	162 897.1
六、综合收益总额	
七、每股收益:	
(一)基本每股收益	
(二)稀释每股收益	

四、记账凭证账务处理程序的优缺点及其适用范围

记账凭证账务处理程序的记账程序简明,总分类账户中账户间的对应关系清晰,操作简便。但这种账务处理程序根据记账凭证直接登记总分类账,当业务量较大时,会增加登记总分类账的工作;同时登账次数多,且总分类账与日记账有重复。

因此,记账凭证账务处理程序适用于经营规模较小、经济业务较简单的企业。

第三节　汇总记账凭证账务处理程序

一、汇总记账凭证账务处理程序的特点

汇总记账凭证账务处理程序的主要特点是：首先根据一定期间内(如 5 天或 10 天)所有的记账凭证定期汇总编制成汇总记账凭证,然后再根据汇总记账凭证登记总分类账。

采用汇总记账凭证账务处理程序时,不仅设置收款凭证、付款凭证和转账凭证等专

用格式，还应分别设置汇总记账凭证，即设置汇总收款凭证、汇总付款凭证和汇总转账凭证。汇总记账凭证账务处理程序采用的账簿种类和格式与记账凭证账务处理程序基本相同，但在此账务处理程序下，总分类账通常要求设置成具有“对方科目”专栏的借、贷、余三栏式，以便清楚地反映科目之间的对应关系。

二、汇总记账凭证的编制方法

汇总记账凭证是一种累计汇总的记账凭证，它是根据收款凭证、付款凭证和转账凭证分别定期进行汇总填制的，一般每隔 5 天或 10 天汇总一次，月末计算出合计数，并据以登记总分类账。汇总记账凭证可分为：汇总收款凭证、汇总付款凭证和汇总转账凭证三类。

（一）汇总收款凭证

汇总收款凭证应根据现金收款凭证和银行存款收款凭证，分别按“库存现金”、“银行存款”账户的借方设置，并按其对应的贷方账户归类定期汇总。根据需要，通常是定期 5 天或 10 天汇总填列一次，每月编制一张。月末时，根据每个贷方科目发生额的合计数，登记对应总账的贷方；同时，逐笔登记到“库存现金”、“银行存款”总账的借方。由此可见，凡是与现金、银行存款收入有关的业务，都汇总于汇总收款凭证，它反映现金和银行存款科目的借方发生额，以及与现金、银行存款科目发生对应关系的科目贷方发生额。汇总收款凭证的格式如表 11－87、表 11－88 所示。

表 11－87 汇总收款凭证

借方科目：库存现金　　　　年　　月　　　　编号：汇收 1 号

贷方科目	金　额				过　账	
	1 日至 10 日现收凭证共　张	11 日至 20 日现收凭证共　张	21 日至 31 日现收凭证共　张	合　计	借方	贷方
合　计						

会计主管：　　记账：　　审核：　　填制：

表 11－88 汇总收款凭证

借方科目：银行存款　　　　年　　月　　　　编号：汇收 2 号

贷方科目	金　额				过　账	
	1 日至 10 日银收凭证共　张	11 日至 20 日银收凭证共　张	21 日至 31 日银收凭证共　张	合　计	借方	贷方
合　计						

会计主管：　　记账：　　审核：　　填制：

汇总收款凭证的汇总方法是:首先将汇总期间的全部收款凭证按借方账户(现金或银行存款)归类,并把“库存现金”或“银行存款”科目分别填入汇总收款凭证上端的“借方账户”处;其次,按对应的贷方科目进行归类汇总。例如,编制现金汇总收款凭证时,应在“借方账户”处写现金字样,在“贷方账户”栏内写应贷的账户名称,并按贷方账户分别将汇总金额填入各该账户行次的汇总期间“金额”栏内,将本月各汇总期所依据的收款凭证张数填入相应栏内。最后,于月终计算合计数,过入现金或银行存款总分类账户的借方和对应总分类账户的贷方。在填制记账凭证时,应保持一个借方账户同一个或几个贷方账户相对应,一般不要编制多个借方和一个或多个贷方账户相对应的记账凭证。

(二)汇总付款凭证

汇总付款凭证应根据现金付款凭证和银行存款付款凭证,分别按“库存现金”、“银行存款”账户的贷方设置,并按其对应的借方账户归类定期汇总,每月填制一张。根据需要,通常是定期5天或10天汇总填列一次。月末时,根据现金、银行存款汇总付款凭证的合计数,分别记入总分类账现金、银行存款账户的贷方,以及各个对应账户的借方。由此可见,凡是与现金、银行存款付出有关的业务,都汇总于汇总付款凭证,它反映现金和银行存款科目的贷方发生额,以及与现金、银行存款科目发生对应关系的科目借方发生额。汇总付款凭证的格式如表11－89、表11－90所示。

汇总付款凭证的汇总填制方法与汇总收款凭证相同。为了便于填制汇总付款凭证,在填制记账凭证时,应保持一个贷方账户同一个或多个借方账户相对应,不宜填制多个贷方账户与一个或多个借方账户相对应的记账凭证。对于货币资金的相互之间划转业务,在汇总付款凭证时汇总,汇总收款凭证不汇总,以避免重复汇总而导致重复过账,如将现金存入银行,应汇总在现金的汇总付款凭证中。

表11－89 **汇总付款凭证**

贷方科目:库存现金 年 月 编号:汇付1号

借方科目	金额				过账	
	1日至10日现付凭证共 张	11日至20日现付凭证共 张	21日至31日现付凭证共 张	合计	借方	贷方
合计						

会计主管: 记账: 审核: 填制:

表 11－90 **汇总付款凭证**

贷方科目:银行存款 年 月 编号:汇付 2 号

借方科目	金额				过账	
	1 日至 10 日银付凭证共 张	11 日至 20 日银付凭证共 张	21 日至 31 日银付凭证共 张	合计	借方	贷方
合计						

会计主管: 记账: 审核: 填制:

(三)汇总转账凭证

汇总转账凭证,习惯上按转账凭证的贷方科目分别设置,根据转账凭证按其借方账户(对应账户)定期归类汇总。同样地,通常 5 天或 10 天汇总填列一次,每月编制一张。月末时,根据汇总转账凭证中的汇总合计数,分别过记到总分类账的应贷账户的贷方,以及各个应借账户的借方。由此可见,凡是与现金、银行存款收付无关的业务,都汇总于汇总转账凭证。如果在汇总期内个别贷方账户的转账凭证较少时,也可不填制汇总转账凭证,直接根据转账凭证登记总分类账。

由于通常是按转账凭证的贷方科目设置汇总转账凭证,因此为了便于汇总,平时编制记账凭证时应编制一借一贷或多借一贷的转账凭证,而不宜编制一借多贷的转账凭证。汇总转账凭证格式如表 11－91 所示。

表 11－91 **汇总转账凭证**

贷方科目: 年 月 编号:汇转 号

借方科目	金额				过账	
	1 日至 10 日转账凭证共 张	11 日至 20 日转账凭证共 张	21 日至 31 日转账凭证共 张	合计	借方	贷方
合计						

会计主管: 记账: 审核: 填制:

三、汇总记账凭证账务处理程序的流程

汇总记账凭证账务处理程序的流程如图 11－2 所示。

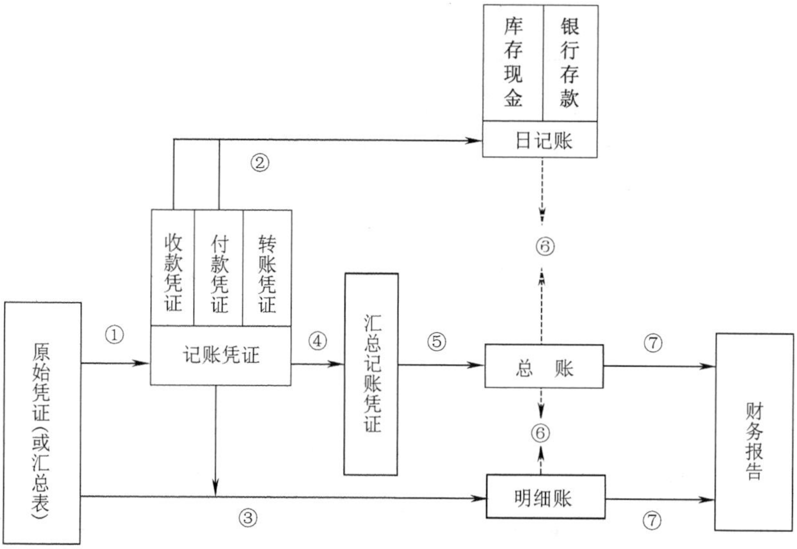

图 11－2　汇总记账凭证账务处理程序流程图

图 11－2 具体说明如下：

①根据原始凭证或原始凭证汇总表编制收款凭证、付款凭证和转账凭证；

②根据收款凭证和付款凭证逐日逐笔地登记现金日记账和银行存款日记账；

③根据原始凭证或原始凭证汇总表、各类记账凭证逐笔登记各种明细分类账；

④根据收款凭证、付款凭证和转账凭证定期填制汇总收款凭证、汇总付款凭证和汇总转账凭证；

⑤根据汇总收款凭证、汇总付款凭证和汇总转账凭证对应账户的合计数登记总分类账；

⑥月末，根据现金日记账、银行存款日记账和各种明细分类账的余额与总分类账的有关余额进行核对；

⑦月末，根据总分类账和有关明细分类账的记录编制财务报告。

四、汇总记账凭证账务处理程序的举例

（一）资料

同第二节中豫财公司有关 6 月底的资产负债表和 7 月份所发生的各种经济业务。

（二）采用汇总记账凭证账务处理程序进行账务处理

1. 根据 7 月份的原始凭证填制记账凭证（见表 11－2 至表 11－48）。

2. 根据收款凭证和付款凭证登记现金日记账和银行存款日记账（见表 11－49、表 11－50）。

3. 根据记账凭证和原始凭证登记各种明细账（见表 11－51 至表 11－54）。

4. 根据记账凭证编制汇总记账凭证。

（1）汇总收款凭证（见表 11－92 和表 11－93）。

表 11 -92　　汇总收款凭证

借方科目:库存现金　　2017 年 7 月　　编号:汇收 1 号

贷方科目	金额				过账	
	1 日至 10 日现收凭证共 1 张	11 日至 20 日现收凭证共 1 张	21 日至 31 日现收凭证共　张	合　计	借　方	贷　方
其他应收款	300			300	√	√
其他应付款		500		500	√	√
合　计	300	500		800		

会计主管:印　　记账:印　　审核:印　　填制:印

表 11 -93　　汇总收款凭证

借方科目:银行存款　　2017 年 7 月　　编号:汇收 2 号

贷方科目	金额				过账	
	1 日至 10 日银收凭证共 1 张	11 日至 20 日银收凭证共 1 张	21 日至 31 日银收凭证共 2 张	合　计	借　方	贷　方
应收账款	24 000	100 000		124 000	√	√
主营业务收入			55 000	55 000	√	√
应交税费			9 350	9 350	√	√
短期借款			20 000	20 000	√	√
合　计	24 000	100 000	84 350	208 350		

会计主管:印　　记账:印　　审核:印　　填制:印

(2)汇总付款凭证(见表 11 -94、表 11 -95)。

表 11 -94　　汇总付款凭证

贷方科目:库存现金　　2017 年 7 月　　编号:汇付 1 号

借方科目	金额				过账	
	1 日至 10 日现付凭证共 4 张	11 日至 20 日现付凭证共 2 张	21 日至 31 日现付凭证共 2 张	合　计	借　方	贷　方
应付职工薪酬	12 000			12 000	V	V
管理费用	200	50		250	V	V
其他应收款	300			300	V	V

续表

借方科目	金　额				过　账	
	1 日至 10 日现付凭证共 4 张	11 日至 20 日现付凭证共 2 张	21 日至 31 日现付凭证共 2 张	合　计	借　方	贷　方
销售费用	900			900	√	√
应交税费		100		100	√	√
银行存款			2 000	2 000	√	√
营业外支出			1 200	1 200	√	√
合　　计	13 400	150	3 200	16 750		

会计主管:印　　记账:印　　审核:印　　填制:印

表 11 -95　　**汇总付款凭证**

贷方科目:银行存款　　2017 年 7 月　　编号:汇付 2 号

借方科目	金　额				过　账	
	1 日至 10 日银付凭证共 3 张	11 日至 20 日银付凭证共 3 张	21 日至 31 日银付凭证共　张	合　计	借　方	贷　方
库存现金	18 000			18 000	√	√
应付账款	234 000			234 000	√	√
在途物资	50 000			50 000	√	√
应交税费	8 500	1 600		10 100	√	√
销售费用		8 000		8 000	√	√
财务费用		3 000	700	3 700	√	√
管理费用			400	400	√	√
合　　计	310 500	12 600	1 100	324 200		

会计主管:印　　记账:印　　审核:印　　填制:印

(3)汇总转账凭证(见表 11 -96 至表 11 -117)。汇总转账凭证是以转账凭证的贷方科目为依据进行汇总,需编制多张汇总转账凭证。

表 11 -96　　**汇总转账凭证**

贷方科目:其他应收款　　2017 年 7 月　　编号:汇转 1 号

借方科目	金　额				过　账	
	1 日至 10 日转账凭证共 1 张	11 日至 20 日转账凭证共 1 张	21 日至 31 日转账凭证共　张	合　计	借　方	贷　方
管理费用	700	300		1 000	√	√
合　　计	700	300		1 000		

会计主管:印　　记账:印　　审核:印　　填制:印

表 11－97　汇总转账凭证

贷方科目：在途物资　2017 年 7 月　编号：汇转 3 号

借方科目	金额				过账	
	1 日至 10 日转账凭证共 2 张	11 日至 20 日转账凭证共　张	21 日至 31 日转账凭证共　张	合　计	借　方	贷　方
原材料	250 000			250 000	√	√
合　计	250 000			250 000		

会计主管：印　记账：印　审核：印　填制：印

表 11－98　汇总转账凭证

贷方科目：原材料　2017 年 7 月　编号：汇转 4 号

借方科目	金额				过账	
	1 日至 10 日转账凭证共 1 张	11 日至 20 日转账凭证共　张	21 日至 31 日转账凭证共　张	合　计	借　方	贷　方
生产成本	240 000			240 000	√	√
合　计	240 000			240 000		

会计主管：印　记账：印　审核：印　填制：印

表 11－99　汇总转账凭证

贷方科目：制造费用　2017 年 7 月　编号：汇转 5 号

借方科目	金额				过账	
	1 日至 10 日转账凭证共　张	11 日至 20 日转账凭证共　张	21 日至 31 日转账凭证共 1 张	合　计	借　方	贷　方
生产成本			11 850	11 850	√	√
合　计			11 850	11 850		

会计主管：印　记账：印　审核：印　填制：印

表 11－100　汇总转账凭证

贷方科目：生产成本　2017 年 7 月　编号：汇转 6 号

借方科目	金额				过账	
	1 日至 10 日转账凭证共　张	11 日至 20 日转账凭证共　张	21 日至 31 日转账凭证共 1 张	合　计	借　方	贷　方
库存商品			279 210	279 210	√	√
合　计			279 210	279 210		

会计主管：印　记账：印　审核：印　填制：印

表 11－101　　**汇总转账凭证**

贷方科目:库存商品　　2017 年 7 月　　编号:汇转 7 号

借方科目	金额				过账	
	1 日至 10 日转账凭证共　张	11 日至 20 日转账凭证共　张	21 日至 31 日转账凭证共 1 张	合　计	借　方	贷　方
主营业务成本			90 000	90 000	√	√
合　　计			90 000	90 000		

会计主管:印　　记账:印　　审核:印　　填制:印

表 11－102　　**汇总转账凭证**

贷方科目:累计折旧　　2017 年 7 月　　编号:汇转 8 号

借方科目	金额				过账	
	1 日至 10 日转账凭证共　张	11 日至 20 日转账凭证共　张	21 日至 31 日转账凭证共 1 张	合　计	借　方	贷　方
制造费用			9 000	9 000	√	√
管理费用			2 000	2 000	√	√
合　　计			11 000	11 000		

会计主管:印　　记账:印　　审核:印　　填制:印

表 11－103　　**汇总转账凭证**

贷方科目:应付账款　　2017 年 7 月　　编号:汇转 9 号

借方科目	金额				过账	
	1 日至 10 日转账凭证共 1 张	11 日至 20 日转账凭证共　张	21 日至 31 日转账凭证共　张	合　计	借　方	贷　方
在途物资	200 000			200 000	√	√
应交税费	34 000			34 000	√	√
合　　计	234 000			234 000		

会计主管:印　　记账:印　　审核:印　　填制:印

表 11－104　　**汇总转账凭证**

贷方科目:应付职工薪酬　　2017 年 7 月　　编号:汇转 10 号

借方科目	金额				过账	
	1 日至 10 日转账凭证共　张	11 日至 20 日转账凭证共　张	21 日至 31 日转账凭证共 1 张	合　计	借　方	贷　方
生产成本			24 000	24 000	√	√
制造费用			2 500	2 500	√	√
管理费用			3 000	3 000	√	√
合　　计			29 500	29 500		

会计主管:印　　记账:印　　审核:印　　填制:印

表 11－105 **汇总转账凭证**

贷方科目：应付职工薪酬　　2017 年 7 月　　编号：汇转 11 号

借方科目	金额				过账	
	1 日至 10 日转账凭证共　张	11 日至 20 日转账凭证共　张	21 日至 31 日转账凭证共 1 张	合　计	借　方	贷　方
生产成本			3 360	3 360	V	V
制造费用			350	350	V	V
管理费用			420	420	V	V
合　计			4 130	4 130		

会计主管：印　　记账：印　　审核：印　　填制：印

表 11－106 **汇总转账凭证**

贷方科目：应交税费　　2017 年 7 月　　编号：汇转 12 号

借方科目	金额				过账	
	1 日至 10 日转账凭证共 1 张	11 日至 20 日转账凭证共　张	21 日至 31 日转账凭证共 3 张	合　计	借　方	贷　方
应收账款	51 000			51 000	V	V
税金及附加			1 000	1 000	V	V
所得税费用			80 232.9	80 232.9	V	V
合　计	51 000		81 232.9	132 232.9		

会计主管：印　　记账：印　　审核：印　　填制：印

表 11－107 **汇总转账凭证**

贷方科目：主营业务收入　　2017 年 7 月　　编号：汇转 15 号

借方科目	金额				过账	
	1 日至 10 日转账凭证共 1 张	11 日至 20 日转账凭证共　张	21 日至 31 日转账凭证共　张	合　计	借　方	贷　方
应收账款	300 000			300 000	V	V
合　计	300 000			300 000		

会计主管：印　　记账：印　　审核：印　　填制：印

表 11－108 **汇总转账凭证**

贷方科目：管理费用　　2017 年 7 月　　编号：汇转 16 号

借方科目	金额				过账	
	1 日至 10 日转账凭证共　张	11 日至 20 日转账凭证共　张	21 日至 31 日转账凭证共 1 张	合　计	借　方	贷　方
本年利润			7 070	7 070	V	V
合　计			7 070	7 070		

会计主管：印　　记账：印　　审核：印　　填制：印

表 11－109　　汇总转账凭证

贷方科目:财务费用　　2017 年 7 月　　编号:汇转 17 号

借方科目	金　额				过　账	
	1 日至 10 日转账凭证共　张	11 日至 20 日转账凭证共　张	21 日至 31 日转账凭证共 1 张	合　计	借　方	贷　方
本年利润			3 700	3 700	V	V
合　计			3 700	3 700		

会计主管:印　　记账:印　　审核:印　　填制:印

表 11－110　　汇总转账凭证

贷方科目:销售费用　　2017 年 7 月　　编号:汇转 18 号

借方科目	金　额				过　账	
	1 日至 10 日转账凭证共　张	11 日至 20 日转账凭证共　张	21 日至 31 日转账凭证共 1 张	合　计	借　方	贷　方
本年利润			8 900	8 900	V	V
合　计			8 900	8 900		

会计主管:印　　记账:印　　审核:印　　填制:印

表 11－111　　汇总转账凭证

贷方科目:税金及附加　　2017 年 7 月　　编号:汇转 19 号

借方科目	金　额				过　账	
	1 日至 10 日转账凭证共　张	11 日至 20 日转账凭证共　张	21 日至 31 日转账凭证共 1 张	合　计	借　方	贷　方
本年利润			1 000	1 000	V	V
合　计			1 000	1 000		

会计主管:印　　记账:印　　审核:印　　填制:印

表 11－112　　汇总转账凭证

贷方科目:主营业务成本　　2017 年 7 月　　编号:汇转 20 号

借方科目	金　额				过　账	
	1 日至 10 日转账凭证共　张	11 日至 20 日转账凭证共　张	21 日至 31 日转账凭证共 1 张	合　计	借　方	贷　方
本年利润			90 000	90 000	V	V
合　计			90 000	90 000		

会计主管:印　　记账:印　　审核:印　　填制:印

表 11－113 **汇总转账凭证**

贷方科目：营业外支出 2017 年 7 月 编号：汇转 21 号

借方科目	金额				过账	
	1 日至 10 日转账凭证共 张	11 日至 20 日转账凭证共 张	21 日至 31 日转账凭证共 1 张	合计	借方	贷方
本年利润			1 200	1 200	V	V
合计			1 200	1 200		

会计主管：印 记账：印 审核：印 填制：印

表 11－114 **汇总转账凭证**

贷方科目：本年利润 2017 年 7 月 编号：汇转 22 号

借方科目	金额				过账	
	1 日至 10 日转账凭证共 张	11 日至 20 日转账凭证共 张	21 日至 31 日转账凭证共 1 张	合计	借方	贷方
主营业务收入			355 000	355 000	V	V
合计			355 000	355 000		

会计主管：印 记账：印 审核：印 填制：印

表 11－115 **汇总转账凭证**

贷方科目：所得税费用 2017 年 7 月 编号：汇转 23 号

借方科目	金额				过账	
	1 日至 10 日转账凭证共 张	11 日至 20 日转账凭证共 张	21 日至 31 日转账凭证共 1 张	合计	借方	贷方
本年利润			80 232.9	80 232.9	V	V
合计			80 232.9	80 232.9		

会计主管：印 记账：印 审核：印 填制：印

表 11－116 **汇总转账凭证**

贷方科目：实收资本 2017 年 7 月 编号：汇转 24 号

借方科目	金额				过账	
	1 日至 10 日转账凭证共 张	11 日至 20 日转账凭证共 1 张	21 日至 31 日转账凭证共 张	合计	借方	贷方
固定资产		8 600		8 600	V	V
合计		8 600		8 600		

会计主管：印 记账：印 审核：印 填制：印

表 11－117 **汇总转账凭证**

贷方科目:利润分配 2017 年 7 月 编号:汇转 25 号

借方科目	金额				过账	
	1 日至 10 日转账凭证共 张	11 日至 20 日转账凭证共 张	21 日至 31 日转账凭证共 1 张	合 计	借 方	贷 方
本年利润			162 897.1	162 897.1	√	√
合 计			162 897.1	162 897.1		

会计主管:印 记账:印 审核:印 填制:印

5. 根据汇总记账凭证登记总分类账(见表 11－118 至表 11－146)。

表 11－118 **总分类账**

账户名称:库存现金 第 页

年		凭证编号	摘 要	对应账户	借 方	贷 方	借或贷	余 额
月	日							
7	1		月初余额				借	800
	31	汇收 1	(略)	其他应付款	500			
	31	汇收 1		其他应收款	300			
	31	汇付 1		应付职工薪酬		12 000		
				管理费用		250		
				其他应收款		300		
				销售费用		900		
				应交税费		100		
				银行存款		2 000		
				营业外支出		1 200		
	31	汇付 2		银行存款	18 000		借	2 850
			本月发生额及余额		18 800	16 750	借	2 850

表 11－119

账户名称:银行存款 第 页

年		凭证编号	摘 要	对应账户	借 方	贷 方	借或贷	余 额
月	日							
7			月初余额				借	400 000
	1	汇收 2	(略)	应收账款	124 000			
	31			主营业务收入	55 000			
				应交税费	9 350			

续表

年		凭证编号	摘　　要	对应账户	借　方	贷　方	借或贷	余　额
月	日							
				短期借款	20 000			
		汇付 2		库存现金		18 000		
				应付账款		234 000		
				在途物资		50 000		
				应交税费		10 100		
				销售费用		8 000		
				财务费用		3 700		
				管理费用		400		
		汇付 1		库存现金	2 000		借	286 150
			本月发生额及余额		210 350	324 200	借	286 150

表 11－120

账户名称:应收账款　　　　第　页

年		凭证编号	摘　　要	对应账户	借　方	贷　方	借或贷	余　额
月	日							
7			月初余额				借	60 000
	1	汇收 2	（略）	银行存款		124 000		
	31	汇转 12		应交税费	51 000			
		汇转 15		主营业务收入	300 000		借	287 000
			本月发生额及余额		351 000	124 000	借	287 000

表 11－121

账户名称:其他应收款　　　　第　页

年		凭证编号	摘　　要	对应账户	借　方	贷　方	借或贷	余　额
月	日							
7			月初余额				借	4 900
	1	汇收 1	（略）	库存现金		300		
	31	汇付 1		库存现金	300			
		汇转 1		管理费用		1 000	借	3 900
			本月发生额及余额		300	1 300	借	3 900

表 11－122

账户名称:材料采购　　　　第　页

年		凭证编号	摘　要	对应账户	借　方	贷　方	借或贷	余　额
月	日							
7	31	汇付 2		银行存款	50 000			
	31	汇转 3	（略）	原材料		250 000		
		汇转 9		应付账款	200 000		平	
			本月发生额及余额		250 000	250 000	平	—

表 11－123

账户名称:原材料　　　　第　页

年		凭证编号	摘　要	对应账户	借　方	贷　方	借或贷	余　额
月	日							
7	1		月初余额				借	800 000
	31	汇转 3	（略）	在途物资	250 000			
		汇转 4		生产成本		240 000	借	810 000
			本月发生额及余额		250 000	240 000	借	810 000

表 11－124

账户名称:制造费用　　　　第　页

年		凭证编号	摘　要	对应账户	借　方	贷　方	借或贷	余　额
月	日							
7	31	汇转 5		生产成本		11 850		
	31	汇转 8	（略）	累计折旧	9 000			
		汇转 10		应付职工薪酬	2 500			
		汇转 11		应付职工薪酬	350		平	
			本月发生额及余额		11 850	11 850	平	—

表 11－125

账户名称:生产成本　　　　第　页

年		凭证编号	摘　要	对应账户	借　方	贷　方	借或贷	余　额
月	日							
7	31	汇转 4		原材料	240 000			
		汇转 5	（略）	制造费用	11 850			
		汇转 6		库存商品		279 210		
		汇转 10		应付职工薪酬	24 000			
		汇转 11		应付福利费	3 360		平	
			本月发生额及余额		279 210	279 210	平	—

表 11－126

账户名称:库存商品　　第　页

年		凭证编号	摘　　要	对应账户	借　方	贷　方	借或贷	余　额
月	日							
7	1		月初余额				借	250 000
	31	汇转 6	（略）	生产成本	279 210			
		汇转 7		主营业务成本		90 000	借	439 210
			本月发生额及余额		279 210	90 000	借	439 210

表 11－127

账户名称:固定资产　　第　页

年		凭证编号	摘　　要	对应账户	借　方	贷　方	借或贷	余　额
月	日							
7	1		月初余额				借	1 700 000
	31	汇转 24	（略）	实收资本	8 600		借	1 708 600
			本月发生额及余额		8 600		借	1 708 600

表 11－128

账户名称:累计折旧　　第　页

年		凭证编号	摘　　要	对应账户	借　方	贷　方	借或贷	余　额
月	日							
7	1		月初余额				贷	230 000
	31	汇转 8	（略）	制造费用		9 000		
				管理费用		2 000	贷	241 000
			本月发生额及余额			11 000	贷	241 000

表 11－129

账户名称:在建工程　　第　页

年		凭证编号	摘　　要	对应账户	借　方	贷　方	借或贷	余　额
月	日							
7	1		月初余额 （略）				借	120 000
	31		本月发生额及余额		—	—	借	120 000

表 11－130

账户名称:短期借款　　　　　　　　　　　　　　第　页

年		凭证编号	摘　要	对应账户	借　方	贷　方	借或贷	余　额
月	日							
7	1		月初余额				贷	700 000
		汇收 2		银行存款		20 000		720 000
			（略）					
	31		本月发生额及余额		—	20 000	贷	720 000

表 11－131

账户名称:应付账款　　　　　　　　　　　　　　第　页

年		凭证编号	摘　要	对应账户	借　方	贷　方	借或贷	余　额
月	日							
7	1		月初余额				贷	80 00
	31	汇收 2		银行存款		234 000		
		汇转 9	（略）	在途物资	200 000			
				应交税费	34 000		贷	
	31		本月发生额及余额		234 000	234 000	贷	80 000

表 11－132

账户名称:其他应付款　　　　　　　　　　　　　　第　页

年		凭证编号	摘　要	对应账户	借　方	贷　方	借或贷	余　额
月	日							
7	1		月初余额				贷	2 000
	31	汇收 1	（略）	库存现金		500	贷	2 500
	31		本月发生额及余额		—	500	贷	2 500

表 11－133

账户名称:应付职工薪酬　　　　　　　　　　　　　　第　页

年		凭证编号	摘　要	对应账户	借　方	贷　方	借或贷	余　额
月	日							
7	1		月初余额				贷	12 000
	31	汇付 1	（略）	库存现金	12 000			
		汇转 10		生产成本		24 000		

续表

年		凭证编号	摘　　要	对应账户	借　方	贷　方	借或贷	余　额
月	日							
				制造费用		2 500		
				管理费用		3 000		
		汇转 11		生产成本		3 360		
				制造费用		350		
				管理费用		420	贷	33 630
	31		本月发生额及余额		12 000	33 630	贷	33 630

表 11－134

账户名称：应交税费　　　　第　页

年		凭证编号	摘　　要	对应账户	借　方	贷　方	借或贷	余　额
月	日							
7	1		月初余额				贷	1 600
	31	汇付 1		库存现金	100			
		汇收 2		银行存款		9 350		
		汇付 2		银行存款	10 100			
		汇转 9	（略）	应付账款	34 000			
		汇转 12		应收账款		51 000		
				所得税费用		80 232.9		
				税金及附加		1 000	贷	98 782.9
	31		本月发生额及余额		44 200	141 582.9	贷	99 082.9

表 11－135

账户名称：实收资本　　　　第　页

年		凭证编号	摘　　要	对应账户	借　方	贷　方	借或贷	余　额
月	日							
7	1		月初余额				贷	2 000 000
	31	汇转 24	（略）	固定资产		8 600		2 008 600
			本月发生额及余额		—	8 600	贷	2 008 600

表 11 －136

账户名称:资本公积　　　　第　页

年		凭证编号	摘　　要	对应账户	借　方	贷　方	借或贷	余　额
月	日							
7	1		月初余额（略）				贷	100 000
	31		本月发生额及余额		—	—	贷	100 000

表 11 －137

账户名称:主营业务收入　　　　第　页

年		凭证编号	摘　　要	对应账户	借　方	贷　方	借或贷	余　额
月	日							
7	31	汇收 2		银行存款		55 000	贷	
		汇转 15	（略）	应收账款		300 000	贷	
		汇转 22		本年利润	355 000		平	—
	31		本月发生额及余额		355 000	355 000	平	—

表 11 －138

账户名称:管理费用　　　　第　页

年		凭证编号	摘　　要	对应账户	借　方	贷　方	借或贷	余　额
月	日							
7	1	汇付 1	（略）	库存现金	250			
	31	汇转 1		其他应收款	1 000			
		汇转 2		银行存款	400			
		汇转 8		累计折旧	2 000			
		汇转 10		应付职工薪酬	3 000			
		汇转 11		应付职工薪酬	420			
		汇转 16		本年利润		7 070	平	—
	31		本月发生额及余额		7 070	7 070	平	—

表 11－139

账户名称:财务费用　　　　第　页

年		凭证编号	摘　要	对应账户	借　方	贷　方	借或贷	余　额
月	日							
7	31	汇付 2	（略）	银行存款	3 000			
		汇转 17		本年利润		3 700	平	—
	31		本月发生额及余额		3 700	3 700	平	—

表 11－140

账户名称:销售费用　　　　第　页

年		凭证编号	摘　要	对应账户	借　方	贷　方	借或贷	余　额
月	日							
7	31	汇付 1	（略）	库存现金	900			
		汇付 2		银行存款	8 000			
		汇转 18		本年利润		8 900	平	—
	31		本月发生额及余额		8 900	8 900	平	—

表 11－141

账户名称:税金及附加　　　　第　页

年		凭证编号	摘　要	对应账户	借　方	贷　方	借或贷	余　额
月	日							
7	31	汇转 12	（略）	应交税费	1 000			
		汇转 19		本年利润		1 000	平	—
	31		本月发生额及余额		1 000	1 000	平	—

表 11－142

账户名称:主营业务成本　　　　第　页

年		凭证编号	摘　要	对应账户	借　方	贷　方	借或贷	余　额
月	日							
7	31	汇转 7	（略）	库存商品	90 000			
		汇转 20		本年利润		90 000	平	—
	31		本月发生额及余额		90 000	90 000	平	—

表 11－143

账户名称:营业外支出　　　　第　页

年 月	年 日	凭证编号	摘　要	对应账户	借　方	贷　方	借或贷	余　额
7	31	汇付 1	（略）	库存现金	1 200			
		汇转 21		本年利润		1 200	平	—
	31		本月发生额及余额		1 200	1 200	平	—

表 11－144

账户名称:所得税费用　　　　第　页

年 月	年 日	凭证编号	摘　要	对应账户	借　方	贷　方	借或贷	余　额
7	31	汇转 12		应交税费	80 232.9			
		汇转 23	（略）	本年利润		80 232.9	平	—
	31		本月发生额及余额		80 232.9	80 232.9	平	—

表 11－145

账户名称:本年利润　　　　第　页

年 月	年 日	凭证编号	摘　要	对应账户	借　方	贷　方	借或贷	余　额
7	31	汇转 16	（略）	管理费用	7 070			
		汇转 17		财务费用	3 700			
		汇转 18		销售费用	8 900			
		汇转 19		税金及附加	1 000			
		汇转 20		主营业务成本	90 000			
		汇转 21		营业外支出	1 200			
		汇转 22		主营业务收入		355 000		
		汇转 23		所得税费用	80 232.9			
		汇转 25		利润分配	162 897.1		平	—
	31		本月发生额及余额		355 000	355 000	平	—

表 11－146

账户名称:利润分配　　　　　　　　　　　　　　　　　　第　页

年		凭证编号	摘　要	对应账户	借　方	贷　方	借或贷	余　额
月	日							
7	1		月初余额				贷	210 000
		汇转 23	（略）	本年利润		162 897.1	贷	372 897.1
	31		本月发生额及余额		—	162 897.1	贷	372 897.1

6. 编制试算平衡表(见表 11－84)。

7. 期末,根据总分类账与明细分类账的记录编制财务报告(见表 11－85 和表 11－86)。

五、汇总记账凭证账务处理程序的优缺点和使用范围

在汇总记账凭证账务处理程序下,定期将各种记账凭证归类汇总,月终一次将累计金额过入总分类账,简化了登记总账的工作;同时,汇总记账凭证是将每一账户的贷方(或借方)数字,按其与借方(或贷方)账户的对应关系,分别汇总其全月发生数,在汇总记账凭证和总分类账中均能通过账户的对应关系反映所发生的经济业务内容,便于经常检查经济活动的发生情况。

汇总记账凭证账务处理程序的缺点表现在:编制汇总记账凭证的工作量比较大,如果企业的经济业务较少,同一贷方科目的转账凭证不多,这一账务处理程序,不仅起不到简化记账工作,而且还会增加凭证汇总手续 。

汇总记账凭证账务处理程序一般适用于经营规模较大、业务较多的企业。

第四节　科目汇总表账务处理程序

一、科目汇总表账务处理程序的特点

科目汇总表账务处理程序又称记账凭证汇总表账务处理程序,其主要特点是定期根据这一期间的全部记账凭证编制会计科目汇总表(又称记账凭证汇总表),然后再根据科目汇总表登记总分类账。

在科目汇总表账务处理程序下,记账凭证可以采用收款凭证、付款凭证和转账凭证等专用格式,也可以采用通用格式;同时还应设置科目汇总表。日记账通常采用三栏式;明细分类账可根据需要设置三栏式、多栏式和数量金额式;总分类账通常采用三栏式,但不设“对方科目”专栏,因为科目汇总表中不能反映各个账户之间的对应关系。

二、科目汇总表的编制方法

科目汇总表是根据记账凭证，按照相同的账户进行归类，定期汇总每一账户的借方发生额和贷方发生额编制而成。科目汇总表的编制时间应根据企业业务量的多少来确定。一般按旬或15天汇总一次，每月编制一张。科目汇总表的一般格式见表11－147所示。

表11－147　科目汇总表

编制单位：　　200×年×月　　第　页

会计科目	1日至10日发生额		11日至20日发生额		21日至31日发生额		发生额合计		总账页数
	借方	贷方	借方	贷方	借方	贷方	借方	贷方	
合　计									
记账凭证起讫号数									

科目汇总表具体编制方法是：第一步把一定时期内全部记账凭证按照相同科目归类（可借助于“丁”字形账户作为工作底稿）；第二步计算每一个会计科目的本期借方发生额和本期贷方发生额；第三步将各科目的本期借方、贷方发生额填入科目汇总表相关栏内并分别计算出借方、贷方发生额合计数，进行试算平衡。为了便于编制科目汇总表，要求记账凭证中所载的应借应贷账户，只能一借一贷相对应，如果发生一借多贷或一贷多借的会计分录，也要分开编制记账凭证；而且，转账凭证的填列也只以一借一贷为好，并且复写两联，一联作为借方账户的转账凭证，另一联作为贷方账户的转账凭证。转账凭证也可以采用单项记账凭证，即同一笔经济业务，分别借方和贷方填列一个借方账户的转账凭证和一个贷方账户的转账凭证。这样便于按相同的科目进行归类，分别汇总计算其借方和贷方的金额，避免差错。

科目汇总表与汇总记账凭证的作用相似，都是为了简化总分类账的登记工作。但两者又存在着明显的不同：①科目汇总表是定期汇总每一账户的借方发生额和贷方发生额，而不按对应账户进行汇总，全部账户的本期借方发生额和贷方发生额可以汇总在同一张汇总表内。而汇总记账凭证是以每一账户的贷方（或借方）设置，分别按与其相对应的借方（或贷方）账户汇总一定期限内的发生额，因此，要编制很多张汇总记账凭证；②科目汇总表只反映每一科目的借方发生额和贷方发生额，而汇总记账凭证除了按科目反映借方发生额或贷方发生额外，还反映账户的对应关系。

需要说明的是，为便于编制科目汇总表，一般要求编制单式记账凭证或对记账凭证加以复写，以便于按借贷方账户分别汇总。若科目汇总表的工作底稿采用“丁”字形账户，则记账凭证可以编制复合分录。

三、科目汇总表账务处理程序的流程

科目汇总表账务处理程序的流程如图 11－3 所示。

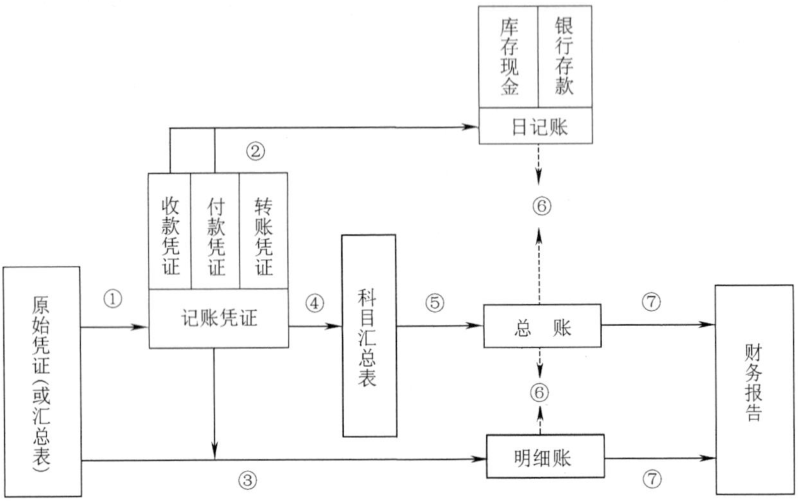

图 11－3 科目汇总表账务处理程序的流程图

图 11－3 具体说明如下：

①根据原始凭证或原始凭证汇总表编制记账凭证；

②根据收款凭证和付款凭证逐日逐笔地登记现金日记账和银行存款日记账；

③根据各种记账凭证及所附原始凭证、原始凭证汇总表逐笔登记明细分类账；

④根据记账凭证定期编制科目汇总表；

⑤根据科目汇总表登记总分类账；

⑥月末，总账与现金、银行存款日记账和明细账的余额进行核对；

⑦月末，根据总分类账和明细分类账的记录编制财务报告。

四、科目汇总表账务处理程序的举例

（一）资料

同第二节中豫财公司有关 6 月底的资产负债表和 7 月份所发生的各种经济业务。

（二）采用科目汇总表账务处理程序进行账务处理

1. 根据 7 月份的原始凭证填制记账凭证（见表 11－2 至表 11－48）。

2. 根据收款凭证和付款凭证登记现金日记账和银行存款日记账（见表 11－49 和表 11－50）。

3. 根据记账凭证和原始凭证登记各种明细账（见表 11－51 至表 11－54）。

4. 编制科目汇总表。

根据豫财公司 7 月份的全部记账凭证，编制“科目汇总表工作底稿”如表 11－148 至表 11－174 所示（假定科目汇总表于月终一次汇总编制）。

(1)用“丁”字形账户的形式填制科目汇总表的工作底稿。

科目汇总表工作底稿

表 11－148

库存现金

(401)	18 000	(201)	12 000
(101)	300	(202)	200
(102)	500	(203)	300
		(204)	900
		(205)	100
		(206)	50
		(207)	2 000
		(208)	1 200
合 计	18 800		16 750

表 11－149

银行存款

(301)	24 000	(401)	18 000
(302)	100 000	(402)	234 000
(303)	64 350	(403)	58 500
(304)	20 000	(404)	1 600
(207)	2 000	(405)	8 000
		(406)	3 000
		(407)	400
		(408)	700
合 计	210 350		324 200

表 11－150

应收账款

(505)	351 000	(301)	24 000
		(302)	100 000
合 计	351 000		124 000

表 11－151

其他应收款

(203)	300	(503)	700
		(101)	300
		(507)	300
合 计	300		1 300

表 11－152

在途物资

(501)	200 000	(502)	200 000
(403)	50 000	(504)	50 000
合 计	250 000		250 000

表 11－153

原材料

(502)	200 000	(506)	180 000
(504)	50 000	(506)	60 000
合 计	250 000		240 000

表 11－154

制造费用

(509)	2 500	(512)	7 140
(510)	350	(512)	4 710
(511)	9 000		
合 计	11 850		11 850

表 11－155

生产成本

(506)	240 000	(513)	105 380
(509)	24 000	(513)	173 830
(510)	3 360		
(512)	11 850		
合 计	279 210		279 210

表 11－156

库存商品

(513)	105 380	(514)	90 000
(513)	173 830		
合 计	279 210		90 000

表 11－157

固定资产

(508)	8 600		
合 计	8 600		

表 11－158

累计折旧

		(511)	11 000
合　计	—		11 000

表 11－159

短期借款

		(304)	20 000
合　计			20 000

表 11－160

应付账款

(402)	234 000	(501)	234 000
合　计	234 000		234 000

表 11－161

其他应付款

		(102)	500
合　计	—		500

表 11－162

应付职工薪酬

(201)	12 000	(509)	29 500
		(510)	4 130
合　计	12 000		33 630

表 11－163

应交税费

(501)	34 000	(505)	51 000
(403)	8 500	(303)	9 350
(404)	1 600	(515)	1 000
(205)	100	(523)	80 232.9
合　计	44 200		141 582.9

表 11－164

实收资本

		(508)	8 600
合　计	—		8 600

表 11－165

主营业务收入

(516)	355 000	(505)	300 000
		(303)	55 000
合　计	355 000		355 000

表 11－166

管理费用

(202)	200	(518)	7 070
(503)	700		
(507)	300		
(206)	50		
(509)	3 000		
(510)	420		
(511)	2 000		
(512)	400		
合　计	7 070		7 070

表 11－167

财务费用

(406)	3 000	(519)	3 700
(513)	700		
合　计	3 700		3 700

表 11－168

销售费用

(204)	900	(520)	8 900
(405)	8 000		
合 计	8 900		8 900

表 11－169

税金及附加

(515)	1 000	(521)	1 000
合 计	1 000		1 000

表 11－170

主营业务成本

(514)	90 000	(517)	90 000
合 计	90 000		90 000

表 11－171

营业外支出

(208)	1 200	(522)	1 200
合 计	1 200		1 200

表 11－172

所得税费用

(225)	80 232.9	(524)	80 232.9
合 计	80 232.9		80 232.9

表 11－173

本年利润

(517)	90 000	(516)	355 000
(518)	7 020		
(519)	3 700		
(520)	8 900		
(521)	1 000		
(522)	1 200		
(524)	80 232.9		
(525)	162 897.1		
合 计	355 000		355 000

表 11－174

利润分配

		(525)	162 897.1
合 计	—		162 897.1

(2)将“丁”字形账户底稿中各账户的借方发生额和贷方发生额合计数填入科目汇总表(见表 11－175)。

表 11－175 **科目汇总表**

编制单位:豫财公司 2017 年 7 月 1 日至 31 日 第 页

账户名称	账 页	本期发生额		转账凭证起讫号数
		借 方	贷 方	
库存现金		18 800	16 750	
银行存款		210 350	324 200	

续表

账户名称	账页	本期发生额		转账凭证起讫号数
		借方	贷方	
应收账款		351 000	124 000	现收凭证
其他应收款		300	1 300	101～102 号
在途物资		250 000	250 000	
原材料		250 000	240 000	
制造费用		11 850	11 850	
生产成本		279 210	279 210	现付凭证
库存商品		279 210	90 000	
固定资产		8 600		201～208 号
累计折旧			11 000	
短期借款			20 000	
应付账款		234 000	234 000	
其他应付款	略		500	银收凭证
应付职工薪酬		12 000	33 630	
应交税费		44 200	141 582.9	301～304 号
实收资本			8 600	银付凭证
未分配利润			162 897.1	
主营业务收入		355 000	355 000	
主营业务成本		90 000	90 000	401～408 号
销售费用		8 900	8 900	
税金及附加		1 000	1 000	
管理费用		7 070	7 070	
财务费用		3 700	3 700	
营业外支出		1 200	1 200	转账凭证
所得税费用		80 232.9	80 232.9	
本年利润		355 000	355 000	501～525 号
合　　计		2 851 622.9	2 851 622.9	

5. 根据编制的科目汇总表登记总分类账。将科目汇总表中各账户的借方发生额合计数和贷方发生额合计数登记到总分类账后，就可结出各账户的借方或贷方余额。由于根据科目汇总表登记到总分类账中的各账户借方和贷方的数额，是各该账户借方和贷方在一定期间内发生额合计数，是由多种业务汇集形成的，形成的原因是科目汇总表本身不能提供的，实际上也难以在账户摘要栏中尽述。所以，科目汇总表账务处理程序中适用的总分类账账页可以不设摘要栏，有摘要栏时，也不予登记。

6. 编制财务报告（见表 11－85 和表 11－86）。

五、科目汇总表账务处理程序的优缺点和使用范围

在科目汇总表账务处理程序下，由于总分类账是根据科目汇总表，将各账户的借方

发生额合计数和贷方发生额合计数于期(月)末一次记入总分类账户,所以大大简化了总账的登记工作。同时,科目汇总表本身兼有试算平衡的作用,可以及时发现问题,减少账务处理中的差错。但是,由于科目汇总表在汇总每一科目的本期借方发生额和贷方发生额时不考虑对应科目,全部科目的本期借方和贷方发生额可以汇总在一张汇总表内,因此,在科目汇总表和总账中都无法反映各科目间的对应关系,不便于利用总分类账了解和检查经济业务的来龙去脉,这样降低了总分类账的分析作用。有鉴于此,能反映账户对应关系的科目汇总表工作底稿就成为一项重要的会计资料,应作为科目汇总表的附件与科目汇总表一起装订成册,以便进行账目的查对和分析。

科目汇总表账务处理程序一般适用于经营规模较大、经济业务频繁、业务量较多的大企业。

第五节　多栏式日记账账务处理程序

一、多栏式日记账账务处理程序的特点

多栏式日记账账务处理程序的主要特点是:根据多栏式现金日记账和多栏式银行存款日记账各栏的合计数,以及转账凭证或转账凭证科目汇总表于月末登记总分类账。

采用多栏式日记账账务处理程序时,除设置专用格式的收款凭证、付款凭证和转账凭证外,还应根据需要设置转账凭证科目汇总表。同时设置多栏式现金日记账、多栏式银行存款日记账、总分类账和明细分类账。明细分类账可根据需要设置三栏式、多栏式和数量金额式;总分类账采用三栏式账簿,也可使用汇总式总账。

在这种账务处理程序下,多栏式现金日记账和多栏式银行存款日记账具备汇总收款凭证和汇总付款凭证的作用,月终即可根据各日记账合计栏的本月收、付发生额和各专栏对应账户的发生额直接过入总分类账账户。具体地讲,应根据多栏式日记账收入合计栏的本月发生额,记入总分类账现金或银行存款账户的借方,并根据收入栏下各专栏对应账户的本月发生额记入总分类账各有关账户的贷方,同时根据这些多栏式日记账付出合计栏的本月发生额,分别过入现金或银行存款账户的贷方,并根据付出栏下各专栏对应借方账户的本月发生额,分别过入各有关总分类账账户的借方。对于现金和银行存款之间的相互划转数额,由于已分别包括在有关日记账的收入和付出合计栏的本月发生额之内,并据以登记了总分类账,所以无须再根据有关的对应账户登记总分类账,以免重复过账。对于转账业务,则可根据转账凭证填制转账凭证科目汇总表,然后再根据科目汇总表登记总分类账。如果转账业务不多,也可直接根据转账凭证逐笔登记总分类账。

二、多栏式日记账账务处理程序的流程

多栏式日记账账务处理程序的流程如图 11－4 所示。

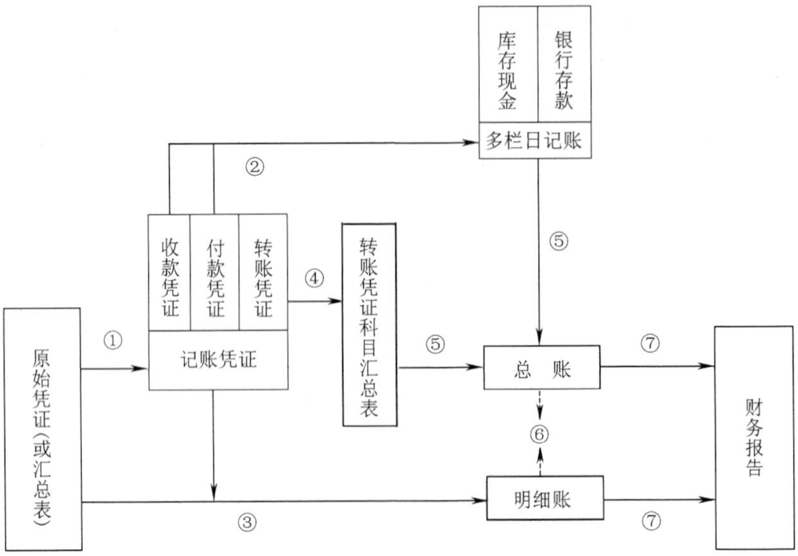

图 11－4　多栏日记账账务处理程序流程图

图 11－4 具体说明如下：

①根据原始凭证或原始凭证汇总表填制收款凭证、付款凭证和转账凭证；

②根据收款凭证和付款凭证逐日逐笔地登记多栏式现金日记账和多栏式银行存款日记账；

③根据原始凭证或原始凭证汇总表、各类记账凭证逐笔登记各种明细分类账；

④根据转账凭证编制转账凭证科目汇总表；

⑤根据多栏式现金日记账、多栏式银行存款日记账和转账凭证科目汇总表登记总分类账；

⑥月末根据各种明细分类账的余额合计数分别与总分类账的有关账户余额进行核对；

⑦月末根据总分类账和有关明细分类账的记录编制财务报告。

三、多栏式日记账账务处理程序的举例

（一）资料

同第二节中豫财公司有关 6 月底的资产负债表和 7 月份所发生的各种经济业务。

1. 根据 7 月份的原始凭证填制记账凭证（见表 11－2 至表 11－48）。

2. 根据收款凭证和付款凭证登记现金日记账和银行存款日记账（见表 11－49 和表 11－50）。

3. 根据记账凭证和原始凭证登记各种明细账（见表 11－51 至表 11－54）。

4. 根据收款凭证、付款凭证登记多栏式现金日记账和多栏式银行存款日记账（见表 11－176、表 11－177）。

表 11－176

多栏式现金日记账

编制单位：豫财公司　　　　第　页

月	日	凭证编号	摘要	贷方：银行存款	贷方：其他应收款	贷方：其他应付款	贷方：合计	借方：银行存款	借方：管理费用	借方：应付职工薪酬	借方：其他应收款	借方：销售费用	借方：应交税费	借方：营业外支出	借方：合计	余额
7	1		月初余额													800
	1	401	从银行提取现金	18 000			18 000									18 800
	1	201	支付职工工资							12 000					12 000	6 800
	2	202	购买办公用品						200						200	6 600
	4	203	王刚暂借差旅费								300				300	6 300
	5	101	退回的差旅费		300		300									6 600
	7	204	支付销售费用									900			900	5 700
	11	205	上交教育费附加										100		100	5 600
	15	206	补付王刚差旅费						50						50	5 550
	19	102	收宏云工厂押金			500	500									6 050
	24	207	送存现金					2 000							2 000	4 050
	31	208	支付违约赔款											1 200	1 200	2 850
			本月发生额及余额	18 000	300	500	18 800	2 000	250	12 000	300	900	100	1 200	16 750	2 850
			过账标记	×	√	√	√	×	√	√	√	√	√	√	√	√

表 11－177

多栏式银行存款日记账

编制单位：豫财公司　　　　第　页

年		凭证编号	摘要	贷方						借方								余额
月	日			库存现金	短期借款	应收账款	主营收入	应交税费	合计	库存现金	应付账款	在途物资	管理费用	销售费用	应交税费	财务费用	合计	
7	1		月初余额															400 000
	1	401	提取现金							18 000							18 000	382 000
	5	301	收回货款			24 000			24 000									406 000
	5	402	付材料款								234 000						234 000	172 000
	6	403	购入材料									50 000		8 500			58 500	113 500
	11	404	上交税费											1 600			1 600	111 900
	15	405	付广告费										8 000				8 000	103 900
	18	406	付手续费												3 000		3 000	100 900
	19	302	收回货款			100 000			100 000									200 900
	22	303	销售产品				55 000	9 350	64 350									265 250
	24	207	存款	2 000					2 000									267 250
	28	304	周转借款		20 000				20 000									287 250
	31	407	支保险费										400				400	286 850
	31	408	支利息费													700	700	286 150
			本月发生额及余额	2 000	2 000	124 000	55 000	9 350	210 350	18 000	234 000	50 000	400	8 000	10 100	3 700	324 200	286 150
			过账标记	×	√	√	√	√	√	×	√	√	√	√	√	√	√	√

5. 根据转账凭证编制转账凭证科目汇总表(见表 11 - 178)。

表 11 - 178 **转账凭证科目汇总表**

编制单位:豫财公司 2017 年 7 月 1 日至 31 日 第 页

账户名称	账页	本期发生额		转账凭证起讫号数
		借方	贷方	
应收账款		351 000		
其他应收款			1 000	
在途物资		200 000	250 000	
原材料		250 000	240 000	
制造费用		11 850	11 850	
生产成本		279 210	279 210	
库存商品		279 210	90 000	转账凭证
固定资产		8 600		
累计折旧			11 000	501 ~525 号
应付账款			234 000	
应付职工薪酬			33 630	
应交税费		34 000	132 232.9	
实收资本			8 600	
利润分配			162 897.1	
主营业务收入		355 000	300 000	
主营业务成本		90 000	90 000	
销售费用			8 900	
税金及附加		1 000	1 000	
管理费用		6 820	7 070	
财务费用		700	3 700	
营业外支出			1 200	
所得税费用		80 232.9	80 232.9	
本年利润		355 000	355 000	
合计		2 302 622.9	2 302 622.9	

6. 根据多栏式现金日记账、多栏式银行存款日记账、转账凭证或转账凭证科目汇总表登记总账(见表 11 - 179 至表 11 - 207)。

总分类账

表 11 – 179

账户名称:库存现金　　第　页

年		凭证编号	摘　要	对应账户	借　方	贷　方	借或贷	余　额
月	日							
7	1		月初余额				借	800
	31		(略)		18 800	16 750	借	2 850
			本月发生额及余额		18 800	16 750	借	2 850

表 11 – 180

账户名称:银行存款　　第　页

年		凭证编号	摘　要	对应账户	借　方	贷　方	借或贷	余　额
月	日							
7	1		月初余额				借	400 000
	31	账 2	(略)		210 350	324 200	借	286 150
			本月发生额及余额		210 350	324 200	借	286 150

表 11 – 181

账户名称:应收账款　　第　页

年		凭证编号	摘　要	对应账户	借　方	贷　方	借或贷	余　额
月	日							
7	1		月初余额				借	60 000
	31	账 2	(略)	银行存款		124 000		
		转科			351 000		借	287 000
			本月发生额及余额		351 000	124 000	借	287 000

表 11 – 182

账户名称:其他应收款　　第　页

年		凭证编号	摘　要	对应账户	借　方	贷　方	借或贷	余　额
月	日							
7	1		月初余额				借	4 900
	31	账 1	(略)	库存现金	300	300		
		转科				1 000	借	3 900
			本月发生额及余额		300	1 300	借	3 900

表 11－183

账户名称:在途物资　　　　第　页

年		凭证编号	摘　要	对应账户	借　方	贷　方	借或贷	余　额
月	日							
7	31	账 2		银行存款	50 000			
	31	转科	（略）			250 000		
					200 000		平	
			本月发生额及余额		250 000	250 000	平	0

表 11－184

账户名称:原材料　　　　第　页

年		凭证编号	摘　要	对应账户	借　方	贷　方	借或贷	余　额
月	日							
7	1		月初余额				借	800 000
	31	转科	（略）		250 000	240 000	借	810 000
			本月发生额及余额		250 000	240 000	借	810 000

表 11－185

账户名称:制造费用　　　　第　页

年		凭证编号	摘　要	对应账户	借　方	贷　方	借或贷	余　额
月	日							
7	31	转科	（略）		11 850	11 850	平	
	31		本月发生额及余额		11 850	11 850	平	—

表 11－186

账户名称:生产成本　　　　第　页

年		凭证编号	摘　要	对应账户	借　方	贷　方	借或贷	余　额
月	日							
7	31	转科	（略）		279 210	279 210	平	
			本月发生额及余额		279 210	279 210	平	—

表 11－187

账户名称:库存商品　　　　第　页

年		凭证编号	摘　要	对应账户	借　方	贷　方	借或贷	余　额
月	日							
7	1		月初余额				借	250 000
	31	转科	(略)		279 210	90 000	借	439 210
			本月发生额及余额		279 210	90 000	借	439 210

表 11－188

账户名称:固定资产　　　　第　页

年		凭证编号	摘　要	对应账户	借　方	贷　方	借或贷	余　额
月	日							
7	1		月初余额				借	1 700 000
	31	转科	(略)		8 600		借	1 708 600
			本月发生额及余额		8 600		借	1 708 600

表 11－189

账户名称:累计折旧　　　　第　页

年		凭证编号	摘　要	对应账户	借　方	贷　方	借或贷	余　额
月	日							
7	1		月初余额				贷	230 000
	31	转科	(略)			11 000	贷	241 000
			本月发生额及余额			11 000	贷	241 000

表 11－190

账户名称:在建工程　　　　第　页

年		凭证编号	摘　要	对应账户	借　方	贷　方	借或贷	余　额
月	日							
7	1		月初余额 (略)				借	120 000
	31		本月发生额及余额		—	—	借	120 000

表 11－191

账户名称:短期借款 第 页

年		凭证编号	摘 要	对应账户	借 方	贷 方	借或贷	余 额
月	日							
7	1		月初余额				贷	700 000
		账 2	（略）			20 000	贷	720 000
	31		本月发生额及余额		—	20 000	贷	720 000

表 11－192

账户名称:应付账款 第 页

年		凭证编号	摘 要	对应账户	借 方	贷 方	借或贷	余 额
月	日							
7	1		月初余额				贷	80 000
	31	转科	（略）	材料采购		234 000		
		账 2		银行存款	234 000		贷	80 000
	31		本月发生额及余额		234 000	234 000	贷	80 000

表 11－193

账户名称:其他应付款 第 页

年		凭证编号	摘 要	对应账户	借 方	贷 方	借或贷	余 额
月	日							
7	1		月初余额				贷	2 000
	31	账 1	（略）	库存现金		500	贷	2 500
	31		本月发生额及余额		—	500	贷	2 500

表 11－194

账户名称:应付职工薪酬 第 页

年		凭证编号	摘 要	对应账户	借 方	贷 方	借或贷	余 额
月	日							
7	1		月初余额				贷	12 000
	31	账 1	（略）	库存现金	12 000			
		转科				33 630	贷	33 630
	31		本月发生额及余额		12 000	33 630	贷	33 630

表 11－195

账户名称:应交税费　　　　第　页

年		凭证编号	摘　要	对应账户	借　方	贷　方	借或贷	余　额
月	日							
7	1		月初余额				贷	1 700
		账 1	（略）	库存现金	100		贷	1 600
	31	账 2		银行存款	10 100	9 350		
		转科			34 000	132 232.9	贷	99 082.9
	31		本月发生额及余额		44 200	141 582.9	贷	99 082.9

表 11－196

账户名称:实收资本　　　　第　页

年		凭证编号	摘　要	对应账户	借　方	贷　方	借或贷	余　额
月	日							
7	1		月初余额				贷	2 000 000
	31	转科	（略）	固定资产		8 600	贷	2 008 600
	31		本月发生额及余额		—	8 600	贷	2 008 600

表 11－197

账户名称:资本公积　　　　第　页

年		凭证编号	摘　要	对应账户	借　方	贷　方	借或贷	余　额
月	日							
7	1		月初余额 （略）				贷	100 000
	31		本月发生额及余额		—	—	贷	100 000

表 11－198

账户名称:主营业务收入　　　　第　页

年		凭证编号	摘　要	对应账户	借　方	贷　方	借或贷	余　额
月	日							
7	1	转科	（略）		355 000	300 000	借	55 000
	31	账 2		银行存款		55 000	贷	175 000
							平	—
	31		本月发生额及余额		355 000	355 000	平	—

表 11－199

账户名称:管理费用　　　　第　页

年		凭证编号	摘　要	对应账户	借　方	贷　方	借或贷	余　额
月	日							
7	1	账 1	（略）	库存现金	250			
	31	转科			6 820	7 070	平	—
	31		本月发生额及余额		7 070	7 070	平	—

表 11－200

账户名称:财务费用　　　　第　页

年		凭证编号	摘　要	对应账户	借　方	贷　方	借或贷	余　额
月	日							
7	31	账 2	（略）	银行存款	3 000			
		转科			700	3 700	平	—
	31		本月发生额及余额		3 700	3 700	平	—

表 11－201

账户名称:销售费用　　　　第　页

年		凭证编号	摘　要	对应账户	借　方	贷　方	借或贷	余　额
月	日							
7	31	账 1	（略）	库存现金	900			
		账 2		银行存款	8 000			
		转科		本年利润		8 900	平	—
	31		本月发生额及余额		8 900	8 900	平	—

表 11－202

账户名称:税金及附加　　　　第　页

年		凭证编号	摘　要	对应账户	借　方	贷　方	借或贷	余　额
月	日							
7	31	转科	（略）		1 000	1 000	平	—
	31		本月发生额及余额		1 000	1 000	平	—

表 11－203

账户名称:主营业务成本　　　　第　页

年		凭证编号	摘　　要	对应账户	借　方	贷　方	借或贷	余　额
月	日							
7	31	转科	（略）		90 000	90 000	平	—
	31		本月发生额及余额		90 000	90 000	平	—

表 11－204

账户名称:营业外支出　　　　第　页

年		凭证编号	摘　　要	对应账户	借　方	贷　方	借或贷	余　额
月	日							
7	31	账 1	（略）	库存现金	1 200			
		转科				1 200	平	—
	31		本月发生额及余额		1 200	1 200	平	—

表 11－205

账户名称:所得税费用　　　　第　页

年		凭证编号	摘　　要	对应账户	借　方	贷　方	借或贷	余　额
月	日							
7	31	转科	（略）		80 232.9	80 232.9	平	—
	31		本月发生额及余额		80 232.9	80 232.9	平	—

表 11－206

账户名称:本年利润　　　　第　页

年		凭证编号	摘　　要	对应账户	借　方	贷　方	借或贷	余　额
月	日							
7	31	转科	（略）		355 000	355 000	平	—
	31		本月发生额及余额		355 000	355 000	平	—

表 11－207

账户名称:利润分配　　　　第　页

年		凭证编号	摘　　要	对应账户	借　方	贷　方	借或贷	余　额
月	日							
7	1		月初余额				贷	210 000
		转科	（略）			162 897.1	贷	372 897.1
	31		本月发生额及余额		—	162 897.1	贷	372 897.1

7. 编制财务报告,见表 11－85 和表 11－86。

四、多栏式日记账账务处理程序的优缺点及其适用范围

采用多栏式日记账账务处理程序,在对货币资金收付业务进行序时记录的同时,也对这些业务按照对应的总分类账户进行了归类,这样,收款凭证和付款凭证的汇总工作与日记账相结合,起到了汇总收款凭证和汇总付款凭证的作用,大大简化了凭证归类和总账的登记工作;同时,日记账中既能反映货币资金的收入和支出合计数,又能反映与其相对应的各个账户发生额合计,其对应账户栏可反映货币资金的来龙去脉。虽然转账凭证科目汇总表没有反映账户之间的对应关系,但企业会计监督的重点是货币资金。但是,在该账务处理程序下,日记账和总账之间不存在核对关系,不利于实行会计的内部牵制制度;如果企业经济业务量大,涉及的账户多,多栏式日记账所设置的专栏势必增多,账页过长,不利于登账。因此,多栏式日记账账务处理程序适用于业务简单、货币资金收付业务较多的单位。

第六节　日记总账账务处理程序

一、日记总账账务处理程序的特点

日记总账账务处理程序的主要特征是所有经济业务都要根据记账凭证直接登记日记总账。采用这种账务处理程序,其凭证和账簿组织,除了设置日记总账外,其他都与记账凭证账务处理程序相同。

二、日记总账账务处理程序的流程

日记总账账务处理程序的流程图,见图 11－5。

图 11－5 具体说明如下:

①根据原始凭证或原始凭证汇总表填制记账凭证;

②根据收款凭证、付款凭证序时、逐笔登记现金日记账和银行存款日记账;

③根据各种记账凭证及所附原始凭证、原始凭证汇总表逐笔登记明细分类账;

④根据各种记账凭证逐项登记日记总账;

⑤月末,日记总账与现金、银行存款日记账和明细账的余额进行核对;

⑥月末,根据核对无误的账簿记录定期编制财务报告。

三、日记总账的登记方法

日记总账是把日记账和总账融为一体的总账(见表 11－208),它是把所有总账科目都集中反映在一张账页上。所有经济业务都按业务发生的时间顺序进行序时逐笔登记,同时根据业务的性质,按科目的对应关系进行总分类记录。

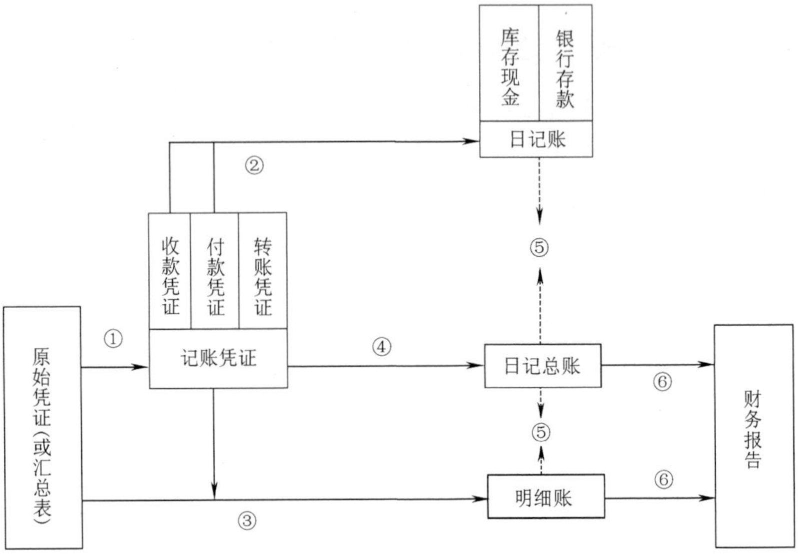

图 11－5　日记总账账务处理程序流程图

表 11－208　　日记总账

年		凭证号数	摘　要	库存现金		银行存款		固定资产		管理费用		短期借款		实收资本		合计	
月	日			借	贷	借	贷	借	贷	借	贷	借	贷	借	贷	借	贷
			期初余额														
			本期发生额														
			期末余额														

在日记总账账务处理程序下，现金和银行存款日记账可以采用三栏式，也可采用多栏式。在采用三栏式现金和银行存款日记账的情况下，可以直接根据收款凭证和付款凭证逐日汇总登记日记总账。月终时，结出合计数与日记账核对。在采用多栏式现金和银行存款日记账的情况下，可以在月终时，根据多栏式现金和银行存款日记账汇总登记日记总账。

对于转账业务，则应根据转账凭证逐日、逐笔登记日记总账。具体登记日记总账时，对每一笔经济业务的借方发生额和贷方发生额都应分别登记在同一行的借方栏和贷方栏内。月终时，应结出各栏的本月发生额合计数，计算各科目的月末借方或贷方余额，核对各科目的借方余额和贷方余额合计数是否相等，以确保账簿记录的正确无误。

四、日记总账账务处理程序的优缺点和适用范围

日记总账账务处理程序的优点是:①可以把所有总账科目都集中在一张账页上,因而可以清晰地反映单位的经济业务全貌,便于进行会计分析;②通过日记总账可以清楚地反映各科目之间的对应关系;③各总账账户余额已集中反映在一张账页上,没有必要另外再编制总账科目余额表,可直接与明细账余额表核对。

日记总账账务处理程序的缺点是:如果企业的业务量较大,运用的科目较多,那么,日记总账的账页势必过宽过长,记账时容易串行、串栏,也不便于账册保管;另外,日记总账记账的工作量也比较大。因此,这种账务处理程序只适用于规模小、业务简单、使用科目少的单位。

复习思考题

1. 试述账务处理程序的意义。
2. 企业设计账务处理程序应符合哪些要求?
3. 如何编制汇总收款凭证、汇总付款凭证和汇总转账凭证?
4. 如何编制科目汇总表?
5. 我国常用的账务处理程序有哪些?它们的特点各是什么?
6. 如何根据多栏式日记账登记总分类账?
7. 试述各种账务处理程序的优缺点及其适用范围。
8. 试比较科目汇总表账务处理程序和汇总记账凭证账务处理程序。

练 习 题

习题一

目的:练习记账凭证账务处理程序。

资料:新大陆公司2017年6月份有关资料如下:

1. 2017年6月30日各账户的期末余额如下:

账户名称	余　额
库存现金	600
银行存款	133 000
应收账款	15 000
其中:M公司	10 000
N公司	5 000

其他应收款	500
原材料	44 000
其中:甲材料 150 吨 单价 220 元	
乙材料 500 吨 单价 22 元	
生产成本	27 000
库存商品	89 500
其中:A 产品 70 件 单位成本 650 元	
B 产品 40 件 单位成本 1 100 元	
固定资产	719 000
坏账准备	400
累计折旧	180 000
短期借款	150 000
应付账款	28 400
其中:A 工厂	20 000
B 工厂	8 400
其他应付款	4 000
应付职工薪酬	7 200
应交税费	12 900
实收资本	480 000
资本公积	45 800
盈余公积	44 500
本年利润	85 000

2. 新大陆公司 2017 年 7 月发生下列经济业务:

(1)7 月 2 日,收到大昌公司投资的新设备一台,设备价款 250 000 元。

(2)7 月 2 日,从银行取得半年期借款 80 000 元,存入银行存款账户。

(3)7 月 3 日,购入生产用设备,价值 80 000 元,增值税 13 600 元。款已通过银行支付。

(4)7 月 6 日,向 A 工厂购入甲材料 200 吨,单价 220 元,货款 44 000 元,增值税款 7 480 元,所有款项均已支付。

(5)7 月 9 日,采购员张三借支差旅费 300 元,用现金支付。

(6)7 月 10 日,向 B 工厂购入乙材料 500 千克,单价 21.8 元,货款 10 900 元,增值税款 1 853 元,货款及增值税已通过银行存款支付。

(7)7 月 10 日,购入上述乙材料过程中,发生运杂费 180 元,已用现金支付。

(8)7 月 10 日,签发转账支票一张,支付前欠 A 工厂的材料款及增值税,共计 51 480 元。

(9)7 月 12 日,采购员张三回厂报销差旅费 220 元,余款 80 元退回。

(10)7 月 13 日,本月采购的上述两种材料均已验收入库,结转已入库材料的采购成本。

(11)7 月 17 日,本月申请短期借款,支付手续费 100 元,从银行存款户开支。

(12)7 月 17 日,销售 A 产品 50 件给 M 公司,每件售价 900 元,价款 45 000 元,增值税款 7650 元,款已收到并存入银行。

(13)7 月 18 日,销售 B 产品 20 件给 N 公司,每件售价 1 500 元,价款 30 000 元,增值税款 5 100 元,货款暂欠。

(14)7 月 19 日,收到 D 公司购买 A 产品的预付款 22 000 元,已存入银行。

(15)7 月 19 日,收到 N 公司偿还前欠购买 B 产品的货款 35 100 元,已存入银行。

(16)7 月 20 日,按合同向 D 公司发出 A 产品 20 件,每件售价 900 元,价款 18 000 元,增值税 3 060 元。从原预收款中扣除应收销货款 21 060 元后,余款 940 元已通过银行退回。

(17)7 月 20 日,用银行存款支付电视台产品广告费 2 000 元。

(18)7 月 23 日,向 M 公司销售甲材料 10 吨,应收价款 2 500 元,增值税额 425 元,货款尚未收到。

(19)7 月 23 日,结转上项销售材料的成本 2 200 元。

(20)7 月 24 日,因债权人原因,原欠某单位的其他应付款 500 元已确实无法支付。

(21)7 月 24 日,赞助某福利机构 2 000 元,已通过银行存款支付。

(22)7 月 26 日,根据有关工资结算凭证,本月分配应付生产工人工资 19 600 元。

(23)7 月 26 日,按生产工人工资总额 14% 的比例计提职工福利费。

(24)7 月 30 日,从银行提取现金 19 600 元,备发工资。

(25)7 月 30 日,以现金发放工资 19 600 元。

(26)7 月 30 日,根据本月材料耗用汇总表,分配已领用的材料。如下表所示:

材料耗用汇总表

2017 年 7 月

材料名称 / 材料用途	甲材料		乙材料		金额合计(元)
	数量(吨)	金额(元)	数量(吨)	金额(元)	
产品生产耗用					
其中:A 产品	100	22 000	150	3 300	25 300
B 产品	50	11 000	300	6 600	17 600
合 计	150	33 000	450	9 900	42 900

(27)7 月 30 日,以银行存款支付行政管理部门购买办公用品 1 000 元。

(28)7 月 30 日,本月已完工产品结转入库,其中 A 产品 50 件,单位成本 650 元;B 产品 20 件,单位成本 1 100 元。

(29)7 月 31 日,按规定计算出本月应交城市维护建设税 2 000 元,应交教育费附加 500 元。

(30)7 月 31 日,结转本月已销售产品的生产成本,其中 A 产品 50 件,单位成本 650 元;B 产品 20 件,单位成本 1 100 元。

(31)7 月 31 日,结转本月实现的各项收入。

(32)7 月 31 日,结转本月发生的各项成本费用和支出。

要求:

(1)开设三栏式现金日记账和三栏式银行存款日记账;开设各有关分类账户,并登记期初余额。

(2)根据企业发生的经济业务编制收款凭证、付款凭证和转账凭证,并登记有关账簿。

(3)月终,结算出各账户的本期发生额及余额,并编制结账后的试算平衡表。

(4)根据有关资料编制财务报告。

习题二

目的:练习汇总记账凭证账务处理程序。

资料:见本章习题一。

要求:

(1)开设各有关总分类账户,并登记期初余额。

(2)根据习题一所编制的记账凭证,按每旬汇总一次,填制汇总收款凭证、汇总付款凭证和汇总转账凭证。

(3)月终,根据汇总记账凭证,登记总分类账和明细分类账,并结算出各账户的本期发生额及余额。

习题三

目的:练习科目汇总表账务处理程序。

资料:见本章习题一。

要求:

(1)开设各有关总分类账户,并登记期初余额。

(2)根据习题一所编制的记账凭证,按旬编制科目汇总表底稿,并编制出科目汇总表。

(3)根据科目汇总表登记各有关总分类账户。

习题四

目的:练习多栏式日记账账务处理程序。

资料:见本章习题一。

要求:

(1)开设多栏式现金日记账和多栏式银行存款日记账,并填入期初余额。

(2)根据习题一中的收款凭证、付款凭证,分别登记多栏式现金日记账、银行存款日记账。

(3)根据习题一中的转账凭证编制转账凭证科目汇总表。

(4)根据多栏式日记账和转账凭证科目汇总表登记总账。

第十二章

会计工作组织

本章要点

合理组织会计工作是提高会计管理水平的重要保证。本章着重阐述会计工作组织的意义、会计机构的设置、会计人员的配备、会计工作规范及会计档案的管理等会计工作组织方面的基本常识。

第一节 会计工作组织的意义和要求

一、会计工作组织的意义

会计工作组织，包括会计人员的配备、会计机构的设置、会计工作规范的制定与执行，以及会计档案的保管。科学组织会计工作的意义主要表现为以下几个方面：

（一）有利于贯彻落实各项会计规范

会计规范就是会计实践活动中应当遵循的法规、规则、典范或惯例等。会计规范对会计这一社会实践活动提出了实践要求和技术要求。例如，在固定资产折旧核算、财务报告的编制、预算的编制、信息反馈和执行等所有会计实务中都存在一定的规范、标准，并受其制约。可见，会计工作质量的好坏依赖于会计规范能否得到有效落实。就会计规范的有效性而言，科学的会计工作组织是其最根本的保证。一个单位，若会计工作组织科学合理，就有利于会计人员依照会计规范开展会计工作；否则，若没有会计组织，或组织不合理，就很难谈得上会计规范的有效性。

（二）有利于提高会计工作的质量和效率

会计工作是一项严密细致的经济管理工作。它经过会计凭证—会计账簿—会计报表等一系列的记录、计算、汇总、分析、检查等处理环节和程序提供会计信息。各种手续、各道步骤及各项数据环环相扣，紧密联系。任何一个环节的缺失，手续的遗漏或数据的错计，都会影响会计信息的正确性和及时性，贻误工作，甚至造成决策的失误。科学地组织会计工作，能使会计工作按预先的手续和处理程序有条不紊地进行，可以最大限度地防止错漏；即使发生错漏，也易于查找和纠正，以此提高会计工作质量和效率。

（三）有利于贯彻落实单位内部的经济责任制

经济责任制是经济管理的有效形式。合理地组织会计工作，有利于会计部门更好地履行自己的经济责任，管好用好资金，增收节支，争取最大的经济效益；同时也有利于建立和落实其他部门的经济责任制。只有通过合理地组织会计工作，才能提供真实可靠的财务指标，实现预期的奖惩效果，经济责任制才能落到实处。可见，加强会计工作组织，有利于推动单位内部各部门更好地履行自己的职责，全面管好单位的各项工作，从而有效地落实单位内部的经济责任制。

（四）有利于正确处理与其他经济管理工作的关系

搞经济离不开管理，搞管理更离不开会计。会计工作与其他经济管理工作有着相互制约、相互促进的关系。科学地组织会计工作，不仅能协调会计工作内部各环节之间的关系，同时还可以促使会计单位内部各部门更好地履行自己的经济责任，真正按照经济核算的原则办事，提高经济管理水平，讲求最佳经济效益。因此，科学地组织会计工作，能够协调会计工作与其他经济管理工作的关系，促进企业整体管理水平和经济效益的提高。

总之,科学地组织管理会计工作,有利于会计主体的经济活动顺利进行,有利于完成会计任务,充分发挥会计职能,并有效地进行科学管理工作,从而提高管理水平和经济效益。

二、会计工作组织的要求

正确地组织会计工作,要遵循以下几项原则:

(一)遵守国家对会计工作的统一规定

在社会主义市场经济条件下,我国企事业单位的经济活动,一方面受市场经济规律的制约,另一方面又是在国家有关的方针、政策、计划和预算的指导下进行的。为了充分发挥会计的作用,便于宏观上进行经济管理,对会计工作的重要方面国家有统一的规定。例如,不管是企业、事业单位,还是机关、团体,都必须贯彻执行《会计法》,各企业必须遵照会计准则和会计制度的规定和要求进行会计核算,选择相应的会计程序和方法,从而能够为国家加强国民经济宏观调控提供所需要的重要指标。遵守国家的统一规定,是组织和处理会计工作的首要原则。

(二)适应本单位生产经营的特点和管理需要

会计主体的经济活动各有特点,比如规模大小不一,业务繁简不同等等,因此管理上对会计信息的要求也不尽相同。在组织会计工作时,既要遵守国家对会计工作的统一规定,又要根据本单位的特点和内部经营管理的实际需要,做出切合实际的安排。例如,大中型工业企业生产规模大,生产工艺复杂,企业内部各部门之间既相互联系又各有分工,会计事项繁多,应实行多级经济核算。小型企业,生产规模小,生产工艺较为简单,会计事项少,应实行厂部一级核算。

(三) 符合精简节约的原则

机构人员要精简,核算所耗人财物要节约。在组织会计工作时,应在保证工作质量的前提下,力求精简节约。会计凭证、账簿和报表的设计以及会计处理程序的制定都应力求简化,会计机构的设置和会计人员的配备也应科学合理。既要把工作做好,又要少耗人力、物力、财力。

(四)遵循内部控制和责任制的要求

遵循内部控制和责任制,要求在组织会计工作时遵循内部控制的原则,在保证贯彻整个单位责任制的同时,建立和完善会计工作自身的责任制。而内部控制的核心是在会计工作的过程中形成相互牵制的机制,防止会计工作中的失误和弊端。对会计工作进行合理分工,不同岗位会计人员各司其职,使得会计工作和会计处理程序达到规范化、制度化和条理化。

三、会计工作组织的内容

(一)设置会计机构

会计机构是会计主体内部组织领导和直接从事会计工作的职能部门,要按照国家的法规及单位业务开展的需要设立会计部门;要建立合理的管理制度,它是开展会计工作的组织保证。

(二)配备会计人员

会计人员是具有一定的专业技能、直接从事会计核算和管理的人员，是会计行为的主体。

(三)制定会计工作规范

会计工作规范是会计工作所应遵循的法律、法规、纪律、制度、原则的总称，它是正确处理会计业务的准绳。

(四)保管和交接会计档案

会计档案是会计凭证、会计账簿和会计报表等会计核算专业材料，它是记录和反映经济业务的重要史料和证据，档案记载着单位以往年度发生的经济行为，应将全部会计资料定期整理成册并归档，妥善保管，由专人负责管理。

第二节　会计机构

一、会计工作的组织形式

(一)独立核算与非独立核算

企业单位的会计核算工作，按其内容是否完整、独立，可分为独立核算和非独立核算两种核算方式。

独立核算是指企业单位对其本身的生产经营活动及其结果进行独立、系统、完整地记账、算账，定期编制反映其财务状况和经营成果的会计报表，并对其经营活动进行分析评价的一系列工作。实行独立核算的单位称为独立核算单位。独立核算单位通常拥有供生产经营用的资财，在银行里独立开设账户，对外办理结算业务，独立编制计划，独立核算，自负盈亏，并单独设置会计机构，配备必要的会计人员。独立核算单位如会计核算业务不多，也可不设专门的会计机构，而只配备专职的会计人员。

非独立核算是指企业单位向上级机构领取一定数额的物资和备用金以从事业务活动，平时只进行原始凭证的填列、整理和汇总，以及现金账、实物账的登记等一系列具体的会计工作。

实行非独立核算的单位称为非独立核算单位，又称为报销单位。非独立核算单位定期向上级解缴收入，报销支出，并定期将有关核算资料报送上级机关，由上级机关汇总记账。非独立核算单位一般不设置专门的会计机构，只需配备专职会计人员，负责处理会计工作。

企业单位是实行独立核算还是非独立核算，取决于经营管理和业务组织上的需要。

(二)集中核算与非集中核算

独立核算单位的会计工作组织形式，可以分为集中核算和非集中核算两种。

集中核算就是记账工作主要集中在会计部门进行，会计部门以外的其他部门和下属单位只对该部门或下属单位发生的经济业务填制原始凭证或原始凭证汇总表，定期送交会计部门，由会计部门审核，然后由会计部门据以填制记账凭证，登记总分类账和明细分类账，编制会计报表。实行集中核算，可以根据会计部门掌握的核算资料，全面了解企业的经济状况，并可以减少核算层次，精简会计人员，有利于单位的会计部门全面了解、掌握本单位的经济活动。

非集中核算又称分散核算，就是会计部门以外的其他部门和下属单位，在会计部门的指导下，分别登记与其业务有关的明细分类账，而会计部门则登记总分类账和另一部分明细分类账，编制会计报表，并进行其他会计工作，并负责指导、检查和督促单位内部各部门和下属单位的核算工作。实行非集中核算，有利于各职能部门和车间随时了解本部门、车间的经济活动情况，及时分析问题和解决问题。

一个单位是采用集中核算还是非集中核算，主要取决于其内部经营管理上的需要。集中核算与非集中核算是相对的，而非绝对的。在一个单位的内部，可以根据管理上的需要对各个业务部门分别采取集中核算或非集中核算，并且集中核算或非集中核算的具体内容和方法也不一定完全相同。但是，无论采取哪一种形式，企业对外的现金收付、银行存款的收付、应收和应付款项的结算，都应集中在会计部门办理。

二、会计机构的设置

会计机构是直接从事和组织领导会计工作的职能部门。企业、事业、机关、团体等单位一般都需要设置从事会计工作的专职机构。建立和健全会计机构是会计工作正常开展的组织保证，是实现会计目标的重要条件。在我国，由于会计工作和财务工作都是综合性的经济管理工作，它们之间的关系非常密切，因此通常把两者合并在一起，设置一个财务会计机构，统一处理财务、会计业务。

《会计法》第三十六条规定："各单位应当根据会计业务的需要，设置会计机构，或者在有关机构中设置会计人员并指定会计主管人员；不具备设置条件的，应当委托经批准设立从事会计代理记账业务的中介机构代理记账。国有的和国有资产占控股地位或者主导地位的大、中型企业必须设置总会计师。总会计师的任职资格、任免程序、职责权限由国务院规定。"

《会计基础工作规范》第六条规定："各单位应当根据会计业务的需要设置会计机构；不具备单独设置会计机构条件的，应当在有关机构中配备专职会计人员。设置会计机构，应当配备会计机构负责人；在有关机构中配备专职会计人员，应当在专职会计人员中指定会计主管人员。"

会计机构的设置一般应满足三个方面的要求：一是应根据业务的需要设置会计机构。《中华人民共和国会计法》规定："各单位根据会计业务的需要设置会计机构，或者在有关机构中设置会计人员并指定会计主管人员。不具备条件的，可以委托经批准设立的会计咨询、服务机构进行代理记账。"二是会计机构内部应建立稽核制度。各单位应在会计机构内部指定专人对会计凭证、账簿、报表及其他会计资料进行审核，防止会计核算的差错和有关人员的舞弊行为。三是会计机构内部应建立钱账分管制度。出纳人员不得兼管稽核、会计档案保管和收入、费用、债权、债务方面账目的登记工作。货币资金和财产物资的收付、结算、审核和登记等方面的工作，不得由一人兼任。

（一）各级主管部门的会计机构

我国企业单位的会计工作，受财政部门和企业主管部门的双重领导。

我国财政部内部设置会计事务管理司，主管全国的会计工作。其主要任务是：负责制订和组织实施全国性的会计法规、准则和制度；负责了解、检查会计工作情况，交流、总结会计工作经验，提出改进和实施意见；负责制定全国会计干部培训计划；管理全国会计干部的技术职称工作；管理、监督注册会计师事务所的业务；组织注册会计师考试，批准注册会计师，颁发注册会计师证书等。地方财政部门一般设置会计处、科、股等机构，主管本地区所属单位的会计工作。

各级业务主管部门一般设置会计（财务）司、局、处、科。这些会计机构负责本系统所属单位的会计工作，它们的主要任务是：根据国家统一会计法规、制度的要求，制定本系统适用的会计法规、制度的实施细则；审核并批复所属单位上报的会计报表，同时汇总编制本系统的汇总会计报表；检查和指导所属单位的会计工作，帮助其解决工作上的问题；总结并组织交流所属单位会计工作的先进经验；核算本单位与财政机关以及上下级之间有关款项缴拨的会计事项，等等。

（二）基层单位的会计机构

为了保证会计工作顺利进行和充分发挥其职能作用，各企业、事业和行政机关等单位一般都应单独设置会计机构。对于一些规模小、会计业务简单的单位，可以不单独设置会计机构，但要在有关机构中设置会计人员并指定会计主管人员，以保证会计工作的正常进行。在一些规模较大的单位，可以根据“统一领导，分级管理”的原则，在单位内部设置各级、各部门的会计组织，称为会计（财务）处、科、股、组等。各单位可以根据会计业务量的多少，单独设置会计组织或设置会计人员。大中型企事业单位要设置总会计师，主管本单位的经济核算和财务工作，总会计师应由会计师以上技术职称的人员担任，小型企业也要指定一名副厂长负责行使总会计师的职责。

基层单位会计机构的主要任务是：组织与处理本单位的会计工作；如实反映本单位的经济情况，及时向有关各方提供有用的会计信息；参与本单位的经济预测和决策；严格贯彻和执行国家的财经制度；管好资金，降低成本，努力提高经济效益等。

会计机构是一个综合性经济管理部门，其职能和单位内部其他各职能部门的工作有着密切的联系，相互制约，相互促进。因此，会计机构要积极主动地为各职能部门、各业务单位服务，共同做好会计工作，顺利完成会计任务。

三、会计机构内部分工与岗位责任制

在会计部门内部，一般需要按照会计工作内容的繁简和会计人员配备的多寡，进行合理的分工。在规模较大的单位里，会计部门下面通常分设若干职能组，并为每组配备若干会计人员，分管会计工作的一个方面。例如，在大、中型工业企业里，会计科一般分设材料组、工资组、成本组、综合组等。

组织健全的单位，还要建立会计工作岗位责任制，就是将会计工作划分为若干个岗位，并为每个岗位规定职责和要求的责任制度。这样可以促使会计人员既相互协作配合，又相互监督促进，以提高工作效率，保证会计工作有序进行。

在企业单位,会计人员的工作岗位一般分为:会计主管,出纳,财产物资核算,工资核算,成本费用核算,收入利润核算,其他往来核算,总分类账核算,稽核,以及综合分析等。对每个工作岗位上会计人员所担负的职责,都要做出详细规定。

会计工作岗位责任制可以实行一人一岗、一人多岗或一岗多人,各种工作岗位也可以根据单位的实际情况或分设或合并或不设。每一个岗位上的会计人员在认真履行本岗位职责的同时,还要与其他岗位上的会计人员密切配合,相互协作,共同做好本单位的会计工作。实行会计工作岗位责任制,并不是要会计人员长期固定在一个岗位上,而应有计划地进行轮换,以便会计人员全面地了解和熟悉各项会计工作,提高业务能力。

第三节 会计人员

一、会计人员

会计人员通常是指在国家机关、社会团体、公司、企业、事业单位和其他组织中从事财务会计工作的人员,包括会计机构负责人或者会计主管人员以及具体从事会计工作的会计、出纳人员等。会计人员也有狭义和广义之分,狭义的会计人员是指在单位或有关会计机构中从事会计工作及会计管理工作的专业技术人员;广义的会计人员除狭义会计人员之外还包括会计中介机构中的有关人员(如注册会计师)。企业、事业、机关、团体等单位的会计机构,都应根据实际需要配备一定数量的会计人员,执行各项会计工作。

会计人员应当具备从事会计工作所需要的专业能力。担任单位会计机构负责人(会计主管人员)的,应当具备会计师以上专业技术职务资格或者从事会计工作 3 年以上经历。

二、会计人员的职责与权限

(一)会计人员的职责

我国《会计法》规定:"会计机构、会计人员依照本法规定进行会计核算,实行会计监督。"进行会计核算、实行会计监督是法律赋予会计机构、会计人员的一种责任,会计机构、会计人员有责任、有义务依法做好会计核算和监督工作。

会计人员的职责就是及时提供相关、可靠的会计信息,贯彻执行国家财政制度和财经纪律,积极参与经营管理,提高经济效益。会计人员的职责主要有以下几个方面:

1. 进行会计核算。进行会计核算,及时地提供真实完整的、能满足有关各方需要的会计信息,是会计人员最基本的职责,也是做好会计工作最起码的要求。

按照我国《会计法》的规定,下列经济交易或事项,应当办理会计手续,进行会计核算:①款项和有价证券的收付;②财物的收发、增减和使用;③债权债务的发生和结算;④资本、基金的增减;⑤收入、支出、费用、成本的计算;⑥财务成果的计算和处理;⑦需要办理会计手续、进行会计核算的其他事项。

会计人员要以实际发生的经济业务为依据，计账、算账、报账，做到手续完备，内容真实，数字准确，日清月结，按期报账，如实反映本单位的财务状况、经营成果和现金流量情况，满足会计信息使用者了解本单位真实经济状况的需要。进行会计核算，是会计人员最基本的职责，也是做好会计工作最起码的要求。

2. 实行会计监督。按照我国《会计法》的规定，各单位应当建立、健全本单位内部会计监督制度，会计人员应当对本单位各项交易或事项和会计手续的合法性、合理性进行监督。

会计人员对违反会计法和国家统一的会计制度规定的会计事项，有权拒绝办理或者按照职权予以纠正。会计人员发现记载不准确、不完整的原始凭证，应当予以退回，并要求按照国家统一的会计制度的规定更正、补充。会计人员发现会计账簿记录与实物、款项及有关资料不相符的，按照国家统一的会计制度的规定有权自行处理的，应当及时处理；无权处理的，应当立即向单位负责人报告，请求查明原因，做出处理。

与此同时，各单位必须按照法律和有关法规的规定，接受财政、审计、税务、中国人民银行、证券监管、保险监管等监督检查部门对本单位依法实施的监督检查，如实提供会计凭证、会计账簿、财务会计报告和其他会计资料以及有关情况，不得拒绝、隐匿、谎报。有关法律、行政法规规定，须经注册会计师进行审计的单位，还应当向接受委托的会计师事务所如实提供会计凭证、会计账簿、财务会计报告和其他会计资料以及有关情况。除了进行会计核算、实行会计监督以外，各单位的会计人员还应当参与制订经济计划、业务计划，编制预算和财务计划等，并考核、分析其执行情况；应当办理其他会计事项等。

3. 拟定本单位办理会计事务的具体办法。国家统一的会计法规只对会计工作管理和会计事务处理办法做出一般规定。各单位要依据国家的会计法规，结合本单位的生产经营特点和管理需要，建立、健全本单位内部的会计事项处理办法。

4. 参与经营管理，提高经济效益。会计人员要按照经济责任制的原则要求，分解各项指标，归口落实责任；会计人员要深入生产经营第一线，以便了解生产经营的真实情况和预算执行情况；运用专业知识，考核资金的使用效果，以便发现问题、解决问题；参与预测和决策，提高本单位的经营水平，讲求最大的经济效益。

（二）会计人员的权限

会计人员要有效地履行职责，必须有一定的权限，其权限主要有以下几方面：

1. 有权要求本单位的有关部门和人员认真遵守国家的财经纪律和财务会计制度。如有违反会计制度的行为，会计人员有权拒绝付款，拒绝报销或拒绝执行，并向本单位领导人报告。对于弄虚作假、营私舞弊、欺骗上级等违法乱纪行为，会计人员必须坚决拒绝执行，并向本单位领导人或上级机关、财政部门报告。

2. 有权参与本单位编制计划，制定定额，签订经济合同，参加有关生产经营管理的会议；有权提出有关财务开支和经济效益方面的问题和意见，合理的意见要予以采纳。

3. 有权监督、检查本单位有关部门的财务收支、资金使用和财产保管、收发、计量、检验等情况，有关部门要提供资料，如实反映情况。

为了保障会计人员依法履行会计核算、会计监督的职责和行使会计工作权限，我国《会计法》规定，任何单位或者个人不得以任何方式授意、指使、强令会计机构、会计人员伪造、变造会计凭证、会计账簿和其他会计资料，提供虚假财务会计报告；任何单位或者个人不得对依法履行职责、抵制违反会计法规定行为的会计人员实行打击报复。如果有人对会计人员坚持原则、反映情况进行刁难、阻挠或打击报复，上级机关要查明情况，严肃处理，情节严重的，要给以党纪国法制裁。与此同时，对于认真执行《会计法》、忠于职守、坚持原则、做出显著成绩的会计人员，应当给予精神的或者物质的奖励。

三、会计人员专业技术职务

为了合理使用会计人员，充分调动会计人员的积极性和创造性，国家在企业、行政、事业单位的会计人员中实行专业技术职务制度。根据我国中央职称改革工作领导小组1986年4月10日颁发的《会计专业职务试行条例》，目前会计人员专业技术职务资格定为四个级别，即会计员、助理会计师、会计师、高级会计师。会计人员专业技术职务资格分为三个档次：会计员和助理会计师为初级职称；会计师为中级职称；高级会计师为高级职称。

（一）会计员

对会计员的基本要求是：初步掌握财会知识和技能，熟悉并执行有关会计法规和财务会计制度；能独立担负一个岗位的财务会计工作；大学专科或中等专业学校毕业，在财会工作岗位上见习1年期满。

会计员的基本职责是：负责审核和办理单位的财务收支；编制记账凭证；登记会计账簿；编制会计报表；办理其他会计事务。

（二）助理会计师

助理会计师也称初级会计师。对助理会计师的基本要求是：掌握一般的财务会计基础理论和专业知识；熟悉并能正确执行有关的财经政策、方针和财务会计法规、制度；可以担任一个岗位或某个重要岗位的财务会计工作；取得会计初级职称资格。

助理会计师的基本职责是：负责草拟一般的财务会计制度、规定、办法；解释、解答财务会计法规、制度中的一般规定；分析、检查某一方面或某些项目的财务收支和预算的执行情况。

（三）会计师

对会计师的基本要求是：较系统地掌握财务会计基础理论和专业知识；掌握并能正确贯彻执行有关的财务方针、政策和财务会计法规、制度；具有一定的财会工作经验，能担负一个单位或管理一个地区、一个部门的财会工作；取得博士学位并具有履行会计师职责的能力；取得硕士学位并担任助理会计师职务2年左右；取得第二学士学位或研究生班结业证书，并担任助理会计师职务2～3年；大学本科或大学专科毕业并担任助理会计师职务4年以上；掌握一门外语，并取得会计从业中级资格。

会计师的基本职责是：负责草拟比较重要的财会制度、规定、办法；解释和解答财务会计法规、制度中的重要问题；分析、检查财务收支和预算执行情况；培养初级会计人员。

(四)高级会计师

各省市对高级会计师的资格要求不尽相同,但从总体看,其基本要求一般是:较系统地掌握经济、财务会计理论和专业知识;具有较高的政策水平和丰富的财务会计工作经验;能担负一个地区、一个部门或一个系统的财务会计管理工作;取得博士学位,并担任会计师职务2~3年;取得硕士学位、第二学士学位或研究生班结业证书,或大学本科毕业并担任会计师职务5年以上。

高级会计师的基本职责是:负责草拟和解释、解答在一个地区、一个部门、一个系统或在全国施行的财务会计法规、制度、办法;组织和指导一个地区或一个部门、一个系统的经济核算和财务会计工作;培养中级以上会计人员。

四、会计机构负责人

会计机构负责人是在一个单位内具体负责会计工作的中层领导人员。在单位负责人的领导下,会计机构负责人负有组织、管理本单位所有会计工作的责任。《会计法》规定,担任会计机构负责人(会计主管人员)的,需具备会计师以上技术职称或者从事会计工作3年以上经历。

企业、事业、行政机关单位的会计机构负责人,是各单位会计工作的领导者和组织者。应按照国家统一的会计法规、制度,结合本单位的具体情况,主持制定本单位的会计制度和实施办法,领导和组织本单位的会计工作,并督促会计人员贯彻执行;会计机构负责人应参与本单位的经营决策,主持制定和考核财务计划或预算;应经常研究工作,总结经验,不断改进和完善会计工作;应组织会计人员学习,提高会计人员素质,考核会计人员的工作,合理调配会计人员。

五、总会计师

《会计法》第三十六条规定:"国有的和国有资产占控股地位或者主导地位的大、中型企业必须设置总会计师。总会计师的任职资格、任免程序、职责权限由国务院规定。"

1990年底,国务院发布施行了《总会计师条例》。条例明确规定:总会计师是单位行政领导成员,协助单位主要行政领导人工作,直接对单位主要行政领导人负责;总会计师组织领导本单位的财务管理、成本管理、预算管理、会计核算和会计监督等方面的工作,参与本单位重要经济问题的分析和决策,并具体组织本单位执行国家有关财经法律、法规、方针、政策和制度,保护国家财产。

总会计师应当坚持社会主义方向,坚持原则,廉洁奉公,具有较高的理论政策水平,熟悉国家的财经纪律、法规、方针和政策。总会计师应当熟悉本行业情况,有较强的组织领导能力,身体健康,胜任本职工作。担任总会计师,必须要在取得会计师专业技术资格后,主管一个单位或者单位内部一个重要方面的财务会计工作的时间不少于3年。

(一)总会计师的职责

总会计师的职责主要包括两个方面:一是由总会计师负责组织的工作。包括编制和执行预算、财务收支计划、信贷计划，拟定资金措施和使用方案，开辟财源，有效地使用资金；进行成本费用预测、计划、控制、核算、分析和考核，督促本单位有关部门降低消耗、节约费用、提高经济效益；建立健全经济核算制度，利用财务会计资料进行经济活动分析；总会计师负责对本单位财会机构的设置和会计人员的配备、会计专业职务的设置和聘任提出方案；组织会计人员的业务培训和考核；支持会计人员依法行使职权。二是由总会计师协助、参与的工作。包括总会计师协助单位主要行政领导人对企业的生产经营、行政事业单位的业务发展以及基本建设投资问题做出决策；总会计师参与新产品开发、技术改造、科技研究、商品（劳务）价格和工资、奖金等方案的制订；参与重大经济合同和经济协议的研究、审查；承办单位主要行政领导人交办的其他工作。

（二）总会计师的职权

总会计师具体组织本单位执行国家有关财经法律、法规、方针、政策和制度，保护国家财产。总会计师的权限有以下几个方面：

1. 对违法违纪问题的制止、纠正权。总会计师对违反国家有关财经法律、法规、方针、政策、制度和有可能在经济上造成损失、浪费的行为，有权制止或者纠正；制止或纠正无效时，提请单位负责人处理。单位主要行政领导人不同意总会计师对前款行为的处理意见的，总会计师应当依照《中华人民共和国会计法》第十九条执行。

2. 建立健全单位核算制度的组织、领导权。总会计师有权组织本单位各职能部门、直属基层组织的经济核算、财务会计和成本管理方面的工作。

3. 审批签署权。总会计师主管审批财务收支工作。除一般的财务收支可以由总会计师授权的财会机构负责人或其他指定人员审批外，重大的财务收支须经总会计师审批或者由总会计师报单位主要行政领导人批准；预算、财务收支计划、成本和费用计划、信贷计划、财务专题报告、会计决算报表，须经总会计师签署。涉及财务收支的重大业务计划、经济合同、经济协议等，在单位内部须经总会计师会签。

4. 对本单位会计人员的管理权。会计人员的任用、晋升、调动、奖惩，应当事先征求总会计师的意见。财会机构负责人或者会计主管人员的人选，应当由总会计师进行业务考核，依照有关规定审批。

总会计师职权受国家法律保护。单位负责人应当支持并保障总会计师依法行使职权。单位负责人阻碍总会计师行使职权的，以及对其打击报复或者变相打击报复的，上级主管单位应当根据情节给予行政处分。情节严重，构成犯罪的，由司法机关依法追究其刑事责任。

六、会计人员职业道德

（一）会计职业道德的概念及其作用

职业道德是就职人员的职业品质、工作作风和工作纪律的统一。会计人员职业道德是会计人员在会计工作中应当遵循的与其特定职业活动相适应的行为规范。会计职业道德是会计人员在其工作中正确处理人与人之间、个人与社会之间关系的行为规范和准则。它体现了社会主义经济利益对会计工作的要求，是会计人员在长期实践中形成的。加强会计职业道德建设，提高会计人员的道德素质，对于正确贯彻国家有关政策法令,加强企业管理,提高经济效益,具有十分重要的意义。

会计职业道德的作用主要表现在以下几方面:

1. 会计职业道德是实现会计目标的重要保证。会计目标是会计实践活动所要达到的境界或标准。从会计职业道德角度讲,会计目标就是为会计职业关系中的各个服务对象提供可靠、相关的会计信息。能否及时提供有用的会计信息,取决于会计人员能否严格履行会计人员工作规范,如果会计人员提供了不相关、不可靠的会计信息,则会导致信息使用者的错误决策,甚至导致社会经济秩序混乱,严重背离了会计目标。

2. 会计职业道德是会计行为规范化的基础。动机是行为的先导,有什么样的动机就有什么样的行为。会计职业道德对会计的行为动机提出了一定的要求,如爱岗敬业、实事求是、客观公正,这些作为会计人员内心信念的准绳和规范,直接决定着会计行为的规范化。

3. 会计职业道德是调整会计职业关系的重要手段。会计职业关系是会计人员和会计机构,在从事会计职业活动中与本单位内外部产生的各种经济关系。虽然会计职业关系不是仅靠会计职业道德来调整,但是会计职业道德在调整会计职业关系中的作用是无可替代的,它是对法律规范的重要补充。

(二)会计职业道德的内容

按照财政部1996年发布的《会计基础工作规范》,会计职业道德主要包括以下几方面的内容:

1. 敬业爱岗。这是财会人员职业道德规范的首要前提。它要求财会人员充分认识本职工作在整个经济和社会发展过程中的地位和作用,在工作中自觉主动地履行岗位职责,正确处理责、权、利三者关系;严格遵守财经法规和核算规程,杜绝渎职行为,更不得搞账外账甚至做假账。

2. 熟悉法规。法制意识是维护社会主义市场经济秩序、在法律的范围内进行经营活动的重要前提。会计工作不只是单纯的记账、算账、报账工作,会计工作时时、事事、处处涉及执法守规方面的问题。会计人员不单应当自己熟悉财经法律、法规和国家统一的会计制度,还要能结合会计工作进行广泛宣传;做到在自己处理各项经济业务时知法依法、知章循章,依法把关守口,对服务和监督对象则能够进行会计法制宣传,增强他们的法制观念,帮助他们辨明法律上的是与非,促使他们在日常经济活动中依法办事,避免不轨行为。

3. 依法办事。会计人员应当按照会计法律、法规、规章规定的程序和要求进行会计工作,保证所提供的会计信息合法、真实、准确、及时、完整,不但要体现在会计凭证和会计账簿的记录上,还要体现在财务报告方面,使单位外部的投资者、债权人、社会公众以及社会监督部门能依照法定程序得到可靠的会计信息资料。为此,会计人员必须敢于抵制歪风邪气,同一切违法乱纪的行为做斗争,树立自己职业的形象和职业人格的尊严。

4. 客观公正。会计人员在办理会计事务中,应当实事求是、客观公正。公正的本质体现为合理性,对一些特殊会计事项的处理必须坚持公正合理的原则,这不仅是职业道德规范的要求,也是财会人员个人品德的体现。财会工作的首要职能就是对各项经济活动进行客观公正的记录与反映，其本质特征体现为“真实性”，离开了实际发生的客观经济事项去进行会计处理只能是造假账。

5. 搞好服务。会计工作的特点决定会计人员应当熟悉本单位的生产经营和业务管理情况，以便运用所掌握的会计信息和会计方法，为改善单位的内部管理、提高经济效益服务。社会主义市场经济体制的建立为企业和实行企业化管理的事业单位开辟了广阔的天地，在这片广阔天地里驰骋需要有过硬的业务本领和服务意识。会计工作是经济管理工作的一部分，把这部分工作做好对所在单位的经营管理至关重要，这也正是会计人员的责任所在。

6. 保守秘密。会计人员应当保守本单位的商业秘密，除法律规定和单位领导人同意外，不能私自向外界提供或者泄露单位的会计信息。会计人员由于工作性质的原因，有机会了解到本单位的重要机密，如对企业来说，关键技术、工艺规程、配方、控制手段和成本资料等都是非常重要的机密，这些秘密一旦泄露给竞争对手，会给本单位的经济利益造成重大的损害，对被泄密的单位是非常不利的。所以，泄露本单位的商业秘密，是一种很不道德的行为。会计人员应当知晓泄露商业秘密是大忌，对于自己知悉的内部秘密，任何时候、任何情况下都要严格保密。

会计职业道德是提高会计队伍素质的重要条件，也是会计这一职业得以蓬勃发展的基石。社会对会计人员职业素质的要求越来越高，提倡会计职业道德，讲诚信，结合会计实践活动，进行职业道德教育和训练，促进会计人员的自我完善，有利于造就高素质的会计队伍。

七、会计人员工作交接

会计人员工作交接是会计工作中的一项重要内容。《会计法》第四十一条规定：“会计人员调动工作或者离职，必须与接管人员办清交接手续。一般会计人员办理交接手续，由会计机构负责人（会计主管人员）监交；会计机构负责人（会计主管人员）办理交接手续，由单位负责人监交，必要时主管单位可以派人会同监交。”这是对会计人员工作交接问题做出的法律规定。做好会计交接工作，可以使会计工作前后衔接，保证会计工作连续进行；做好会计交接工作，可以防止因会计人员的更换出现账目不清、财务混乱等现象；做好会计交接工作，也是分清移交人员和接管人员责任的有效措施。除《会计法》规定的会计人员在调动工作或离职时必须办理会计工作交接的情形之外，会计人员在临时离职或其他原因暂时不能工作时，也应办理会计工作交接，《会计基础工作规范》对此做了进一步的规定：

（1）临时离职或因病不能工作、需要接替或代理的，会计机构负责人（会计主管人员）或单位负责人必须指定专人接替或者代理，并办理会计工作交接手续。

（2）临时离职或因病不能工作的会计人员恢复工作时，应当与接替或代理人员办理交接手续。

（3）移交人员因病或其他特殊原因不能亲自办理移交手续的，经单位负责人批准，可由移交人委托他人代办交接，但委托人应当对所移交的会计凭证、会计账簿、财务会计报告和其他有关资料的真实性、完整性承担法律责任。

(一)移交前的准备工作

会计人员调动工作或离职,必须与接管人员办清交接手续。移交人在移交前应做好以下准备工作:

1. 已经受理的经济业务尚未填制会计凭证的应当填制完毕。

2. 尚未登记的账目应当登记完毕,结出余额,并在最后一笔余额后加盖经办人印章。

3. 整理好应该移交的各项资料,对未了事项和遗留问题要写出书面说明材料。

4. 编制移交清册,列明应移交的会计凭证、账簿、财务报告、公章、现金等其他会计资料和物品等内容;实行电算化的单位应列明会计软件及密码、会计软件数据盘、磁带等内容。

5. 会计机构负责人移交时,应将财务会计工作、重大收支问题和会计人员的情况向接替人员介绍清楚。

(二) 移交点收

1. 现金要按账簿记录余额进行当面点交,接管人员发现不一致或“白条顶库”现象时,移交人员在规定期限内负责查清处理;

2. 有价证券的数量要与账簿记录一致,不一致时,按账簿余额交接;

3. 会计凭证等会计资料必须完整无缺,如有短缺,必须查明原因,并在移交清册中说明,由移交人负责;

4. 银行存款账户余额要与银行对账单核对相符;

5. 公章、收据、空白支票、发票、科目印章以及其他物品等必须交接清楚;

6. 实行电算化的单位,交接双方应在电子计算机上对有关数据进行实际操作,确认有关数字正确无误后,方可交接。

(三)专人负责监交

为了明确责任,会计人员办理工作交接时,必须有专人负责监交。通过监交,保证双方都按照国家有关规定认真办理交接手续,防止流于形式,保证会计工作不因人员变动而受影响;保证交接双方处在平等的法律地位上享有权利和承担义务,不允许任何一方以大压小,以强凌弱,或采取非法手段进行威胁。移交清册应当经过监交人员审查和签名、盖章,作为交接双方明确责任的证件。对监交的具体要求是:

1. 一般会计人员办理交接手续,由会计机构负责人(会计主管人员)监交。

2. 会计机构负责人(会计主管人员)办理交接手续,由单位负责人监交,必要时主管单位可以派人会同监交。所谓必要时由主管部门派人会同监交,是指有些交接需要主管单位监交或者主管单位认为需要参与监交。通常有三种情况:一是所属单位负责人不能监交,需要由主管单位派人代表主管单位监交。如因单位撤并而办理交接手续等。二是所属单位负责人不能尽快监交,需要由主管单位派人督促监交。如主管单位责成所属单位撤换不合格的会计机构负责人(会计主管人员),所属单位负责人却以种种借口拖延不办交接手续时,主管单位就应派人督促会同监交等。三是不宜由所属单位负责人单独监交,而需要主管单位会同监交。如所属单位负责人与办理交接手续的会计机构负责人(会计主管人员)有矛盾,交接时需要主管单位派人会同监交,以防可能发生单位负责人借机刁难等。此外，主管单位认为交接中存在某种问题需要派人监交时，也可派人会同监交。

（四）交接后事宜

1. 会计工作交接完毕后，交接双方和监交人在移交簿册上签名或盖章，并应在移交清册上注明：单位名称、交接日期、交接双方和监交人职务、姓名、移交清册页数及需要说明的问题和意见等。

2. 接管人员应该继续使用移交前的账簿，不得擅自另立账簿，以保证会计记录前后衔接，内容完整。

3. 移交清册一般应填制一式三份，交接双方各执一份，存档一份。

交接工作完成后，移交人员所移交的会计凭证、会计账簿、财务会计报告和其他会计资料在其经办会计工作期间发生的，移交人员应当对这些会计资料的真实性、完整性负责，即使接替人员在交接时因疏忽没有发现所接会计资料在真实性、完整性方面的问题，如事后发现应由原移交人员负责，原移交人员不应以会计资料已移交而推脱责任。

（五）移交后的责任

《会计基础工作规范》第三十五条规定："移交人员对所移交的会计凭证、会计账簿会计报表和其他会计资料的合法性、真实性承担法律责任。"这就是说如果移交人员所移交的会计资料是在其经办会计工作期间内发生的，那么他就应当对这些会计资料的合法性、真实性负责，即使接替人员在交接时因疏忽没有发现所接会计资料在合法性、真实性方面的问题，如事后发现，也应由原移交人员负责，原移交人员不应以会计资料已经交接而推卸责任；如果所发现的会计资料真实性、合法性方面的问题不在原移交人员的经办期间发生，而是在其后，则不应由原移交人员承担责任，而应由接管人员承担责任。

会计交接是一项严肃认真的工作，这不仅涉及会计工作的连续性，而且关系到有关人员的法律责任。因此要求交接双方和监交人员以及其他的相关人员，必须认真对待，不得敷衍了事、马虎应付。

第四节　会计工作规范

会计工作规范是管理会计工作的各种法律、法令、条例、规则、章程、制度等规范性文件的总称。它是以一定的会计理论为基础，根据国家的财经方针、政策，将会计工作所应遵循的各项原则和方法用法规的形式肯定下来，保证会计工作按照一定的目标进行。

一、会计工作规范的意义和种类

为了保证会计工作的顺利进行，会计工作必须做到有法可依，有章可循。会计工作规范的科学制定和有效实施可以保证会计工作符合预定目标，有利于在经济活动中具体贯彻财经方针和政策，执行财经纪律；有了完善的会计工作规范，便能保障会计人员依法行使职权，充分发挥会计人员的作用；有了完善的会计工作规范，会计工作才有法可依，有章可循，从而保证会计工作规范、有序地进行。会计工作规范包括会计法律、会计行政规范、会计部门规章和地方性会计规章。

二、会计法律

法律是由国家立法机构制定的，具有高度的强制性、严肃性、规范性和可执行性等特点，它一般只说明应该如何做以及不准做什么，违反了如何处置，并不阐明道理。

会计法律是指为了体现国家利益和根本意志而由国家立法机关经过一定的立法程序制定的，强迫会计行为主体必须实施，用以指导会计工作、调整经济生活中会计关系的法律。在会计规范体系中，会计法律最具权威性、最具约束力。为了规范会计工作，世界各国通常都会以不同形式制定会计法律。

会计法律作为经济法律的一部分，既可以单独成法，又可并入其他经济法律（如《公司法》、《税法》）当中。英国的《公司法》和日本的《商法》，都有一些有关会计实务标准的条款。在我国，1999 年 10 月 31 日第九届全国人大常委会第十二次会议修订通过的《中华人民共和国会计法》（下文简写为《会计法》）是一部独立的会计法。同样，我国的《税法》《公司法》等也涉及一些财务会计标准的条款。

我国的会计法律是由国家最高权力机关——全国人民代表大会及其常务委员会制定，以中华人民共和国主席令的形式颁布实施的会计法律规范，它是会计工作的基本大法，在会计规范体系中处于最高层次，是制定其他各层次会计规范的基本依据。《中华人民共和国会计法》是调整我国经济生活中会计关系的法律总规范，是会计法律制度中层次最高的法律规范，是制定其他会计法规的依据，也是指导会计工作、规范会计行为的最高准则。1985 年 1 月 21 日，第六届全国人大常委会第九次会议审议通过了《中华人民共和国会计法》，标志着我国会计工作开始进入法制阶段。1993 年 12 月 29 日第八届全国人大常委会第五次会议审议通过了《关于修订 < 中华人民共和国会计法 > 的决定》。这次修订的内容包括：扩大了会计法的适用范围，改变了我国会计法规范的实体仅限于国家政府机关和国有企业的局面；强调了会计工作在社会主义市场经济中的地位和作用；突出了单位领导人的责任；明确了执法部门，落实了法律责任。

1999 年 10 月 25 日第九届全国人大常委会第十二次会议审议通过了《会计法修订草案》，10 月 31 日第九届全国人大常委会第十二次会议举行全体会议，表决通过了经修订后的《中华人民共和国会计法》，自 2000 年 7 月 1 日起施行，这是我国对会计法进行的第二次修订。修订后的《会计法》具有以下特色：

（1）突出了立法宗旨。即以“规范会计行为，保证会计资料真实、完整，加强经济管理和财务管理，提高经济效益，维护社会主义市场经济秩序”作为我国会计法的宗旨。

（2）突出了单位负责人的法律责任。“是指单位法定代表人或者法律、行政法规规定代表单位行使职权的主要负责人”，应对本单位一切事务包括会计事务负责。

（3）完善了会计记账规则。其中包括：

①对各单位依法设置会计账簿提出了总体要求。

②规定各单位必须根据实际发生的经济业务进行会计核算。

③对会计凭证的填制,账簿的设置、登记,财务会计报告的编制和报告等作了完善性规定。

④加强会计监督,强化了会计的监督职能。

⑤对会计人员素质和资格进行了法律认定。

⑥法律责任具体化,确定了量刑标准。

2017年11月4日下午,十二届全国人大常委会第三十次会议表决通过了关于修改《会计法》的决定。决定自2017年11月5日起施行。新法修改了“从事会计工作的人员,必须取得会计从业资格证书”的规定,改为“会计人员应当具备从事会计工作所需要的专业能力。”与此同时,这次修订进一步加大了会计违法行为的责任,如原《会计法》第四十条第一款规定,“因有提供虚假财务会计报告,做假账,隐匿或者故意销毁会计凭证、会计账簿、财务会计报告,贪污,挪用公款,职务侵占等与会计职务有关的违法行为被依法追究刑事责任的人员,不得取得或者重新取得会计从业资格证书”。新《会计法》将最后一句修改为“不得再从事会计工作”,等于对与会计职务犯罪有关被依法追究责任的人员设立了终身禁入的规定。再如原《会计法》第四十二条第三款规定:“会计人员有第一款所列行为之一,情节严重的,由县级以上人民政府财政部门吊销会计从业资格证书”。新《会计法》将最后一句修改为“五年内不得从事会计工作”。其他责任条款,如第四十三条第二款,第四十四条第二款也同样设立了5年禁入期。

目前,我国最主要的会计法律是《中华人民共和国会计法》。同时,我国规范会计行为的专业法律还有《中华人民共和国注册会计师法》《中华人民共和国审计法》。此外,《中华人民共和国公司法》、《中华人民共和国外资企业法》、《中华人民共和国企业破产法》、《中华人民共和国证券法》、《中华人民共和国经济合同法》以及各项税法等经济法律的相关条款,也有对相关会计行为的法律规定。会计法律是以国家政权为后盾的,它以法律的形式规定会计核算的责任要求和技术要求,有利于从国民经济宏观角度加强对企业财务会计的管理。

三、会计行政规范

我国的会计行政法规是指由国家最高行政机关——国务院根据会计法律制定,以中华人民共和国国务院令的形式颁布实施的会计规范。在会计规范体系中,会计行政法规的权威性、约束力仅次于会计法律。

会计行政法规一般以条例的名义发布。我国现行的会计行政法规主要有2000年6月21日中华人民共和国国务院令第287号发布、2001年1月1日起施行的《企业财务会计报告条例》,和1990年12月31日中华人民共和国国务院令第72号发布、1990年12月31日起施行的《中华人民共和国总会计师条例》。

四、会计部门规章

会计部门规章由国务院各部委、中国人民银行、审计署和具有行政管理职能的直属机构制定。如主管全国会计工作的行政部门——财政部发布的《企业会计准则》《会计基础工作规范》等均属会计规章。国务院其他部门制定的会计规范性文件也属于会计规章,但必须报财政部批准。会计部门规章内容详细具体,业务技术性强,涉及面宽,并且变化性大。

由财政部门制定的会计部门规章称为国家统一的会计制度。它包括国家统一的会计核算制度、国家统一的会计监督制度、国家统一的会计机构和会计人员制度、国家统一的会计工作管理制度等。

(一)企业会计准则

会计准则一般定义为得到公认的指导会计实务的规范。即会计人员在对会计主体的经济活动进行会计处理时,应当采用会计准则规定的程序和方法,以保证会计信息的质量。会计准则主要规范会计确认、计量和报告的基本原则,它又分为企业会计准则、事业单位会计准则等。在我国,企业会计准则又包括基本准则和具体准则。中国新的企业会计准则体系,由基本准则、具体准则和应用指南三部分构成,需要全面贯彻执行。按照财政部的规定,执行新会计准则体系的企业,不再执行 1992 年颁布的企业会计准则、2000 年颁布的企业会计制度和相关的解答文件。

1. 基本准则。我国企业会计准则中的基本准则是企业会计准则体系的概念基础,是企业会计准则体系的"纲",在企业会计准则体系中起着统驭和指导作用,是制定具体准则和应用指南的依据。

如前所述,我国现行企业会计准则中的基本准则是财政部于 2006 年 2 月 15 日发布的《企业会计准则——基本准则》,它类似于国际会计准则理事会的《编制财务报表的框架》和美国等国家或地区的"财务会计概念框架"。该准则是在 1992 年发布的《企业会计准则》的基础上,立足于我国国情并积极借鉴国际惯例而重新修订、发布实施的,它的制定吸收了当代财务会计理论研究的最新成果,反映了当前我国企业会计实务发展的内在需要。该准则共 11 章 50 条,主要就准则制定的目的和适用范围、财务会计报告的目标、财务会计报告使用者、会计基本假设、企业会计记账基础、企业应当采用的记账方法、会计信息质量要求、会计要素的定义、会计要素的确认条件、会计计量属性、财务会计报告体系等问题做出了规定。

2. 具体准则。我国企业会计准则中的具体准则是"目",是依据基本准则的原则要求,对特定交易或事项或者特定财务报表项目做出的具体规定。

如前所述,财政部于 2006 年 2 月 15 日发布了 38 项企业会计准则,其中,有 16 项是对 2005 年前我国已经发布的具体准则的修订和进一步完善,有 22 项是全新制定的。2014 年,财政部又陆续修订、制定了 7 项具体准则,其中,制定了《企业会计准则第 39 号——公允价值计量》《企业会计准则第 40 号——合营安排》《企业会计准则第 41 号——在其他主体中权益的披露》,修订印发了《企业会计准则第 2 号——长期股权投资》《企业会计准则第 9 号——职工薪洲》《企业会计准则第 30 号——财务报表列报》《企业会计准则第 33 号——合并财务报表》。2017 年 4 月 28 日,财政部发布了《企业会计准则第 42 号——持有待售的非作流动资产、处置组和终止经营》。

日前,我国的具体会计准则共 42 项。我国的具体会计准则大体上可以分为三类:第一类是共性或通用具体准则,即用来规范所有企业一般都可能发生的交易或事项的具体准则,如“存货”“长期股权投资”“固定资产”“无形资产”“资产减值”“职工薪酬”“收入”“所得税”等具体准则;第二类是特殊性具体准则,即用来规范一般企业的特殊性交易或事项和特殊行业的交易或事项的具体准则,如“投资性房地产”“生物资产”“非货币性资产交换”“建造合同”“租赁”“金融工具确认和计量”“金融资产转移”“套期保值”“原保险合同”“再保险合同”“石油天然气开采”“持有待售的非流动资产、处置组和终止经营”等具体准则;第三类是报告类具体准则,即用来规范企业财务会计报告编制和会计信息披露的具体准则,如“财务报表列报”“现金流量表”“中期财务报告”“合并财务报表”“关联方披露”等具体准则。

表 12-1　　我国企业具体会计准则一览表

序号	企业会计准则编号	具体会计准则名称	序号	企业会计准则编号	具体会计准则名称
1	第 1 号	存货	22	第 22 号	金融工具确认和计量
2	第 2 号	长期股权投资	23	第 23 号	金融资产转移
3	第 3 号	投资性房地产	24	第 24 号	套期保值
4	第 4 号	固定资产	25	第 25 号	原保险合同
5	第 5 号	生物资产	26	第 26 号	再保险合同
6	第 6 号	无形资产	27	第 27 号	石油天然气开采
7	第 7 号	非货币性资产交换	28	第 28 号	会计政策、会计估计变更和差错更正
8	第 8 号	资产减值	29	第 29 号	资产负债表日后事项
9	第 9 号	职工薪酬	30	第 30 号	财务报表列报
10	第 10 号	企业年金基金	31	第 31 号	现金流量表
11	第 11 号	股份支付	32	第 32 号	中期财务报告
12	第 12 号	债务重组	33	第 33 号	合并财务报表
13	第 13 号	或有事项	34	第 34 号	每股收益
14	第 14 号	收入	35	第 35 号	分部报告
15	第 15 号	建造合同	36	第 36 号	关联方披露
16	第 16 号	政府补助	37	第 37 号	金融工具列报
17	第 17 号	借款费用	38	第 38 号	首次执行企业会计准则
18	第 18 号	所得税	39	第 39 号	公允价值计量
19	第 19 号	外币折算	40	第 40 号	合营安排
20	第 20 号	企业合并	41	第 41 号	在其他主体中权益的披露
21	第 21 号	租赁	42	第 42 号	持有待售的非流动资产、处置组和终止经营

3. 应用指南。我国企业会计准则中的应用指南是根据基本准则和具体准则制定的，是对具体准则的操作指引，是指导会计实务操作的细则，它有助于会计人员完整、准确地理解和掌握具体准则，确保具体准则的贯彻实施。我国财政部 2006 年 10 月 30 日发布的《企业会计准则——应用指南》主要包括两个方面的内容：一是准则解释，主要是对各项准则的重点、难点和关键问题等进行具体解释；二是会计科目和会计报表，主要是对企业应当设置的会计科目、企业主要的账务处理、会计报表的格式和编制要求等进行具体说明。

（二）小企业会计准则

我国小企业的规模小、数量多。据不完全统计，在全国工业企业数中，小企业数占 95% 以上；小企业最终产品及其服务的价值占全国国内生产总值的近 50%。随着我国社会主义市场经经济的不断发展和完善，小企业在我国经济中的地位日益突出，并且成为最活跃、最具有潜力的新的经济增长点之一。

为了规范小企业会计确认、计量和报告行为，促进小企业可持续发展，发挥小企业在国民经济和社会发展中的重要作用，根据《会计法》及其他有关法律和法规，财政部制定了《小企业会计准则》，并于 2011 年 10 月 18 日发布，自 2013 年 1 月 1 日起在小企业范围内施行，鼓励小企业提前执行，同时废止了 2004 年 4 月 27 日发布的《小企业会计制度》。

《小企业会计准则》适用于在中华人民共和国境内依法设立的、符合《中小企业划型标准规定》所规定的小型企业标准的企业，但有三类小企业除外：股票或债券在市场上公开交易的小企业；金融机构或其他具有金融性质的小企业；企业集团内的母公司和子公司。

《小企业会计准则》对小企业资产、负债、所有者权益、收入、费用和利润的确认计量和报告，对外币业务处理，对财务报表的构成内容及其应当反映的主要信息，对需要设置的会计科目和主要账务处理等，均作了规定。

《小企业会计准则》借鉴了《企业会计准则》的制定方式，在核算方法上兼具小企业自身的特色，尤其采取了与税法更为趋同的计量规则，大大简化了会计准则与税法的协调。

（三）会计制度

在会计规范体系中，会计法律是指导会计工作、调整经济生活中会计关系的纲领性文件；会计行政法规是对会计工作的原则性规定；会计制度是规范会计工作的具体依据和标准，是会计工作应当遵守的办事规程或行动准则，是各单位对特定交易或者事项进行会计处理的具体办法。它可以是由政府制定的行政规章，如我国的《企业会计准则》，也可以是由企业制定的主要规范财务会计账务处理程序和各项业务处理的规定。由政府制定的会计制度常常变成统一会计制度，强调高度统一，没有多大的选择余地。本书所指主要是统一会计制度。我国统一会计制度是财政部根据《中华人民共和国会计法》制定的有关会计工作的规章，2000 年底发布，2001 年 1 月 1 日正式施行。它主要包括《企业会计制度》、《中小企业会计制度》和《金融企业会计制度》。

会计制度基本属于会计规范体系中的技术规范，是对会计实务中具有普遍性和规律性的程序和方法的总结性规定。因此，会计制度侧重于满足会计实务要求，体现务实性、技术性和针对性特征。我国的会计制度可以分为两种层次：一种是国家统一的会计制度，另一种是单位内部的会计制度。国家统一的会计制度，是指国务院财政部门根据会计法律和会计行政法规制定的关于会计核算、会计监督、会计机构和会计人员以及会计工作管理的制度，包括会计部门规章和会计规范性文件。会计部门规章，如财政部颁布的《财政部门实施会计监督办法》《会计作业资格管理办法》《代理记账管理办法》《企业会计准则——基本准则》等。会计规范性文件，如企业会计准则体系中的具体准则及应用指南、《企业会计制度》、《会计基础工作规范》，以及财政部与国家档案局联合发布的《会计档案管理办法》等。单位内部的会计制度，是指各单位根据《会计法》和国家统一的会计制度的规定，制定适合本单位的会计制度、会计凭证、会计账簿和财务会计报告的处理程序，实行会计人员岗位责任制，建立严密的会计控制系统。

需要指出的是，会计法律和会计制度在会计规范体系中具有特别重要的地位，认识和了解二者在会计规范体系中的地位和作用以及二者之间的关系是十分必要的。

就规范的对象看，会计法律规范的对象是会计行为主体及其行为，其中也包括企业管理当局及其行为，而会计制度规范的对象是会计程序和方法。

就其权威性看，会计法律主要由法律制定机构（如我国的全国人民代表大会、美国的国会等）或受法律制定机构委托的政府部门制定。而后者一般是由会计学术团体（如美国财务会计准则委员会）或主管会计工作的政府部门（如我国财政部会计准则委员会）制定。前者权威性强，要求无条件执行，没有调和余地，而后者有一定的可选择性和变通性，权威性相对较弱。

就适用范围看，会计法律的调整范围包括国家机关、社会团体、企业、事业单位和其他组织，而会计制度适用范围比较具体。

第五节　会计档案

一、会计档案的内容

会计档案是指国家机关、社会团体、企业、事业单位、按规定应当建账的个体工商户和其他组织的会计凭证、会计账簿和财务会计报告等会计核算专业材料，是记录和反映单位交易或者事项的重要史料和证据。

各单位的会计档案是国家档案的重要组成部分，是记录各单位日常发生的交易或者事项、反映各单位经济活动情况的重要证据，是各单位的重要历史资料，是加强经济管理所需的主要资料来源。国家机关、社会团体、企业、事业单位、按规定应当建账的个体工商户和其他组织均应按照国家档案管理要求及财政部有关规定，加强对会计档案的管理。

各单位的会计档案一般分为以下四类：

(1)会计凭证类，包括原始凭证、记账凭证、汇总凭证和其他会计凭证；

(2)会计账簿类，包括总账(含日记总账)、明明细账(含固定资产卡片)、日记账辅助账簿和其他会计账簿；

(3)财务会计报告类，包括月度、季度、年度财务会计报告及其文字分析，以及其他财务会计报告；

(4)其他类，包括会计移交清册、会计档案保管清册、会计档案销毁清册、银行存款余额调节表、银行对账单和其他应当保存的会计核算专业资料。

二、会计档案管理的意义

会计档案是各项经济活动的历史记录，是总结经验、进行决策所需的主要资料，也是检查各种责任事故的重要依据。

会计档案是国家档案的重要组成部分，也是各单位的重要档案之一。各单位必须建立和健全会计档案的立卷、归档、保管、调阅和销毁等管理制度。大中型企业应建立会计档案室，小型企业应有会计档案柜并指定专人负责。对会计档案应建立严密的保管制度，妥善管理，不得丢失、损坏、抽换或任意销毁。若有损毁、散失，应根据情节，追究责任。

三、会计档案管理规定

(一)会计档案的归档和保管

对于每年形成的会计档案，财会部门都必须按照归档的要求，负责整理立卷或装订成册。当年会计档案，在会计年度终了后，可暂由本单位财会部门保管一年。期满后，编造清册移交档案部门保管。

保存的会计档案应为本单位积极提供利用，原则上不得向外单位借出。如有特殊需要，须经上级主管单位批准，但不得拆散原卷，并应限期归还。

当调阅会计档案时，应有一定的手续。对调阅的档案，应设置“会计档案调阅登记簿”，详细登记调阅日期、调阅人、调阅理由、归还日期等。未经批准，调阅人员不得将会计档案携带外出，不得擅自摘录有关数字。遇特殊情况需要影印复制会计档案的，必须经过本单位领导批准，并在“会计档案调阅登记簿”内详细记录会计档案影印复制的情况。

会计档案应分类保管，并建立相应的分类目录或卡片，随时进行登记。会计档案的保管期限，根据其特点，分为永久、定期两类。年度会计报表及某些涉外的会计凭证、会计账簿属于永久保管，其他属于定期保管。保管期限分为 3 年、5 年、10 年、15 年、25 年 5 种。